JN046271

税理士が知っておきたい

民法相続編 実務詳解

弁護士 **間瀬 まゆ子** 著

品川芳宣 筑波大学名誉教授 推薦！

民法相続編を網羅した税理士のための相続法指南書。
弁護士である筆者が実務において頻出する問題を判例・裁決など具体的な事例を交えながら厳選して分かりやすく解説。

一般財団法人 大蔵財務協会

推薦のことば

　長年、租税法の実務と研究をしていても、「租税法律主義とは何か？」ということを考えることがある。租税法律主義の最も重要な内容である課税要件法定主義は、「課税要件のすべてと租税の賦課・徴収の手続は法律によって規定されなければならない」ことを意味しているので、各税法を読めば全ての租税関係が理解できるようにも解される。しかし、現実はそうではない。

　例えば、所得税法及び法人税法は、課税標準を「所得金額」としているが、その「所得金額」は、私法上の規制を受ける経済取引等の成果である利益（利得）を基礎にしている。そのため、私法上の取引如何によって「所得金額」も大きく変ることになる。そして、私法上の規定と最も密接に関係しているのが、相続税法である。すなわち、相続税法が定める「相続」、「贈与」、「遺贈」、「親族」、「配偶者」等々は、民法上の用語を借用した借用概念である。したがって、それらの用語の相続税法上の解釈も、民法上の規定とその解釈に依存することになる。その中でも、相続税の課税関係は、民法第四編 親族及び第五編 相続が定める規定と解釈に深く関わることになる。そのため、相続税等とそれらの特例である事業承継税制を業とする税理士等の専門家にとっては、民法の親族編及び相続編は必須科目と言える。

　しかしながら、このような「親族」及び「相続」を相続実務に即して理解できるような適切なテキストが存在していなかった。ところが、此度、間瀬まゆ子弁護士が、御本人の税務と民事の実務経験を踏まえて、『税理士が知っておきたい民法相続編 実務詳解』を発刊することとなった。その内容を読ませて頂き、本書こそ、前述のような私の問題意識に応えるタイムリーなテキストであると確信している。また、

本書は、税理士等に対する専門書として役立つばかりではなく、誰しもが抱える相続問題を解決する指南書にもなる。私自身、いずれ遺言を書かざるを得ないと考えているので、早速、本書「第9章 遺言」を参考にしたいと思っている（この件については、間瀬さんから、いつでも文案を作成する旨の有難い申し出を受けている。）。

　ともあれ、私は、平成17年に弁護士を登録した際、弁護士会から国選弁護人（刑事事件）を2件担当するよう指示を受けたが、その時、国選弁護人の職務のイロハを教えて下さったのが間瀬さんである。それ以降、税務訴訟を何件か担当してきたが、それらも全て間瀬さんにパートナーを依頼させて頂いた。それらの経験を通して、間瀬さんが如何に優秀な弁護士であるかを誰よりも知っている積りである。それに加え、間瀬さんは、二児の母として至極家庭的な女性でもある。このような個人的なお付き合いもあるので、此度、本書が発刊されたのは、我が事のような喜びでもある。

　最後に、本書は、誰しもが考えざるを得ない相続の法律問題を実例と実務に即して要領よくまとめられているので、資産税の専門家はもちろんのこと相続問題を考えている多くの皆様方に一読されることを重ねてお薦め申し上げる。

令和5年9月　吉日

筑波大学名誉教授・弁護士・税理士

品川 芳宣

はしがき

　本書は、執筆者である間瀬が、雑誌「週刊 T & A master」の連載「税理士のための相続法講座」及び雑誌「資産承継」の連載「事例から学ぶ家族法」の内容をもとに、近年の民法改正等を踏まえて大幅に加筆修正をした上で、完成させたものです。

　筆者は、20余年の弁護士としての経験の中で、資産税を中心とする税務争訟案件に関わってきたほか、多数の税理士・公認会計士の先生方と一緒にお仕事をさせていただき、事業承継を中心とする相続対策あるいは相続紛争について、異なる専門家の知恵を合わせて解決に導く貴重な経験を多く積ませていただきました。また、平成28年に家事調停委員に就任して以降は、現在に至るまで、裁判官や書記官のほか、様々な経験を有する一般調停委員の先生方から、たくさんの知見をいただいております（もちろん、本書の記載中、意見にわたる部分は、全て当職の個人的な見解です。）。

　それらの経験を踏まえ、いつしか、筆者がより多くの税理士の先生方に関わっていただきたいと思っている遺言のほか、税理士の先生方から質問を受けることの多い特別受益などの内容を中心として、相続に関する原稿をまとめた書籍を出版できたらと考えるようになりました。そして、雑誌「資産承継」の連載をご覧くださった大蔵財務協会の編集部の方が興味を持ってくださり、本書発刊の運びとなった次第です。

　ただ、その過程は、当職が当初想定していたよりも、ずっと大変なものでした。というのも、雑誌原稿の中には、平成30年の「相続法改正」前に執筆したものも多く、大幅な修正が必要となったためです。また、最近では、令和3年の民法・不動産登記法改正等もあり、それ

らの内容も、可能な限り織り込むように致しました。

　それでも、十分な内容を網羅したものとは言い難いでしょうが、税理士の先生方が、「相続法について体系的に学びたい」あるいは「実務で問題に行き当たった点について確認しておきたい」と思われたときに、少しでもお役に立てたら、何よりの喜びです。

　最後になりますが、原稿が遅れても、常に尋常でないスピードで校正をして締切に間に合わせてくださった「週刊 T&A master」の編集部の方、本書執筆にあたり、心が挫けそうになった際に何度も励ましの言葉をかけてくださった大蔵財務協会の編集部の方、そして、筆者の税法及び人生の師であり、本書発刊にあたり推薦のお言葉をくださった筑波大学名誉教授の品川芳宣先生に、この場を借りて、心より御礼申し上げたく存じます。

令和 5 年 9 月 吉日

弁護士・家事調停委員

間瀬 まゆ子

目　次

第 5 章　相続財産と債務

第6章　遺産共有と相続財産の管理

第7章　遺産分割

第8章　相続人の不存在

第 9 章　遺　言

第10章　遺　留　分

第11章 配偶者等の保護

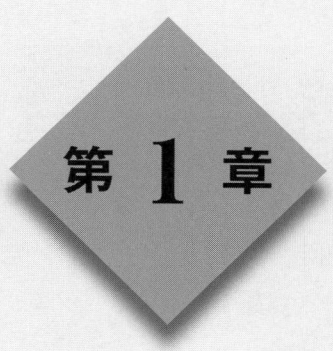

第1章

相続の開始

　相続開始の時期は、被相続人死亡の時と民法に定められています（民法882）。

　当たり前と思える規定ですが、この「死亡」の事実があったと言えるのか、あるいは「死亡」の時期はいつなのかといったことが争点になる場合もあります。税理士がそういった事例に遭遇することは稀かもしれませんが、最低限の知識は確認しておきましょう。

　なお、「死亡」の解釈に関して、脳死を人の死亡とすることが許されるのかといった論点もありますが、ここでは触れません。

I 相続開始の時期

　相続は、人の死亡により開始します（民法882）。相続開始の時期は、被相続人死亡の瞬間（後述の失踪受けた者については死亡とみなされる日）です。この相続開始の時期は、相続人の特定、相続財産の範囲、相続に関する時効の進行が開始するタイミング等に影響を及ぼしますので、重要な意義を有します。

　心停止をもって人の死亡と評価していた時代には大きな問題は生じませんでしたが、「臓器の移植に関する法律」（平成９年法104号）が制定され、脳死した人からの臓器の摘出が認められて以降、死亡時がいつかについて、様々な議論がなされるようになりました。ここでは詳細は述べませんが、同法にいう「脳死」に該当すると判定され、臓器の摘出がなされる場合には、当該脳死判定の時点をもって、私法上の権利関係についても死亡したものとみるのが適切とされています（潮見佳男「詳解 相続法【第２版】」18ページ）。

II 失踪宣告

　民法では、行方不明者について、一定の手続の下に死亡したものとみなして法律関係を確定させるための制度を置いています。それが、失踪宣告の制度です。普通失踪と災害時等を想定した特別失踪の２つがあり、普通失踪の場合は７年、特別失踪の場合は１年、それぞれ生死不明の状態が継続した場合に、利害関係人の請求により、公示催告を経た上で、家庭裁判所により失踪宣告がなされることになっています（民法30）。

　失踪宣告が下されると、行方不明者は、普通失踪の場合は７年間の

失踪期間が満了した時、特別失踪の場合は危難が去った時に、それぞれ死亡したものとみなされます（民法31）。

　ただ、この失踪宣告の制度は、あまり使われていません。令和3年の全国の家裁の新受件数も、2,082件に過ぎません（司法統計より。なお、失踪宣告だけでなく失踪宣告の取消も含む数字です。）。

　他に、行方不明者が残した財産を処理する必要があるという場合に使える制度としては、不在者財産管理人の制度もあります（民法25）。遺産分割協議をしなければならないのに相続人の1人が行方不明という場合には、この不在者管理人を家庭裁判所で選任してもらった上で、当該管理人を当事者に加えて遺産分割協議を行うことになります。この点については、**第7章Ⅰ3(1)**で解説しています。

Ⅲ　認定死亡

　失踪宣告のほかに、遺体が発見されない場合でも死亡したものと認定される制度があります。「認定死亡」と呼ばれるもので、水難、火災その他の事変によって死亡したことが確実とみられる場合に、事変の調査に当たった警察等が、死亡を認定することができるという制度です。根拠規定は戸籍法89条です。

　東日本大震災の際には、この認定死亡が必要となる事例が多く出て、警察が対応しきれない事態となることが懸念されましたが、保険金の請求や相続手続が迅速に行えるよう、国が死亡届を広く受理すべきとの運用方針を示し、特別な配慮がなされました。

Ⅳ 同時死亡の推定

　同時死亡の推定は、民法の勉強をしていると必ず出て来るところですが、実務上お目にかかる機会はあまりありません。ただ、事故で夫婦や親子が同時に死亡し、そのうちのいずれが先に死亡したかが分からないという事態は実際に起こり得ますし、また、広域にわたる震災のような場合、別々の土地で死亡した複数の人の死亡の前後が明らかでないという事例も想定されます。

　例えば、母Aと子Bが同じ交通事故で亡くなり、死亡の先後関係が不明という場合、AとBは、民法32条の2により「同時に死亡したもの」と推定されることになります。その効果について、Aの相続を例として考えてみると、Aが死亡した時点でBは生存していなかったことになりますから、BはAの相続人には含まれないことになります（逆も然りで、Bの相続についてAは相続人になり得ません。）。仮に、Aに夫C（Bの父親）と子D（Bの兄弟）がいたとすると、CとDのみがAの財産を相続することになります。ただし、Bに子E（Aの孫）がいた場合には、Eは代襲相続人となりますので、C、D及びEの3人がAの財産を相続することになります。一方、Bの相続に係る相続人は、Bに子や配偶者がいなければ、Cのみ（子や配偶者がいれば、それらの者）ということになります。

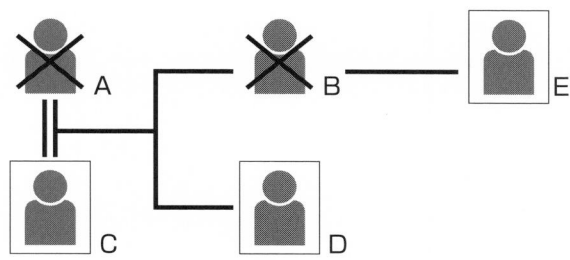

　なお、同時死亡はあくまで推定規定ですので、どちらが先に亡くなったかの証明がなされれば、推定は覆されることになります。死亡したものとみなされ、その効力を覆すために常に取消しの審判（民法32）を要する失踪宣告とは異なるわけです。

第 2 章

相　続　人

　相続人が誰であるかは、相続税や所得税の納税義務者の特定のほか、相続税の基礎控除の金額の算定等にも影響を及ぼすため、税務上も重要なところでしょう。本章では、相続人に関する実務的な知識に加え、Ⅰの「相続人の確定」のところで、実際に相続人の範囲で専門職が判断ミスをした事例を挙げてみましたので、ぜひ参考にしてください。

I　相続人の確定

　相続に関わる仕事をする際、相続人の確定は最初に行うべき基本的な作業となりますが、そのような業務に慣れていない専門家が、相続人の範囲について判断を誤ってしまうケースもあるようです。以下、具体的な事例をご紹介します（実際にあった事例をアレンジしています。）。

(1)　子のない夫婦からの相談事例

　Aは、子どもがいないので、将来自分の相続が起きたときのことを心配し、旧知の税理士Bに相談した。Bは、Aの配偶者が全ての財産を相続するとアドバイスした。実際には、Aの亡兄の子たちも法定相続人だった。

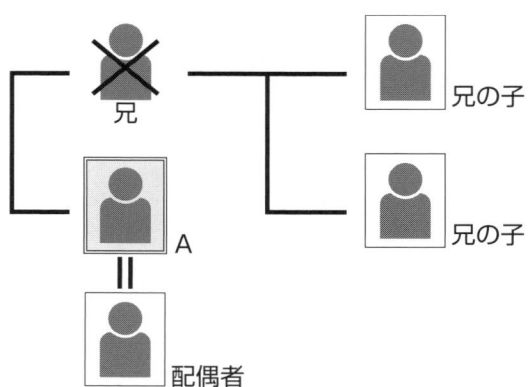

　被相続人に子どもがいない場合、配偶者と直系尊属が、直系尊属もいなければ配偶者と兄弟姉妹が法定相続人になります（民法889①）。さらに、兄弟姉妹が先に亡くなっている場合には、その子つまり被相続人の甥姪が代襲相続人となります（民法889②、887②）。なお、兄

弟姉妹については、再代襲はありませんので、甥姪の子が相続人になることはありません。

　兄弟姉妹及びその代襲相続人である甥姪には遺留分がありませんので（民法1042）、上記のケースでBが正確に回答し、それを受けてAが全ての財産を配偶者に相続させる旨の遺言を作成していれば、Aの希望どおりとなったのですから、悔やまれるところです。

⑵　養子と離縁できていなかった事例

　　Cの相続対策について相談を受けていた税理士Dは、「以前養子がいたが、だいぶ前に離縁した。」というCの話を鵜呑みにしてしまった。しかし、実際には、事実上縁を切っただけで、法律上は養子のままだった。

　子（養子を含みます。）が婚姻等により親の戸籍から抜けた場合に、その除籍の事実は親の戸籍にも記載されますが、後に親の戸籍が改製されたりすると、子についての記載は消されてしまいます。したがって、最新の戸籍だけを見ても、その戸籍に載っている人に子供がいるか否かが分からないということはよくあります。

　また、Cは、養子と離縁したと言っていますが、離婚と同様、一旦養子とした子を養親から一方的に離縁したいという場合、法律上の制限があり（民法814）、当事者の思うように離縁できないという例がままあります（養子縁組をすることの最大のリスクと筆者は考えています。）。Cのケースでも、そういった事情があったのかもしれません。

　いずれにしても、当事者の記憶が正しいとは限りませんし、養子がいるかどうかは、戸籍をたどっていけば簡単に分かることです。ですから、当事者の説明にかかわらず、相続に関する相談を受けた場合に

は、被相続人となる人の過去の戸籍をたどっていく作業は必ず行うべきです。

この点、養子に限らず、戸籍を見て初めて、当事者も知らなかった相続人が出て来るということも稀にですがあります。筆者が過去に関わった中でも、亡くなった母親が実は再婚で、前夫との間に子供がいたことが判明したケースや、亡くなった姉が実は子供の頃に養子としてもらわれてきた子で、実親の方に多数の兄弟がいることが判明したケースなどがありました。このようなこともあり得ますので、過去に遡って戸籍を取り寄せるという作業はやはり必須なのです。

(3) 配偶者の連れ子に相続権がなかった事例

> Eが亡くなった。Eの妻は再婚で、前夫との間に子Fがおり、FもEの戸籍に入っていた。Eから相続税の申告について依頼を受けた税理士Gは、その戸籍を見て、FもEの相続人だと誤解した。

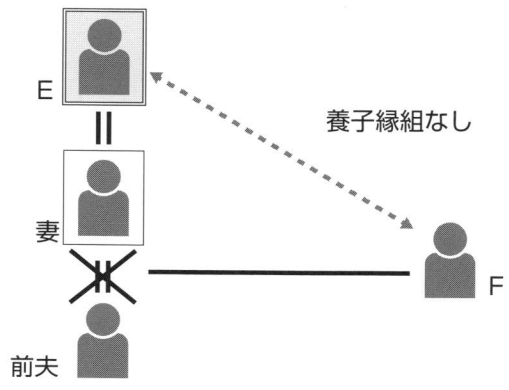

　上記のケースで、ＥとＦが養子縁組していれば、Ｆは当然にＥの法定相続人となります。しかし、ＦがＥの戸籍に入っているからといって、ＦがＥの養子になっているとは限らないのが厄介なところです。実は、ＥとＦの母が再婚した際に、ＦがＥの養子とならずとも、家庭裁判所で氏の変更の許可を受けた上で、市区町村役場に届出をすれば、ＦをＥの戸籍に入籍させることが可能です。その場合、Ｅと親子関係のないＦでも、Ｅの戸籍に入ることができるのです。

　この事例でも、戸籍を細かく見れば、養子か否かの判別ができたはずですが、前提知識がないが故に、看過しやすかったのではないかと思われます。

　以上のようなミスを防ぐためには、過去の戸籍をたどっていくという基本的な作業をまず行うことが大切です。また、民法相続編に係わる正確な知識も必要となるでしょう。

（参考）　「戸籍の束」を集める負担を軽減するために

① 　法定相続情報証明制度

　　相続手続を行う際に、被相続人の出生から死亡までの戸籍謄本等を集める必要があり、場合によっては数センチメートルほどの束になったものをいちいち金融機関等の窓口で提出することになります（コピーして返却してもらうとしても結構な時間がかかります。）。そのような負担を軽減するために平成29年から始まったのが法定相続情報証明制度です。一度、法務局で戸籍の束と「法定相続情報一覧図」を提出すれば、以後、その一覧図に認証文を付した写しを無料で交付してもらえるようになり、いちいち戸籍の束を提出する必要がなくなります。

② 戸籍法改正と戸籍取得のワンストップ化

　令和元年戸籍法改正により、最寄りの市町村の役場の窓口で、ワンストップで戸籍を取得できることになりました（令和5年度中の開始が予定されています。）。これが可能になると、戸籍を集めるための手間が減り、スピードアップも図れそうです。ただ残念ながら、郵便による請求と職務上請求については認められないようです。

Ⅱ　相続人の範囲

1　法定相続人の種類と順位

　法定相続人の数は相続税の基礎控除や死亡保険金の非課税限度額に影響を与えますので、誰が法定相続人になるかは正確に把握しておきたいところかと思います。

　ここで、法定相続人には2種類存在しますが、一つは血族相続人で、もう一つは配偶者です。

　このうち配偶者は常に相続人となります（民法890）。内縁の配偶者は、遺族給付等の場面では法律上の配偶者と同等の保護を受けられることもありますが、民法上の相続については一切の権利を有しません。そのため、内縁の配偶者に財産を残すためには、遺言を作成しておくことが必要になります（ただし、重婚的な内縁の場合には、遺贈が民法90条の公序良俗に反して無効とされる可能性があります。）。

　一方、血族相続人の場合には順位があります。先順位の相続人が存在しないときに初めて相続権を有することになります。

第1順位　被相続人の子又はその代襲者（民法887①、②）
第2順位　被相続人の直系尊属（民法889①一）
第3順位　被相続人の兄弟姉妹又はその代襲者（民法889①二）

　第1順位の子は、養子を含みます。第2順位の直系尊属に関しては、親と祖父母のような異なる直系尊属の間では、より近い親の方が相続資格を有することになります（民法889①一但書）。例えば、親と祖父母がいる場合に、親の1人が既に亡くなっていたとしても、亡くなった親の親（祖父母）が相続人となることはなく、生存している方の親のみが相続人となるのです。続いて、第3順位の兄弟姉妹については、父母の一方のみを同じくする兄弟姉妹も含まれますが、その場合に、父母の一方のみを同じくする兄弟姉妹の相続分は、父母の双方を同じくする兄弟姉妹の相続分の2分の1となります（民法900四但書）。この点については**第4章Ⅰ**で詳しく触れます。

2　ケースから考える法定相続人

⑴　胎児の扱い

> 　AはBと事実婚の関係にあり、Bは妊娠中だったが、Aが突然交通事故で亡くなった。Aの両親も早くに亡くなっていて、祖父母のうち、父方の祖母Cのみが生存している。

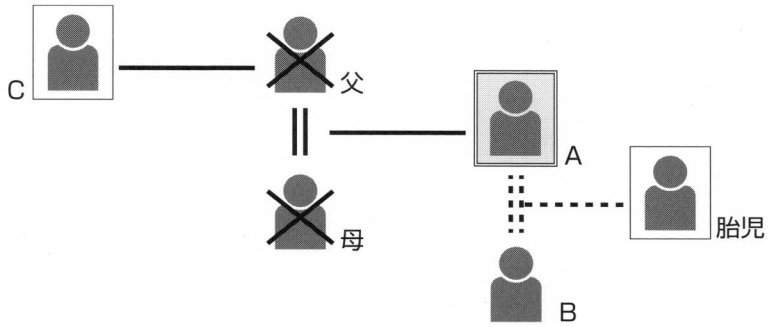

この場合に、まずBのような内縁の配偶者については、前述のとおり、民法上の相続については一切の権利がありませんので、BはAの相続人とはなり得ません。

　次に、胎児についてですが、相続について、胎児は「既に生まれたものとみなす」と民法に規定されており（民法886①）、胎児が生きて生まれたときに、遡って相続人としての権利を取得することになるものと解されています。

　一方、周産期死亡率が他の先進諸国に比べても低いわが国では数は少ないですが、残念ながら死産となってしまった場合には、相続人には含まれないことになります（民法886②）。この場合、上記の事例に当てはめれば、祖母Cが唯一の相続人として全ての相続財産を取得することになります。

　なお、上記の事例では、Bが相続人ではないため問題になりませんが、仮に事実婚でなく法律婚で、BもAの相続人であった場合、Bの子が生まれて遺産分割をする際に、子の法定代理人であるBと生まれた子との間で利益相反が生じますので、多くの場合、家庭裁判所で特別代理人を選任してもらう必要が生じます（遺産分割の当事者に未成年者が含まれる場合の手続については、**第7章Ⅰ3(2)**で解説しています。）。

(2)　代襲相続人

　Dは多額の負債を残して亡くなった。そこで、親族皆で話し合い、全員で相続放棄をしようということになった。Dには、妻子のほか、兄と弟がおり、兄は既に亡くなっている。なお、父母を含め、直系尊属は既にない。

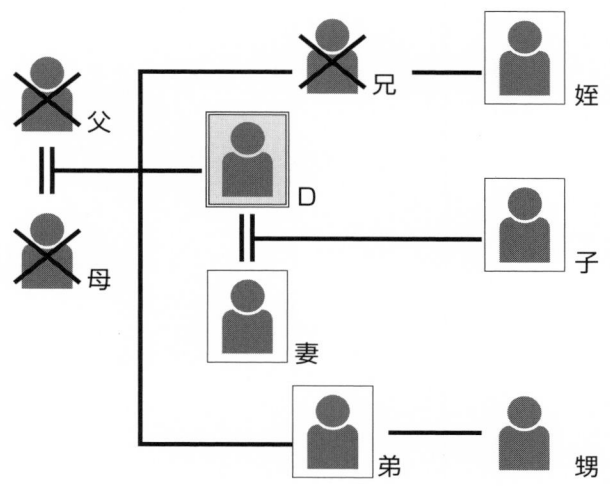

　まず、妻は当然に相続資格を有します。そして、第１順位の相続人たる子がいますので、まずは妻と子について、相続放棄の手続をとる必要があります。

　相続放棄の申述自体は、家庭裁判所に申し立てて行う必要がありますが（民法938）、一般的には、郵送のやりとりで済むような比較的簡単な手続きです。放棄は、「自己のために相続の開始があったことを知った日から３箇月以内」（いわゆる熟慮期間）に行う必要があります（民法915①本文）。ただ、３か月以内に財産の状況が分からないような場合、家庭裁判所に請求して熟慮期間を伸長してもらうこともできますので（同項但書）、必要な場合は早めに手続きをとることが肝要です（相続放棄の手続については**第３章Ⅵ**、熟慮期間の伸長については同章Ⅱで解説しています。）。

　次に、妻と子が相続放棄した後、第２順位の相続人たる直系尊属がいませんので、第３順位の相続人の兄弟が相続放棄の申述を行うことになります。上記の事例の場合、兄についてはＤより先に亡くなって

いますので、その子である姪が代襲相続人となります。したがって、相続放棄の申述を行うのは弟と姪の２人です。

　さらに、弟と姪（兄の子）が相続放棄した後、弟の子である甥は相続放棄の必要があるでしょうか。実は、兄弟姉妹が相続放棄した場合、その子つまり甥姪は法定相続人とはなりません（民法889②・887②参照）。代襲が生じるのは、兄弟姉妹が既に亡くなっていたとき等法律に定められた場合に限定されているためです。したがって、上記の事例で、甥（弟の子）について相続放棄をする必要はありません。

　なお、代襲相続の原因を整理すると、以下のとおりになります。

事　　　　　由	代襲原因
相続開始以前に相続人が死亡	○
相続人が相続資格を喪失（欠格、廃除）	○
相続人が相続放棄	×

(3)　相続資格の重複

　Eは、3人兄弟の一人。Eだけ母方の祖父の養子になった。母が亡くなり、その後祖父も亡くなった。Eの他に、母の妹2人とEの弟妹も祖父の相続人となる。この場合に、祖父の孫であり養子でもあるEの相続分は。

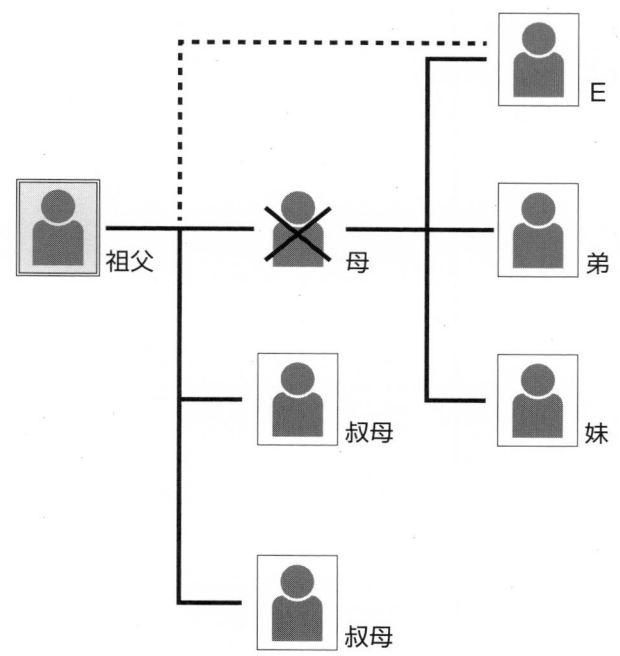

　このような場合、登記先例で、養子としての相続分と代襲相続人と
しての相続分の合算が肯定されています（昭和26年9月18日民事甲
1881号回答）。したがって、Eの相続分は、養子としての相続分1/4
（母、叔母2人とEの4人が子であるため）と、代襲相続人としての
相続分1/12（母の相続分1/4に1/3を乗じたもの）を加算した1/3
となります。

　また、似たようなケースとして、実子と養子が結婚し、一方が死亡
した場合に、相続資格の重複が問題になることがあります。配偶者と
しての資格と、兄弟姉妹としての資格を合わせ持つようなケースです。
上記の事例と異なり、このような場合については、相続分の合算は認
めないというのが先例でしたが（昭和23年8月9日民事甲2371号回

答)、近時の登記先例（平成27年９月２日民二363号通知）は配偶者と
しての相続資格と兄弟姉妹としての相続資格の併有を前提としており、
上記先例を実質的に変更したと言われています（本山敦編著「逐条ガ
イド相続法－民法882条～1050条－」18ページ）。

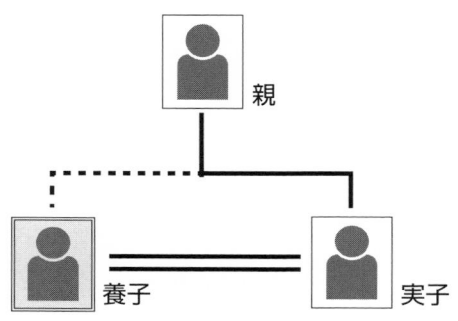

Ⅲ　相続欠格と推定相続人の廃除

　相続欠格とは、相続に関して不正の利益を得ようと不法な行為をし
たような推定相続人から相続権をはく奪する制度です。
　一方の、推定相続人の廃除は、遺留分を有する推定相続人に非行や
被相続人に対する虐待や侮辱がある場合に、被相続人の意思に基づい
て当該相続人の相続資格を奪う制度です。どちらも、法定相続人から
相続する資格を奪う制度で、該当する法定相続人は、遺留分も主張す
ることができなくなります。ただし、制裁を受けるのは当該推定相続
人に留まり、その子は代襲相続人となることができます。

1 相続欠格

　相続欠格については、実務上登場する場面は少ないため、基本的な知識だけ確認しておきます。

　具体的な欠格事由については、以下のとおり、民法891条に列挙されています。

> 1号　被相続人又は先順位・同順位の相続人を故意に死亡させ者等
>
> 2号　被相続人が殺害されたことを知ったにもかかわらず告発・告訴をしなかった者
>
> 3号　詐欺や強迫によって、遺言や遺言の撤回等を妨げた者
>
> 4号　詐欺や強迫によって、遺言や遺言の撤回等をさせた者
>
> 5号　遺言を偽造、変造、破棄又は隠匿した者

　このうち実務上時折問題とされることがあるのが5号です。本人の筆跡ではなく、遺言が偽造されたものではないかと争われる場合のほか、特定の相続人が、遺言書の存在を長期間明らかにしなかったような場合に、5号に定める「隠匿」があったか否かが争われることがあります。この点に関し、「隠匿」があったかとされるか否かは個別事案によることになりますが、欠格事由ありと認められるためには、破棄又は隠匿についての故意に加えて、相続に関する不当な利益を目的とすることが必要と解されており（最三小判平成9年1月28日民集51巻1号184ページ）、ハードルは高くなっています（例えば、大阪高判平成13年2月27日金商1127号30ページでは、被相続人から遺言書を受領して金庫内に保管し、被相続人の死後10年間検認の手続をしなくても、不当な利益を得る目的がなく、欠格事由には当たらないと解されています。）。

ただ、いずれにしても、遺言がある場合、自筆証書遺言であれば早急に検認の申立てをする等、他の相続人等から疑義を持たれることのないようにすることは大切です。

2　推定相続人の廃除

　父の生前、兄と何かにつけ口論していた父は、兄には一切の相続財産を渡したくないと言っていた。そこで、専門家に相談し、兄を廃除する内容の遺言を残した。その遺言を見た兄は、「父がこんなことを言うわけはない。」と言って、妹である私が高齢の父に無理矢理作らせたものだと言い出した。

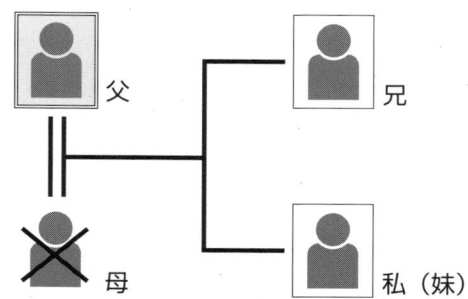

　筆者も、特定の推定相続人に一切の財産を相続させたくないという相談を、被相続人（あるいは他の推定相続人）から受けることがあります。この場合に、その推定相続人が遺言者の兄弟姉妹であれば、彼らには遺留分がありませんので、単純に彼らに相続させない内容の遺言を残せば済むことです。なお、「Ａの相続分を零とする。」というだけの遺言の作成も可能です。

　これに対し、相続させたくない推定相続人が子や親、配偶者である

ような場合は、遺言を残しても遺留分を主張することができてしまう
ので、一定の財産が行ってしまう可能性があります。このような場合
の選択肢として出て来るのが推定相続人の廃除です。

(1)　民法

　廃除は、①被相続人が生前に家庭裁判所に請求して行う方法（民法
892）と、②遺言で廃除の意思を表示しておく方法（同法893）があり
ます。後者の場合、遺言執行者が遅滞なく家庭裁判所に廃除の請求を
しなければならないことになっています。

　ただ、家庭裁判所で廃除が認められるためには一定の要件があり、
実は裁判所はその認定に慎重なようです（令和3年度の司法統計によ
ると、廃除の取消しも含む数値ですが、既済件数212件のうち、認容
されたのは42件のみです。）。具体的な裁判例については後述しますが、
民法の定める廃除事由は以下のとおりとなっています（民法892）。

①　被相続人に対して虐待をしたとき

②　被相続人に重大な侮辱を加えたとき

③　推定相続人にその他の著しい非行があったとき

(2)　裁判例

　裁判例をみると、例えば、妻が、高価な茶道具や装身具に多額の支
出をした上、病身である自らを介護せず家出し、自らに対して離婚調
停を申し立ててきたとして、夫が妻について廃除の請求をした事例に
つき、夫の廃除の請求が認められませんでした（東京高決平成13年11
月7日金商1159号28ページ）。

　一方、廃除が認められた例では、「競馬ビジネス」のために被相続
人の資産を使い込み、被相続人が自宅の売却までせざるを得ない状況

に追い込み、さらに、被相続人を困惑させるために虚偽の書類を作って民事紛争を引き起こしたという事情がありました（大阪高決平成15年3月27日家月55巻11号116ページ）。

その他、廃除事由が存在するか微妙なケースについての裁判例として、大阪高裁令和2年2月27日決定（判タ1485号115ページ）があります。この事案で、原審判は、被相続人である妻が亡くなるまで相続人である夫が離婚訴訟で争い続けたことや、妻が会社の資金を使い込んだとして刑事告訴したこと、夫が経営する会社の取締役から解任して収入を絶ったこと、病気の妻を放置していたこと等を認定して、夫についての推定相続人廃除の申立を認容しましたが、大阪高裁は、夫婦関係にある推定相続人の場合には、離婚原因である婚姻を継続し難い重大な事由（民法770①五）と同程度の非行が必要であるとした上で、本件においては、そのような事由の存在が認められず、妻の遺産形成に対する夫の寄与も大きかったとして、廃除の申立を却下しました（なお、夫が遺言で廃除の意思表示をし、相続開始後に遺言執行者が申立をした事案です。）。いずれの判断もあり得たケースではないかと思います。

いずれにしても、単に罵倒されたという程度の事例では、推定相続人の廃除を裁判所に認めてもらうことが簡単でないことはお分かり頂けるでしょう。

(3)　廃除の相談を受けたら

冒頭の設例は、実際にあった事案を基にしたものですが、その事案では、廃除が認められそうにない事案であるにもかかわらず、遺言の中に廃除の条項があったためにかえって当事者が感情的になって揉めてしまいました。

　相続権を完全に奪いたいという相談を受けた際には、一応廃除という制度を想起しつつ、簡単に認められるものではなく、かえって紛争を惹起してしまう可能性が増すことも考慮に入れて慎重に検討する必要があります。

第 3 章

相続の承認と放棄

「相続放棄は3か月の熟慮期間内に行う必要がある」というのは、多くの方がご存知のところです。しかし、その熟慮期間が伸長できることや、熟慮期間の始期を遅らせて救済してもらえるケースがあることは、あまり知られていないのではないでしょうか。それらの点に加え、本章では、限定承認がなぜあまり使われていないのかについて、譲渡所得税の問題にも言及して解説しています。

I 単純承認・限定承認・相続放棄の選択

「相続に際して選択し得る方法には、単純承認、限定承認及び相続放棄の３つがあります。」というのが一般的な説明です。

> 単純承認……相続の原則的な形態
> 限定承認……相続財産で債務を清算してなお残余がある場合にのみ相続財産を承継する制度
> 相続放棄……相続による相続財産・債務の承継を拒否する制度

しかし、世の中の大多数のケースでは、法的には単純承認の効果が生じつつ、当事者がそれを意識することなく処理がなされていることが多いと思われます。この場合に適用されているのは、法定単純承認について定めた民法921条２号です。この条文では、「相続人が第915条第１項の期間内に限定承認又は相続の放棄をしなかったとき」には、「相続人は、単純承認をしたものとみなす。」と規定されています。つまり、何もしないまま民法915条１項の定める３か月の期間を経過したときは、単純承認をしたものとみなされ、無限に被相続人の権利義務を承継することになります（民法920）。そのため、この３か月という期間（いわゆる「熟慮期間」）については、税理士の先生方も敏感になられていることでしょう。

これに対し、被相続人が多額の負債を負っていたり、あるいは負債の存在や金額が不明であったりする場合には、単純承認するか、あるいは相続放棄や限定承認をするかの判断を余儀なくされます。

このうち相続放棄は、財産も債務も一切承継しないという相続形態であり、相続の放棄をした人は、はじめから「相続人でなかった」こ

とになります（民法939）。相続放棄の手続等については、後記の「**V　相続放棄**」で解説します。

　もう一つの限定承認は、相続によって得た財産の限度においてだけ被相続人の債務等について責任を負えばよいというもので、一見素晴らしい制度に見えます。しかし、実際には、使い勝手が良くないため、あまり使われていません。この点については後記の「**Ⅳ　限定承認とみなし譲渡所得課税**」で述べます。

Ⅱ　熟慮期間の伸長

> 　子どものいない姉が亡くなった。相続人は姉の夫と弟である私の2人。姉は複数の不動産を所有していたが、借金もあったようで、実態は全く分からない。財産の開示を義兄に求めているが、義兄はなかなかこれに応じてくれない。

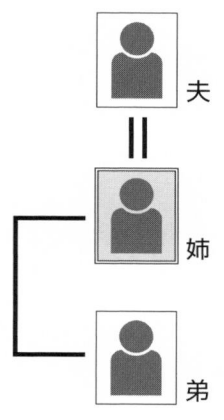

様々な事情により、３か月の熟慮期間内ではとても財産の調査を完了できないということがあります。そのような場合は、家庭裁判所に申し立てて、熟慮期間を伸長してもらう選択肢が考えられます。民法915条１項但書は、家庭裁判所が、利害関係人らの請求により、熟慮期間を伸長することができる旨を定めています。上記の事例でも、相談を受けた時点で未だ熟慮期間内であれば、その伸長の申立てを検討することになるでしょう。

　具体的に伸長が認められる期間について、法律に規定はありませんが、実務上、当初の熟慮期間と同じ３か月が基準とされることが多いようです。また、２回目、３回目の伸長が認められることもあります。

　この伸長の申立てを行う時期ですが、熟慮期間の３か月以内（再度の伸長の場合は前回伸長された期限まで）であればよいとされています。しかし、伸長は必ず認められるものではありませんので、期限内に裁判所の判断をもらえるよう、それに要する期間を考慮して、早めに申立てをするのが妥当でしょう。

　なお、熟慮期間の伸長の申立は、相続開始地（被相続人の最後の住所地）を管轄する家庭裁判所に対して行う必要がありますが、郵送による手続も可能です。申立に必要な書類や申立書の書式は、裁判所公式ホームページから入手可能です。

Ⅲ　法定単純承認

> 　父が多額の借金を残して亡くなった。親族全員で放棄をしよう
> という話になっている。親族に頭を下げて回る日々で、家に帰っ
> て父の服を見ると腹立たしくなる。どうせ古い物ばかりだし、み
> んな捨ててしまおうと母と話している。

　相続放棄（又は限定承認）の方針が決まっているか、あるいはその
可能性があるケースにおいて、非常に神経を使うのが、「法定単純承
認」に当たる行為を当事者が行ってしまうことを防がなければならな
い点です。

　民法は、法定単純承認に該当する事由として、以下の３つを挙げて
おり、このいずれかに該当してしまうと、単純承認したものとみなさ
れ、もはや相続放棄（又は限定承認）ができなくなってしまうからで
す（民法921）。

①　相続財産の処分（１号）
②　熟慮期間の徒過（２号）
③　相続財産の隠匿・消費等（３号）

　このうち①は、相続財産の全部又は一部を処分した場合です。保存
行為及び民法602条の短期賃貸借をすることは含まれません。

　②は、前述のとおり３か月の熟慮期間内に、相続放棄も限定承認も
しなかった場合です。

　③は、相続人が限定承認や放棄をした後に、相続財産を「隠匿し」
「私に……消費し」又は「悪意で相続財産の目録中に記載しなかった
とき」に単純承認したものとみなすもので、不誠実な行為に対する制

裁の色合いが濃いものです。被相続人の財産を小型トラックで持ち出した行為が、「隠匿」に当たるとされたケース（東京地判平成12年3月21日家月53巻9号45ページ）などがあります。

　これらの行為の中で、特に注意が必要なのが相続財産の「処分」です。「処分」に該当すると判断された行為としては、被相続人の経営していた会社の取締役選任決議に際して被相続人保有の株主権を行使したことや、被相続人所有のマンションの賃料振込先口座を相続人名義の口座に変更した行為（東京地判平成10年4月24日判タ987号233ページ）のほか、被相続人が生前に孫と締結した贈与契約に基づき、被相続人の子が所有権移転登記手続を行ったこと等があります（東京地判平成28年8月24日判タ1433号211ページ。なお、この事案では、「処分」該当性についての説明義務違反があったとして、弁護士に対する損害賠償請求が認容されています。）。

　一方で、「処分」に当たりそうな行為をしても、解釈によりこの「処分」に当たらないとされ、法定単純承認に至らない場合もあります。例えば、古い裁判例ですが、東京高裁昭和37年7月19日決定（東京高等裁判所（民事）判決時報13巻7号117ページ）は、交換価値を失う程度に着古した洋服を元使用人に与えた行為が、相続財産の処分には該当しないと判断しました。その他、故人を偲ぶ遺品を分配するいわゆる形見分けは法定単純承認事由に該当しないと解されています（前掲東京地裁平成12年3月21日判決参照）。ただ、ある程度の交換価値を有する和服15枚、洋服8着、ハンドバッグ4点、指輪2個を共同相続人の1人に引き渡した行為が、相続財産の処分に当たるとされたケースもあります（松山簡判昭和52年4月25日判時878号95ページ）。

　これらの境界はあいまいで、どの程度なら救済されるのかの基準はありません。判断を当事者に任せるのは危険です。一度、「その程度

なら大丈夫」と言ってしまうと、当事者がその後自己判断で処分してしまい、ヒヤッとするということもあり得ます。そのようなことを避けるため、処分と言われそうな行為は一切しないようにと繰り返し指導しておく必要があります。そのように、疑義が生じ得る行為はできるだけ避けた上で、もし放棄等をすべき場合なのであれば、早急に手続をとってしまうのが肝要です。なぜなら、①の「処分」については、限定承認・放棄前になされたものに限ると解されており（３号は限定承認・放棄後の行為も含むことを明示しています。）、それ以後になされた処分行為は、３号の相続財産の隠匿・消費等に該当しない限りは、法定単純承認の問題を惹起しないからです。

　なお、「生命保険金を受け取っていいか」と当事者から質問を受けることがあります。生命保険金については、契約の内容にもよりますが、多くの場合、相続財産には該当せず、保険金受取人固有の権利と解されますので、これを受け取っても法定単純承認の問題は生じません。この点、死亡保険金受取人の指定がない場合に死亡保険金を被保険者の相続人に支払う旨の約款に基づき保険金を受領した行為が相続財産の処分に該当しないと判断された事例として、福岡高裁宮崎支部平成10年12月22日決定（家月51巻５号49ページ）があります。

Ⅳ　限定承認とみなし譲渡所得課税

　父が突然亡くなった。相続人は母と私。負債がかなりあるようだが、具体的にどの程度なのかは分からない。母は、父名義の自宅に愛着を持っており、自分が実家から相続した資産を使ってもいいので、何としても住み続けたいと言っている。

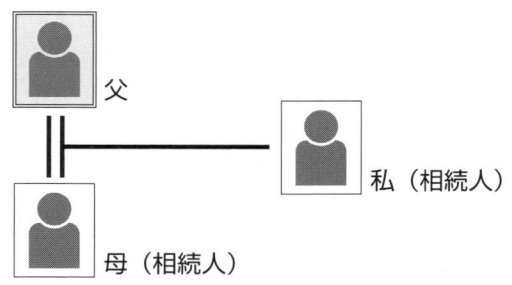

父
私（相続人）
母（相続人）

　債務がありそうなもののどの程度あるか不明であり、財産が残る可能性もあるというような場合に、相続人が相続によって得た財産の限度で被相続人の債務の負担を受け継ぐ限定承認は、有力な選択肢になり得ます。しかし、前述のとおり、限定承認は使いにくい制度です（令和３年の司法統計によると、同年中に家庭裁判所に新たに申し立てられた件数は、全国で689件に過ぎません。同じ期間の相続放棄の申立が25万件を超えているのと比較すると、いかに少ないかが分かります。）。それはなぜでしょうか。

　理由の１つに、共同相続人の全員の共同でなければできない点があります（民法923）。１人でも反対する相続人がいると、限定承認を選択することができません。しかしながら、相続人間の調整が難しい例も多く、まして３か月（伸長されたとしても通常数か月）しかない熟慮期間の間に、全員の意見を統一させるのは容易ではありません。ただし、一部の相続人が相続放棄をし、残りの相続人全員で限定承認することは可能です。

　また、手続が煩雑ということも言われます。限定承認をした相続人らは、自ら、公告や債権者への通知をした上で（民法927）、相続財産をもって相続債権者らに弁済をしなければなりません（同法929〜931）。そして、弁済資金が足りず、相続財産の換価を要する場合には、

競売手続によるのが原則とされています（同法932本文）。この点、競売手続によらず、相続人が財産を買い受けることも例外として認められていますが、その場合、裁判所が選任した鑑定人による鑑定を経なければならないことになっています（同条但書）。

　なお、法に反して任意売却した場合、その売買の効力自体は有効と解されていますが、後に、不当に安い価格で売却したとして、相続債権者らから損害賠償の責任を問われるリスクがあります。

　さらに、限定承認の場合の問題として、よく指摘されるのが「みなし譲渡所得」の課税が生じる点です。現行の所得税法において、相続のうち、限定承認を選択した場合に限り、相続時に、時価で被相続人が譲渡したものとして、譲渡所得課税が行われます（所法59①一）。すなわち、限定承認をすると、相続開始時に含み益に対して所得税が課税されることになるのです。限定承認をしていますので、租税債務を加えた相続債務が相続財産を上回る場合に、相続人が固有の財産からこれを負担する必要はないのですが、厄介なのが、結果として資産超過が判明した場合です。そのような場合、当初から単純承認をしていれば、被相続人の取得価額を引き継ぐことができたのですが（所法60①）、限定承認を選択してしまったがゆえに、含み益が実現していない段階で、譲渡所得の申告納税が必要になってしまうことになります。しかも、みなし譲渡は親族間における譲渡と考えられてしまうため、居住用財産の譲渡に係る3,000万円の特別控除（措法35①）の適用も受けることができません。したがって、思わぬ課税の負担が生じてしまう可能性があり、このことから、含み益のある資産が相続財産に含まれる場合には、限定承認の選択には慎重にならざるを得ないのです。

　加えて、所得税の申告期限が短い点も問題です。所得税の準確定申

告は、相続開始を知った日の翌日から4か月以内に行わなければならず（所法124①）、これについては、前述の熟慮期間の伸長のような手続も存在しません。したがって、仮に熟慮期間の伸長をしており、限定承認をしたのが4か月以後であった場合でも、4か月以内に申告しないと附帯税が課税されることになります（東京高判平成15年3月10日訟月50巻8号2474ページ）。4か月という短い期間に、限定承認の判断をし、所得税の準確定申告をしなければならないというのは、相続人に酷であるように思いますが、現行の制度がそうなっている以上やむを得ません。

　これらの理由から、あまり使われていない限定承認ですが、上記の事例のように、自宅等のどうしても特定の財産を残したいという意向が相続人にある場合には、限定承認を選択する合理的な理由があると言えます。前述のとおり、債務の弁済に必要な場合、相続財産を競売に付さなければならないのですが、家庭裁判所が選任した鑑定人の評価に従い、相続財産の価額を弁済すれば、競売手続によらずに当該財産を買い受けることができるからです。つまり、自己資金を用意できる場合に限り利用できる方法ではありますが、限定承認を選択することにより、自宅等を親族の所有として残すことが可能になります（ただし、抵当権の実行を止められるわけではありませんので、抵当権が付いている場合には、抵当権者との交渉が必要になります。）。

　なお、この場合、みなし譲渡所得課税は生じますが、債務超過で租税債務は切り捨てられますので、単純承認により取得価格を引き継いだ場合に比べて、将来の売却時も含めた全体的な租税負担が少なくて済む可能性もあります。

相続放棄

Ⅳまでで、単純承認・限定承認・放棄という 3 つの選択肢について解説しましたが、ここでは、そのうちの相続放棄について、より詳しく解説します。

1　相続放棄の手続

相続放棄をしようとする者は、その旨を家庭裁判所に申述すべきこととされています（民法938）。具体的には、被相続人の最後の住所地を管轄する裁判所に対し、相続放棄申述書と各種の添付書類（除票や戸籍謄本等）を提出することになります。申述書の書式は、裁判所ホームページから入手可能です。被相続人の配偶者や子であれば、戸籍謄本等は僅かな数で足りますが、兄弟関係の場合、被相続人に子がいないことを明らかにしなければならず、被相続人の出生時から死亡時までの全ての戸籍謄本等を取り寄せなければなりませんので、それなりの時間を要することが多いです（特に、被相続人が転籍を繰り返している場合は大変です。）。

通常、申述書の提出後、裁判所から申述人である相続人宛に、申述が真意に基づくものであるか等を確認するための照会書が郵送されてきます。裁判官の面接は行われず、郵便のやりとりだけで手続が完結するのが一般的で、特段の問題がなければ、照会書を返送した後すぐに裁判所の審判が下されます。

相続放棄の申述が裁判所で受理されれば、申述人は初めから相続人とならなかったものとみなされます（民法939）。

実務上は、債権者から、裁判所の発行する相続放棄申述受理証明書

を求められますので、裁判所にこの証明書を発行してもらって債権者に提示し、以後の取立てを免れることになります。

　なお、未成年者とその親権者の両方が相続人である場合（例えば、被相続人の配偶者と未成年の子が相続人であるような場合）に、親権者が相続放棄をせず、未成年者にだけ相続放棄をさせようとするときには、特別代理人の選任が必要になります（民法826条1項。相続放棄と同様、比較的簡単な手続です。）。親権者が、未成年者とともに相続放棄する場合は、特別代理人の選任は不要で、親権者が未成年者を代理して相続放棄をすることが可能です。

2　3か月の期間を過ぎた場合の救済

　数年前に亡くなった兄とは元々不仲で、兄嫁や甥とも交流はない。半年前、突然、兄にお金を貸したという人物から通知がきた。私は詐欺かと思って気にも留めていなかったが、同じ内容の通知を受け取った姉が不安になって確認したところ、兄嫁も甥も相続放棄をしていたことが明らかになった。

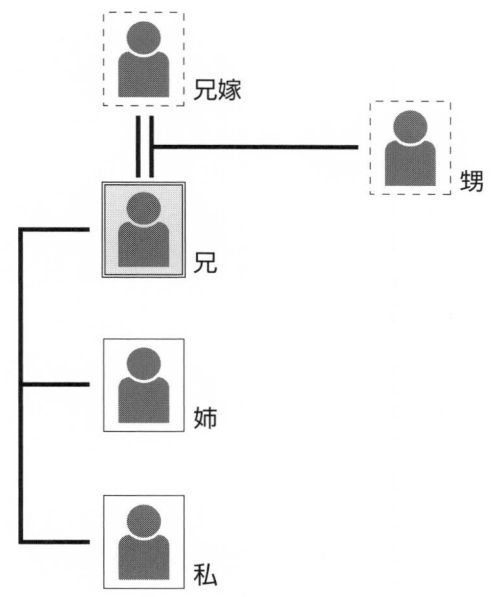

(1)　**熟慮期間の始期**

　民法915条 1 項は、「自己のために相続の開始があったことを知った時」から 3 か月以内に相続の承認又は放棄をすべきことを定めています。しかし、この熟慮期間を経過した後に、多額の相続債務が発覚するということもあります。最高裁は、このような場合に、「知った時」すなわち熟慮期間の始期を繰り下げることにより、相続人の救済を図る判断を下しました（最二小判昭和59年 4 月27日民集38巻 6 号698ページ）。

　そして、上記最高裁判決の事案は、相続財産が全く存在しないと信じた相続人の事案でしたが、その後の下級審において、相続財産の存在を一部知っていた場合にまで救済の範囲を広げる判断も出ています（遺産は他の相続人が相続する等のため自己が相続すべき遺産がない

と信じ、かつ、そのように信じたとしても無理からぬ事情がある場合には被相続人の積極・消極財産について自己のために相続の開始があったことを知らなかったものと解するのが相当とした名古屋高決平成11年3月31日家月51巻9号64ページ等）。

　では、冒頭の事例はどうでしょう。仮に、上記の救済事例と同様、熟慮期間の始期を繰り下げて、債権者からの通知を受けとった時から起算するとしても、既にそこからも3か月を過ぎてしまっていますので、救済の余地はないように思えます。

　しかし、内容証明郵便による催告書を受け取ってから3か月以上経過してしまった相続人について、それまで全く交渉のなかった債権者から突然催告書が送られてきたことや過去の判決により一旦時効が中断したことへの言及がなかったこと等を理由に、相続放棄の主張を認めた例が存在します（東京高判平成15年9月18日判決・家月56巻8号4ページ）。

　あくまで限定的な例と捉えるべきではありますが、個別事情によっては、冒頭の事例でも、救済される可能性があるかもしれません。まずは相続放棄の申述受理申立てをしてみることも一考に値するでしょう。

(2)　相続放棄の審判と債権者

　実務上、相続開始から3か月以上が経過してしまっていたとしても、比較的容易に申述受理の審判を出してもらえることもありますが、この手続に債権者は関与せず、家裁の審判が出たとしても、相続放棄に疑問を持った債権者は、後に取立訴訟を提起して争うことができ、実際に、民事訴訟の場面で相続放棄の効力が否定されることもあります。したがって、家庭裁判所で相続放棄の申述が受理されたとしても、最

終的に債務を免れられるとは限らないのです。

　ただ、家庭裁判所で相続放棄の申述が受理されていることから、債権者が、民事訴訟までは提起しない場合もあり得ますし、訴訟になっても、和解により柔軟な解決が図れる可能性もあります。

　したがって、相続開始から 3 か月を経過してしまっている場合にも駄目だと決めつけず、まずは家庭裁判所で相続放棄の手続をとってみるという選択をしてもよいと思います。

3　事実上の「相続放棄」

> 　父が亡くなった。長男である兄が全ての財産を承継するのが当然と思っていたので、兄が準備した遺産分割協議書に押印し、一切の財産をもらわなかった。ところがその後、父が生前、兄の経営する会社の保証人となっており、その額が数千万円に上ることが分かった。

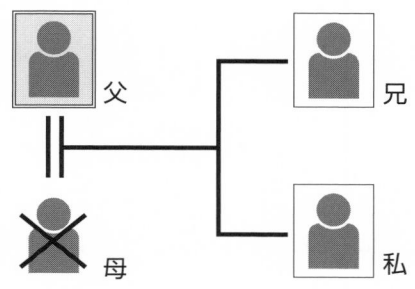

⑴　事実上の「相続放棄」とそのリスク

　先ほどと似たような事例ですが、遺産分割協議書に押印してしまっている点が異なります。遺産分割協議は処分行為にあたり、本章「Ⅲ

法定単純承認」で解説した法定単純承認事由に該当するため、もはや相続放棄が認められないように思われます。

この事例について検討する前に、相続放棄と同じ効果を期待して、一般に行われている方法について確認しておきましょう。

① 取得分を0とする遺産分割協議

② 相続分なきことの証明書（特別受益証明書）

③ 相続分の譲渡

④ 相続分の放棄

①は文字通り、一部の相続人が、自らの取得分を零とする、つまり、一切の財産を取得しない内容の遺産分割協議を成立させることです。上記事例もこれに当たります。

②は、一部の相続人が既に贈与を受けているため具体的相続分がないことを証明する書類で、相続を原因とする所有権移転登記の手続を簡易に行うために用いられているものです。

この相続分なきことの証明書（又は特別受益証明書）は、実務上、実際に贈与を受けていなくても利用される例があると聞きます。しかし、実態を伴わない書類を用いると、その有効性が問題となり得ます。なかには、同証明書の作成・交付により何らかの法律行為を認定した裁判例も複数存在しますが、同証明書の交付により相続分の放棄又は譲渡があったとの主張が排斥された事案もあります（東京地判平成30年7月12日判タ1471号196ページ）。いずれにしても、紛争が起きること自体が大きな負担ですから、同証明書の利用については慎重さが求められるでしょう（なお、相続分なきことの証明書については、**第7章Ⅳ5**でも触れられています。）。

③の相続分の譲渡は、共同相続人の1人が、相続開始後遺産分割前

に、自己の相続分を第三者に譲渡するもので（民法905）、④の相続分の放棄は、文字通り、共同相続人の１人が、その相続分を放棄するものです。後者については明文の規定がありませんが、どちらも、遺産分割手続において当事者を集約するために用いられることがあります。詳細については、**第４章Ⅲ**を参照してください。

　①〜④はいずれも、熟慮期間を過ぎている場合や、家庭裁判所の手続を避けたい場合等に実務で用いられます（例えば、遺産分割調停を起こされた場合に、「財産はいらないので、早く解放して欲しい。」と望む当事者がたまにいます。熟慮期間を過ぎていて相続放棄はできないのが通常ですから、代わりに相続分の譲渡等をして、当事者から外してもらうのです。）。ここで注意しなければならないのが、相続放棄をした場合と異なり、相続債務について、債権者との関係で責任を免れることができない点です。

　相続放棄をすれば、その効力は絶対的で、何人に対しても登記等なくしてその効力を生ずるとされていますが、「事実上の相続放棄」にはそのような効力はありません。たとえ相続人間で債務を負わないという約束があったとしても、それを債権者に対抗することはできず、法定相続分に応じて相続債務を負担することになります。例を挙げれば、法定相続人が子２人で、相続債務が2,000万円あったという場合、各相続人はその２分の１、つまり1,000万円の債務を承継することになります。相続財産を何ら取得していなかったとしても関係はなく、この1,000万円については、責任を負わなければならず、債権者から請求されたときは、自己の財産からこれを弁済しなければなりません。もう１人の相続人との約束で、その相続人が全ての債務を負担することになっていれば、当該相続人に求償する権利はありますが、債権者から請求されている時点で、当該相続人は支払い不能になっているこ

とが多く、回収は困難です。

このことを理解せず、「事実上の相続放棄」を選択すると、思わぬ不幸を招くことになりかねません。

したがって、財産を一切もらわない場合には相続放棄しておくのが安心ですし、相続放棄をしない場合も、専門家が関与するのであれば、相続債務を免れ得ないことについて、当事者の理解を促すことは必須と考えます。

(2) 遺産分割協議後の相続放棄

冒頭の事例について検討します。まさに、相続放棄をしなかったがために不幸を招いてしまった例です。

前述のとおり、遺産分割協議を行ったことは、相続財産の処分と評価され得る行為です。相続財産の処分が法定単純承認事由になることは、既にお話ししました。したがって、遺産分割協議をした後は、相続放棄をすることが認められないのが通常です。

しかし、このような場合でも、相続放棄を認める余地があるとした裁判例もあります。大阪高裁平成10年2月9日決定（家月50巻6号89ページ）は、相続人らが多額の相続債務の存在を認識していれば、当初から相続放棄の手続きを採っていたはずであり、それをしなかったのは、相続債務の不存在を誤信していたためで、事情によっては遺産分割協議が錯誤により無効になり、法定単純承認の効果も生じない可能性があると判示しました（類似の裁判例として、東京高決平成12年12月7日家月53巻7号124ページもあります。）。

法的には様々な争点を孕むところではありますが、相続放棄以外に債務を免れる術がありませんので、前述2の場合と同様、放棄を検討する価値があると考えます。

Ⅵ　不確実な債務がある場合

　債務があったとしても、明らかな債務超過の場合の相続は比較的簡単です。３か月の熟慮期間内に相続放棄をすればいいからです。難しいのが、債務超過かどうか判断がつかない場合です。債務が不安だからと放棄してしまったら、債務が想定外に少なかった場合に損をしてしまいますし、だからと言って、熟慮期間を過ぎてから債務超過が判明した場合、相続人が自己の固有の財産から不足分を支払わなければいけないことになってしまいます。そのような場合に、限定承認という選択肢がありますが、使いづらい制度であることは前述のとおりです。そのような場合の実務的な対処法について解説します。

　税理士のＡが亡くなった。相続人は妻と子らである。Ａは生前、依頼者から専門家責任を問われ、多額の損害賠償を請求されていた。代理人弁護士に依頼して協議を進めてもらったが解決せず、ちょうど地方裁判所に訴訟を提起されたところであった。依頼者の請求が認められれば、その額はＡの保有する資産の額を上回ることになる。ただ、相続人らが代理人弁護士に意見を求めたところ、「裁判で責任なしとされる可能性もあるし、責任ありとされたとしても、依頼者の請求額の満額が認められるとは限らない。」とのことであった。

⑴　一部の相続人のみが相続をするという選択肢

　地方裁判所に訴訟を提起された段階ということで、結論が出るまでにかかる時間を見通すのはまだ難しい段階と思われます。熟慮期間の伸長をしても、その間に結論が出ることは期待しにくいです。また、

代理人弁護士の話からすると、結論がどうなるのかも分かりません。したがって、この段階で、妻と子らが全員放棄するという選択は採りにくいです。加えて、限定承認という選択肢も考えられないわけではありませんが、特に含み益のある資産がある場合、前述のような課税上の問題もあります。

　そこで、苦肉の選択ではありますが、このような場合、妻のみを相続人とし、子らは相続放棄をしてしまうことが考えられます（親や兄弟等の後順位の相続人がいる場合はそちらの相続放棄も必要です。）。万一敗訴した場合でも、全て妻が負担し、子供たちには影響が行かないようにするのです。専門家責任の場合を例に挙げましたが、代表訴訟を提起され争っているうちに被告が亡くなった場合や、税務訴訟で係争中という場合にも、そのような選択を採ることがあります。その他、「相続人の債務は存在するようだがはっきりしたことが分からない」という場合にも、このような選択は有効かもしれません。

　もちろん、上記の例で、訴訟を承継した妻が敗訴し、相続債務が相続財産を上回ることになった場合には、妻は固有の財産から不足する分を弁済しなければならないことになります。仮に、妻の固有財産が元々多く、固有財産から弁済するような事態は避けたいということならば、妻も最初から相続放棄（あるいは限定承認）をしてしまうほかありません。

⑵　家族を守るために

　事例のような債務が不確実なまま相続が開始した場合に限らず、万一、損害賠償債務を負担することになる場合を考えて、専門家向けの研修会等では、現実に専門家責任を問われる前に家族を守るための対策をとっておくことを推奨しています。

　具体的な対策としては、居住用財産の贈与の特例を使って自宅を配偶者の名義にしておく方法や、生命保険を活用する方法が考えられます。自宅が配偶者の名義になっていれば、相続放棄をするような事態になっても、自宅だけは配偶者の手元に残ることになりますし、保険金請求権は配偶者の固有財産と解されるので、家族を受取人とする生命保険に入っておけば、仮に相続放棄をすることになっても、生命保険金分だけは家族が受け取れることになります。もちろん、損害賠償責任を追及されるような事態を避けるような対策をとることや、税理士賠償責任保険等に加入しておくことが上記に優先するものではありますが、次善の策として必要な対策でしょう。

＊　債権者を害することを知って贈与等を行った場合、詐害行為として取消の対象となる恐れがあります（民法424①）。上記のような対策は、ミスをしてしまった後ではなく、「平時」から講じておくべきです。

第4章

相　続　分

　相続分には、法定相続分のほかに、遺言で指定されている場合の指定相続分と、法定相続分や指定相続分に特別受益及び寄与分を加味して決められる具体的相続分があります。具体的相続分のところで触れる特別受益は、遺留分を請求された場合にも出てくる話であり、税理士の先生方からよく質問を受けるところです。

I 法定相続分

　相続分は、相続財産が遺産共有状態になる場合における共同相続人の相続財産に対する持分のことを指します（潮見佳男「詳解 相続法【第2版】」225ページ）。各共同相続人の相続分は、被相続人の遺言により定まり（指定相続分）、指定がない場合には民法の定めるところによります（法定相続分）。さらに、法定相続分・指定相続分に、共同相続人が被相続人の生前に受けていた特別受益と、被相続人の財産の維持・増加に特別の貢献をした場合の寄与分を加味して修正を加えたものを具体的相続分といいます。

　そのうちの法定相続分については、税理士の先生方もよくご存知のところかと思いますが、基本を改めて確認しておきましょう。

　相続分には、民法の規定による法定相続分と、遺言によって指定される指定相続分があります。遺言による指定がない場合は、法定相続分に従うことになります。法定相続分に関する民法の定めをまとめると以下のとおりとなります。

相　続　人		法定相続分
配偶者と子（孫）	配偶者	1／2
	子（孫）	1／2
配偶者と父母（祖父母）	配偶者	2／3
	父母（祖父母）	1／3
配偶者と兄弟姉妹（甥姪）	配偶者	3／4
	兄弟姉妹（甥姪）	1／4
配偶者のみ		全部
子（孫）のみ		全部
父母（祖父母）のみ		全部
兄弟姉妹（甥姪）のみ		全部

　子や兄弟姉妹が先に亡くなっている場合、代襲相続人である孫や甥姪が登場しますが、代襲相続人の相続分は、代襲の原因となった相続人が受けるべき相続分と同じです（民法901）。すなわち、4分の1の法定相続分を有すべき子が、被相続人より先に亡くなっていた場合、代襲相続人となる孫が取得する相続分は、1人であれば4分の1、2人いる場合はそれに2分の1を乗じた8分の1となります。

　また、以前は、非嫡出子の相続分を嫡出子の2分の1とする民法の規定（旧民法900四但書前段部分）が存在しましたが、最高裁がこれを違憲としたことを受けて（最大決平成25年9月4日民集67巻6号1320頁）、その後、当該規定は、改正により削除されました。

　これに関連して、誤解のあるケースがあるのですが、民法900条4号には、兄弟姉妹の中に父母の双方が同じ者と父母の一方のみが同じ者がいる場合には、後者の相続分を前者の2分の1にする旨の定めもあり、これについては現在も生きています。ですので、母親が再婚していて、前夫との間にも子がいたという場合に、再婚後の子が亡くなって兄弟が相続人になるケースの場合に、父を同じくする兄弟と、母親が前夫との間でもうけた子（被相続人の異父兄弟）については、後者の相続分は前者の2分の1とされることになります。

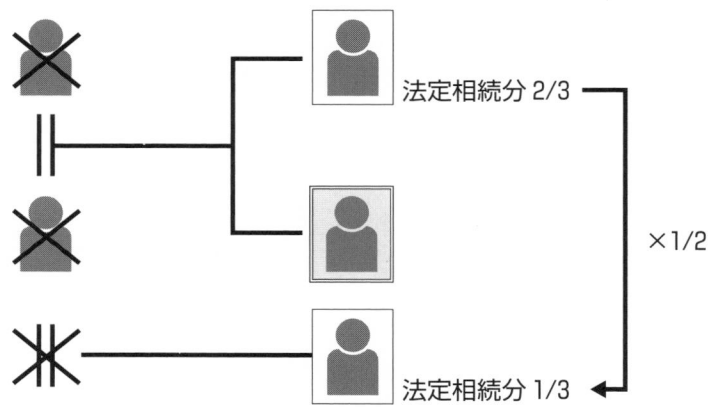

法定相続分 2/3

×1/2

法定相続分 1/3

　また、二重資格を有する相続人の相続分については、**第2章Ⅱの2**
(3)で触れたとおり、配偶者と兄弟姉妹の地位を有する場合は配偶者と
しての相続分のみを有するというのが従前の登記実務でしたが、近時、
併有を認める方向に変更されたと解されています。また、養子と孫
（代襲相続人）としての地位を有する場合については両者の相続分を
加算するというのが以前からの登記実務です。

　続いて、具体的な事例を前提に、法定相続分がどのように決まるの
かを確認していきましょう。

〔両親又は兄弟姉妹が相続人となる事例〕

　　妻が亡くなった。私たち夫婦に子どもはいない。妻も働いてい
たので、それなりの財産がある。四十九日に義父母に相談をした
ところ、財産を分けるのなら、自分たちではなく義妹に渡して欲
しいと言われた。義父母に相続放棄してもらうことを考えている
が、放棄した場合としない場合に、それぞれ誰がどれだけの財産
を取得することになるか。

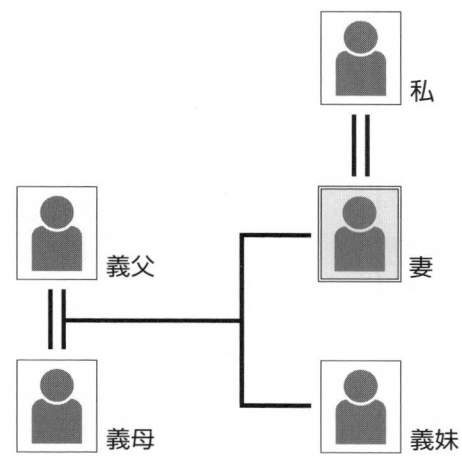

　先ほどの表に従い、それぞれの場合の法定相続分を確認しましょう。義父母が放棄をしないままの場合、私・義父・義母の3人が法定相続人になります。法定相続分は、配偶者と父母が相続人となる場面に当たりますので、配偶者の私が2/3、義父・義母はそれぞれ1/3×1/2の1/6になります。

　では、義父母が2人とも相続放棄をしたらどうなるでしょうか。

　この場合、義父母に替わって、次順位の相続人である義妹が相続することになります（**第2章Ⅱ(2)**で説明したとおり、相続放棄は代襲原因になりませんが、この事例の場合、そもそも義妹は義父母の代襲相続人ではありませんので、先順位の法定相続人である義父母がいかなる理由で相続人とならないかは関係がありません。）。法定相続分は、配偶者と兄弟姉妹が相続人となる場合ですので、配偶者である私が3/4、義妹が1/4となります。

　なお、四十九日法要が終わっているということですので、3か月の熟慮期間の経過が迫っていると思われます。放棄をしてもらうのなら、早急に手続をとることが必要です。

〔代襲相続人と相次相続人がいる事例〕

　　高齢の夫Aが亡くなった。私たち夫婦には子供がない。夫の長
　兄Bは早くに亡くなり、その２人の子どもC・DのうちのCも既に
　他界している。また、次兄Eも数年前に亡くなり、その２人の子
　どものF・GのうちのGは、Aが亡くなった１か月後に交通事故で
　亡くなった。Gの相続人は配偶者Hと２人の子どもI・Jの３人だ。

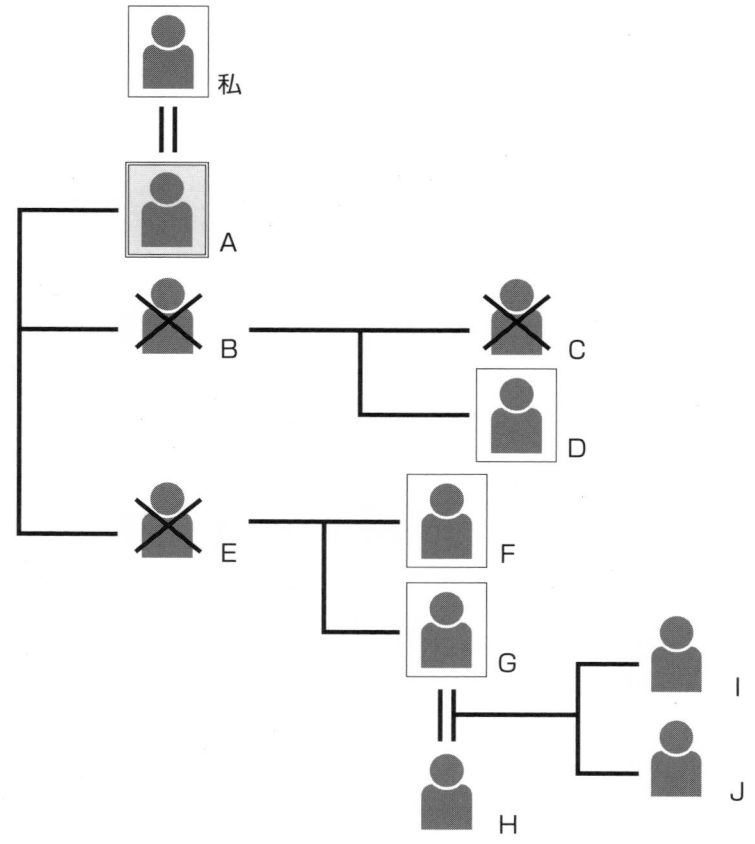

　まず、配偶者と兄弟姉妹（甥姪）が相続人となるケースですので、配偶者（私）の相続分は3/4となります。残りの1/4を他の相続人で分けることになります。

　Bは亡くなっているのでその子供らが代襲相続人となるはずですが、Bの子のうちのCも既に亡くなっています。兄弟姉妹の場合、再代襲がありませんので（民法889②、887参照）、Cに子供がいたとしてもその子は代襲相続人にはなれません。

　したがって、DのみがBの代襲相続人となり、その相続分は、Bの相続分と同じですので、以下のとおりとなります。

Dの法定相続分＝Bの法定相続分（1/4×1/2）＝1/8

　一方、Eとその子のうちのGも亡くなっていますが、Gが亡くなったのは、Aの相続が開始した後です。この場合、Gが一旦Aの相続人となり、Gの相続人らが、Aの相続に係るGの権利義務を承継することになります。

　Eの代襲相続人であるF及びGの法定相続分は以下のとおりです。

F及びGの各法定相続分＝Eの法定相続分（1/4×1/2）×1/2＝1/16

　そして、Gの相続人であるHらが、上記のGの権利を承継することになるわけですが、その場合のGの相続に係る法定相続分は、配偶者と子が相続人である場合ですので、配偶者のHが1/2、子であるI及びJがそれぞれ1/2×1/2の1/4となります。したがって、Aの相続についてのHらの法定相続分は、それぞれ、以下のとおりになります。

・Hの法定相続分＝Gの法定相続分　　　　1/16×1/2＝1/32
・I及びJの各法定相続分＝Gの法定相続分　1/16×1/4＝1/64

Ⅱ　指定相続分

　民法は、被相続人が遺言により、各共同相続人の相続分を定めるか、第三者に相続分の指定を委託することができると定めています（902①）。

　遺言で相続分を指定する場合というのは、分かりやすい例で言えば、配偶者○分の１、長男○分の１、二男○分の１というように遺言で定めるような場合です。相続人の一部についてのみ定めることもできますし、相続分を零とする遺言も有効と解されていますので、例えば、特定の相続人の相続分を零とする内容だけの遺言を残すことも可能です（もちろん、遺留分の問題は残ります。）。

　なお、相続分の指定（又は指定の委託）が一部の相続人についてのみなされた場合、他の相続人の相続分は、法定相続分に従って定められることになります（民法902②）。

　一方、相続分の指定の委託は、遺言の中で、「遺言者は、次の者に相続人全員の相続分を指定することを委託する。」などと定めて行います。委託先としては、配偶者や跡取りの長子等がまず想起されるところですが、委託できる「第三者」に法定相続人や包括受遺者が含まれるかについては疑義があり（大阪高決昭和49年６月６日家月27巻８号54頁参照）、それらの者への委託は避けた方が無難でしょう。そうなると、例えば長年付き合いのある顧問税理士等が適任とも思われますが、全ての相続人に納得がいくような相続分を決めるというのは大変荷が重い作業で、できれば避けたいものです。仮に遺言で委託されたとしても、指定された第三者は、委託を拒絶することもできます。その場合、委託は効力を失い、法定相続分の適用を受けることになります。

　上記のとおり、遺言で相続分を指定し又は指定を委託することができますが、遺留分を侵害した場合には、侵害された相続人から遺留分侵害額請求権を行使される可能性があります。

　また、法定相続分と異なる相続分が指定された場合でも、指定相続分を相続債権者には主張できませんので注意が必要です。すなわち、指定相続分にかかわらず、相続債権者に対しては法定相続分に従って債務を負担すると解するのが通説であり、債権者との関係でも指定相続分を超える債務の負担を免れるためには、債権者の同意を得るしかありません。

　Aの資産は、不動産（時価2,000万円）と預金。法定相続人は長男B、次男C、三男Dの3人。
① 　Aは、長男Bについてのみ相続分を6分の1と定める遺言を残した。
② 　Aは、「全ての不動産を長男Bに相続させる」との遺言を残した。他の財産には言及がなかった。なお、相続開始時の財産は預金のみであり、その残高は1億円であった。

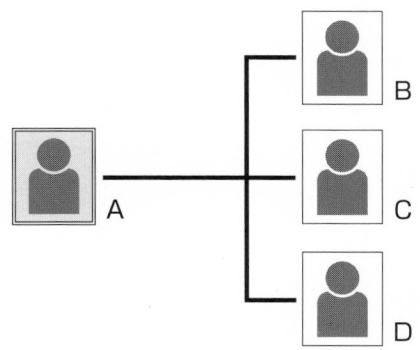

まず①の遺言があった場合について確認しましょう。

　一部の相続人についてのみ相続分の指定があった場合、法定相続分の規定に従って他の相続人の相続分を決めることになりますので、次男Cと三男Dの相続分はそれぞれ、（1−1/6）×1／2の5/12となります。

　一方、②の場合はどうでしょうか。このケースでは、Bの取得する財産の価額2,000万円が、法定相続分に相当する額4,000万円（（2,000万円＋1億円）×1／3）を下回っているため、Bが預金についても権利を主張できるかが問題となります。

　この場合に、遺言の趣旨が相続分の指定を含むと解すれば、①のようにBの相続分が2,000万円相当の1／6と定められている場合と同様、Bはこれを超える財産に対する権利を有しないことになります。しかし、特定の財産を特定の相続人に相続させる遺言については、基本的に遺産分割方法の指定と解するとの判例（最二小判平成3年4月19日民集45巻4号477頁）が出て、この点に関する議論は決着しています。

　よって、Bは、不動産以外の財産についても、2,000万円（法定相続分に相当する額4,000万円−不動産の価額2,000万円）相当の権利を主張できることになります（ただし、不動産以外の財産をBに取得させないとのAの意思が遺言で明らかにされている場合はこの限りではありません。）。

　ただ、上記の事例と異なり、全ての財産を一定割合で相続人らに相続させるとした遺言について、遺産分割方法の指定ではなく、相続分の指定だと解した裁判例（東京地判平成4年12月24日家月46巻5号40頁）もあり、実は、相続分の指定かどうかの判断は難しい場合があります。筆者が関わった、税理士が作成した遺言が問題となったケースでも、全ての不動産（多数あり）の3分の1ずつを子らに相続させる

という遺言について、相続人に、それぞれの不動産の3分の1の持分を取得させる趣旨なのか、あるいは、遺産分割によって3分の1に相当する不動産を取得させる趣旨なのかが問題となったことがありました。後者であれば、遺産分割によりそれぞれが取得する不動産を決められますが、前者ではその余地がなく、3分の1と異なる持分を取得させると贈与の問題が生じ得ます。

　後に疑義が生じないよう、遺言を作成する段階で明確にしておくことが肝要でしょう。

Ⅲ　相続分の放棄と譲渡

　本項では、相続分が変動する場面として、相続分の放棄と相続分の譲渡についてお話します。

1　相続分の放棄

　相続分の放棄は、共同相続人がその相続分を放棄することをいい、明文の根拠はないものの、実務上、遺産に対する共有持分権を放棄する意思表示と捉えられています。相続放棄と似た言葉ですが、内容や法的効果は異なります。

　相続放棄は熟慮期間内に家庭裁判所に申述することが必要ですが（民法915①、938）、相続分の放棄は相続開始後、遺産分割までの間であればいつでも可能であり、方式についての制限もありません。

　効果についても、他の共同相続人の相続分には影響を及ぼすものの、相続放棄をした場合と異なり、相続分を放棄した相続人も、相続人としての地位を失うことはないと解されています。すなわち、債権者の同意がない限り法定相続分相当の相続債務を免れることができません

ので注意が必要です（**第5章Ⅲ**参照）。

　このような相続分の放棄は、相続放棄に比べ、あまり馴染みのない手続かもしれません。使われることがあるのは、当事者間で紛争が生じて調停に発展した際に、調停手続きから離脱したいという相続人がいるような場合です。先ほど方式に制限がないと書きましたが、調停実務においては、相続分の放棄をする旨の書面への本人の署名と実印による押印及び印鑑証明書の添付が求められるのが一般的です（調停外においても、各種の相続手続に際して、実印による押印と印鑑証明書が必要になります。）。

　以下、一部の共同相続人が相続分の放棄をした場合に、他の共同相続人の相続分がどうなるか、事例に基づいて説明します。

> 　Aが亡くなった。法定相続人は妻Bと3人の子。そのうちCとEは以前から非常に仲が悪く、Dは「面倒なことに巻き込まれたくない。財産ももらわなくてよい。」と思っている。

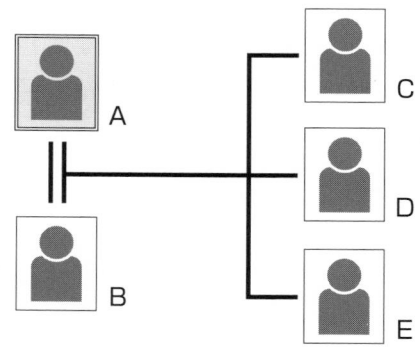

　仮に熟慮期間内であれば、Dは相続放棄をすることが可能です。その場合、Dははじめから相続人ではなかったことになり（民法939）、

Bの相続分が1／2、CとEの相続分はそれぞれ1／4（1／2×1／2）となります。

　これに対し、熟慮期間を過ぎてしまったため、Dが相続分の放棄をした場合はどうでしょうか。この場合、Dが相続人としての地位を失うことはないものの、遺産分割の手続きからは脱退できます（ただし、相続登記との関係で、相続分を放棄した当事者を手続から排除してしまうと問題が生じることがあります。他の相続人にとっては、注意が必要です。）。そして、Dの相続分1／6については、以下のとおり、残りの相続人に、各人の相続分率に応じて配分されることになります（ただし、多数当事者事案について、これと異なる処理をすることがあります。）。

　まず、B・C・Eの相続分の比率を出します。

・1／2：1／6：1／6＝3：1：1

そうすると、それぞれの相続分率が以下のとおりに求められます。

・Bの相続分率　3／（3＋1＋1）＝3／5

・CとEの各相続分率　1／（3＋1＋1）＝1／5

この相続分率に基づいてDの相続分を再配分し、D以外の相続人の元の相続分に加算します。結果として、Bらの相続分はそれぞれ以下のとおりとなります。

・Bの相続分　1／6×3／5＋1／2＝3／5

・CとEの各相続分　1／6×1／5＋1／6＝1／5

2　相続分の譲渡

　相続人は、遺産分割前であれば、相続分を譲渡することができます（民法905参照）。相続分の譲渡の対象となる「相続分」は、積極財産のみならず消極財産を含めた包括的な相続財産全体に対して各共同相

続人が有する持分あるいは法律上の地位と説明されています。債権者との関係では譲渡人たる相続人が直ちに債務を免れ得ないこと及び法文の定めはないものの実務上厳格な方式が求められることは、相続分の放棄の場合と同様です。

　相続分の譲渡は、相続人を整理するために使われることがあります。例えば、遺産分割協議をまとめようとしたものの、多数いる相続人全員の納得が得られずやむなく調停を起こすこととなった場合に、こちらに協力的な相続人についてのみ先に相続分を譲渡してもらって、調停の相手方を減らしておくというようなケースです。また、先ほどの事案のように、遺産分割の手続きから脱退する目的で行われることもあります。

　ただ、例えば、先ほどの事案のDがCに対して相続分を譲渡した場合に、残りの相続人であるB及びEの相続分に及ぼす影響は、相続分の放棄の場合と異なります。

　具体的には、DがCに対して相続分を譲渡すると、Cの相続分のみが元の1/6にDの相続分1/6を加算した1/3に増加し、B及びEの相続分には影響がないことになります。

　相続分の譲渡の相手方は、相続人である必要はなく、第三者への譲渡も可能ですし、一部の譲渡も認められます。実例はそれほど多くないでしょうが、例えば、事実婚の配偶者のように、本来遺産分割協議に加わってしかるべき人を加えるために、他の相続人が協力して一部の相続分を譲渡する場合等が考えられます（ただ、その場合、譲渡人らは、譲渡した相続分についても自己の相続分として相続税を申告する必要があり、さらに、無償譲渡の場合は、譲受人において贈与税の申告を行い、有償譲渡の場合は、譲渡人らにおいて、譲渡所得税の申告を行う必要が生じます。）。

　なお、他の共同相続人から見て好ましくない第三者に譲渡されてしまった場合を想定し、民法は、他の共同相続人に、価額弁償をして第三者の相続分を譲り受ける権利（取戻権）を認めています（民法905①）。しかし、行使期間が譲渡から1か月と極端に短く、実用的な制度とはなっていません（同条②）。

　相続分の譲受人は、譲渡人の地位を承継し、遺産分割手続に関与することが可能になります（似たような場合として、相続分ではなく、個々の遺産に対する共有持分を第三者に譲渡することがありますが、この場合に譲受人が共有状態の解消を求めるためには、遺産分割の手続きによることはできず、共有物分割請求訴訟を提起する必要があります。）。また、相続分の譲受人は、譲り受けた相続分に相当するプラスの財産を承継するのみならず、債務も承継することになります。相続債権者との関係では、債務引受の問題になります。すなわち、債務者と「引受人となる者」との間でされた免責的債務引受（民法427①）ですので、相続債権者の承諾がなければ、その効力は生じず、譲渡人が依然として債務者であることになります（潮見佳男「詳解 相続法【第2版】」279ページ）。

　　Fの相続人は、妻のGと子のHとI。HとIが揉めて、遺産分割調停で争うことになり、Gは自らの相続分をHに無償で譲渡した。HとIは譲渡後の相続分に基づき、それぞれ遺産を取得した。その後、Gも亡くなったが、Gの相続財産は、僅かな預金のみであった。Iは、Fの相続に際してGがHに対して行った相続分の譲渡が、特別受益たる「贈与」に当たるとして、遺留分減殺請求権（現行法でいう遺留分侵害額請求権）を行使して争った。

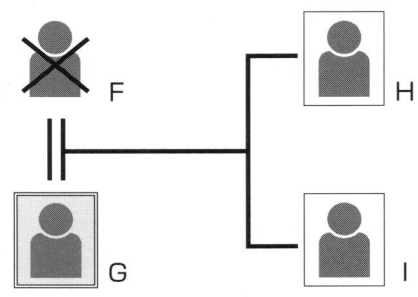

　最高裁第二小法廷平成30年10月19日判決（民集72巻5号900ページ）
の事案を簡略化したものです。一審と二審は、相続分の譲渡は、「贈
与」には当たらず遺留分の侵害はないとしてIの請求を斥けましたが、
最高裁は、「共同相続人間においてされた無償による相続分の譲渡は、
譲渡に係る相続分に含まれる積極財産及び消極財産の価額等を考慮し
て算定した当該相続分に財産的価値があるとはいえない場合を除き、
上記譲渡をした者の相続において、民法903条1項に規定する『贈与』
に当たる」として、原判決を破棄しました。

　実務上、過去の相続について、「誰々が得をした」というような話
が出てくることはままあります。そのような場合に、これまでであれ
ば、「今回は別の相続であるから関係ない。」というような話が出来た
わけですが、今後は、相続分の譲渡があったか否かの事実認定が争い
になる可能性があります。そのような紛争を避けるためには、上記の
事例で言えば、一次相続、すなわちFの相続の時点で、次の紛争まで
見据えて、解決策を練る必要があるかもしれません（と言っても、G
の固有の財産が少ないため、遺言により解決を図るのは難しく、そう
なると相続分の譲渡自体を避けるほかないわけですが、それではGの
意思に反してしまうのかもしれませんので、なかなか難しい問題があ
ります。）。

Ⅳ　特別受益

1　特別受益となる贈与

　相続税の計算においても相続開始前３年以内（令和５年度税制改正により、３年以内から７年以内に延長されることが決まっています。）の贈与財産が加算されますが、民法上も、共同相続人の中に被相続人から遺贈や生前贈与を受けた相続人がいる場合、当該遺贈や生前贈与を相続分の前渡しとみて、計算上これを相続財産に加算して相続分を算定することになっています（民法903、「特別受益の持戻し」といわれる制度です。）。ただ、税務の生前贈与加算と異なり、特別受益の持戻しの対象となる贈与については年数の制限はなく、古い贈与も含まれます（遺留分の場合には10年という制限がありますが、遺産分割における特別受益については、このような規定も存在しません。ただ、相続人間の対立があるときに贈与の事実を主張する側がそれを立証できるかは、また別の問題であり、実務でも古い贈与について証拠が出て来ないということも多いです。）。

　と、ここまで「贈与」イコール「特別受益」と取り得るような単純な説明をしてきましたが、正確には、全ての生前贈与が、特別受益として持戻しの対象となるわけではありません。この点、特別受益の意義について、民法903条は、以下のとおりに規定しています。

民法903条１項

　共同相続人中に、<u>被相続人から、遺贈を受け、又は婚姻若しくは養子縁組のため若しくは生計の資本として贈与を受けた者</u>があるときは、被相続人が相続開始の時において有した財産の価額にその贈与を加えたものを相続財産とみなし、第900条から第902条までの規定により算

定した相続分の中からその遺贈又は贈与の価額を控除した残額をもっ
てその者の相続分とする。

※下線は筆者によります。

　すなわち、遺贈のほか、生前贈与のうち、「婚姻若しくは養子縁組
のため若しくは生計の資本として贈与」されたものが、特別受益に該
当することになるのです。そのため、このような贈与に当たるのかが
大きく争われることになります。

　以下では、具体的な事例に基づいて、特別受益に当たるとされるの
がどのような場合なのかを検証していきます。

　　被相続人Ａは自宅不動産と預貯金を残して亡くなったが、自宅
不動産についてのみ、長男Ｂに相続させるとの遺言を残していた。
Ａの相続に係る相続人はＢと次男Ｃ。Ｂは大学を出て働いていた
が、うつ病を患って退職し、以後はＡと同居して生活費を負担し
てもらうほか、毎月２万円程度の現金を受け取っていた。一方、
Ｃは、国内の大学を出た後海外に留学し、その学費は全てＡに負
担してもらっていた。また、Ｃが通帳を見たところ、Ａが亡くな
る直前に多額の現金が引き出されていたが、Ｂは、「Ａの指示で
下ろした後Ａに手渡した。Ａが何に使ったのかは分からない。」
と説明している。

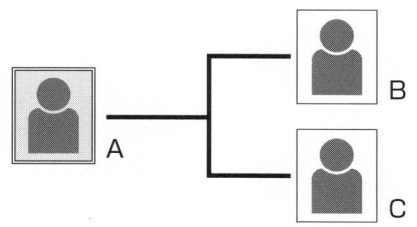

　民法903条1項に定める「生計の資本としての贈与」か否かについては、贈与金額や贈与の趣旨等から判断すべきとされています（もちろん、前提として「贈与」であることが必要ですので、相続人が勝手に持ち出したという場合や、単に借りただけという場合には、特別受益にはなりません。これらの場合は、不当利得返還請求権又は不法行為に基づく損害賠償請求権、貸金返還請求権が被相続人の相続財産に含まれることになります。）。

⑴　学資

　まず、Bの大学並びにCの大学及び海外留学について考えます。高等教育の学資については、被相続人の資力や社会的地位、他の相続人との比較等から判断されることになりますが、相続人全員が大学以上の教育を受けている場合、多少の金額の多寡はあっても、特別受益とはされないのが通常でしょう。教育費については、扶養の一内容と認識され、遺産の先渡しの趣旨を含まないのが一般的と解されるためです。

　ただ、上記の設例では、Cのみ海外留学をしています。多額の海外留学費用がかかったとなると、その支出については特別受益と評価される可能性もあります。しかし、その場合でも、Aの持戻し免除の意思表示が認定され（持戻し免除の意思表示は明示である必要はなく、

黙示でも構いません。詳細については後述します。）、特別受益として考慮されないことも多いと思われます。

　また、近年は、被相続人が80代以上で、相続人である子らも60代以上というようなケースが非常に多く、60歳過ぎの子が大学に行っていたとなると、40年も前の話になりますので、そもそも資料がなく、被相続人による支出の有無やその金額を明らかにできない場合が多いという印象です。

(2)　生活費

　続いて、Bが受けていた生活費の援助についてです。ある程度以上の年齢で自立できる子に対する援助は、特別受益に該当し得るところですが、Bはうつ病で退職したとのことですので、その後も精神的な疾患のために就労が困難であったということであれば、Aによる援助も扶養義務の範囲として、特別受益には当たらないと判断される可能性が高いでしょう。ただ、毎月の援助額に変動があり、ある程度以上の金額を渡した月があったという場合には、その月の分について特別受益とされる可能性もあります。

(3)　使途不明金

　さらに、BがAの生前におろしていた預金はどうなるでしょうか。一般的な感覚としては、「Bが使い込んだのではないか。」と疑いたくなるところですが、Bが、自らが預金をおろしたこと自体は認めつつも、「Aに手渡した。」と説明しており、AとBとの間で贈与の合意があったと言えるのかは何とも言えません。しかも、Bが頑なに否定すると、訴訟で争うことになってしまいます。となると、特別受益との主張を続けること自体断念せざるを得なくなることも珍しくありませ

ん。この辺りは税務の感覚とは異なるところかもしれません。なお、相続開始前の使途不明金については**第5章Ⅰ2⑽**で詳細に解説しています。

⑷　土地の無償使用

> 　遺産分割の当事者が、以下のような主張をしている。これらは特別受益に当たると言えるか。
> ①　被相続人である父の土地の上に、弟が建物を建てて暮らしていた。地代は払っていなかった。
> ②　父が持っている賃貸アパートの一室で、妹夫婦が暮らしていた。他の借主からは月10万円の家賃をもらっていたのに、妹夫婦はタダで使わせてもらっていた。

　土地の無償使用があった場合に、地代相当額が、無償使用をしていた相続人の特別受益に当たると主張されることがあります。このような土地の無償使用自体は、主張されれば特別受益として取り上げられることが多いと思われます。

　ただ、特別受益の制度は、遺産の前渡し分を遺産分割の際に考慮するものであり、特別受益として認められるのは、相続開始時の遺産の減少分ですから、土地の無償使用のケースで特別受益の額として認められるのは、地代相当額ではなく、使用借権相当額になります。そのため、当事者が期待するほどの価額にはならないことがあります。

　また、使用借権が特別受益と認められた場合、理屈上は、相続財産に含まれる土地の評価額も使用借権の分下がることになりますので、みなし相続財産の総額は変わらないことになるはずです。とすると、当該土地を使用借権者たる相続人が取得する場合には、使用借権の価

額を特別受益として取り扱う実益はあまりないことになります。ただ、親の土地上に子が建物を建てて一緒に暮らしていたというような場合、後述する特別受益の持戻し免除の意思表示を親がしていたと主張されるケースもあり得るところであり、そのような場合には、特別受益があったとした方が、無償使用をしていた相続人には有利となり得ます。

　以上を、具体的な事例に基づいて説明します。例えば、相続財産が土地2,000万円のみであり、その土地上に長男が200万円の評価額の使用借権を有しており、長男は、次男に代償金を支払って、土地を取得することを希望していたとします（相続人は長男と次男の２人とします。）。

使用借権 200 万円

土地 2,000 万円（更地評価）

　この場合に、土地の無償使用を特別受益に含めないとすると、長男は次男に、2,000万円×法定相続分１／２の1,000万円の代償金を支払うべきことになります。これに対して、200万円の使用借権分を特別受益と解すると、土地の価額が更地価額から200万円を控除した1,800万円となり、長男の取り分は、以下のとおり1,000万円となって、特別受益なしの場合と変わらないことになります。

（1,800万円＋特別受益200万円）× １／２ ＝1,000万円

　しかし、仮に200万円の特別受益があり、その持戻しが免除されたとすると、以下のとおり、長男の代償金の額は減少することになります。

1,800万円× １／２ ＝900万円

そのため、長男側と次男側の双方に代理人が付いていると、どのような主張が自らの依頼者にとって有利か、頭を巡らせることになるのです（実際には、不動産の評価も上記のように単純ではなく、思い通りに行くとは限らないのですが。）。

(5) 建物の無償使用

上記のとおり、土地の無償使用が特別受益に当たるとされるのに対し、建物の無償使用については、実務上、特別受益には当たらないものとして取り扱うのが一般的です。

この点、親が所有しているアパートの一室を子が使用していたという場合に、家賃相当額が特別受益に当たると主張されることがあり（例えば、設例のような場合に、「他の部屋は家賃10万円で貸していたのに1円も払っていなかったから、10万円×使用月数が特別受益だ」というような主張です。）、一見合理的な主張のようにも見えます。しかし、このようなケースについても、原則として、特別受益には当たらないとされており、その理由については、建物の使用借権は経済的価値が少なく、遺産の前渡しという性格が薄いため等と説明されています。

(6) 相続分の譲渡

被相続人が亡夫の相続の際に、子の1人に相続分を譲渡した行為が特別受益たる贈与に当たるとした判例が出ています。詳細は、Ⅲの2相続分の譲渡を参照してください。

2 代襲相続人と特別受益

次に、代襲相続人がいる場合の特別受益の考え方を確認します。被

代襲者に対する生前贈与は、代襲相続人の特別受益になると解されています。また、代襲相続人自身が受けた生前贈与については、代襲原因が発生した後に代襲相続人が受けた受益のみを持戻しの対象とするのが通説です。そのため、この場合、贈与の時期が重要な意味を持つことになります。例えば、Aの子BがAより先に亡くなり、Bの子でAにとっては孫に当たるCが、Aの相続において代襲相続人となった場合を考えます。

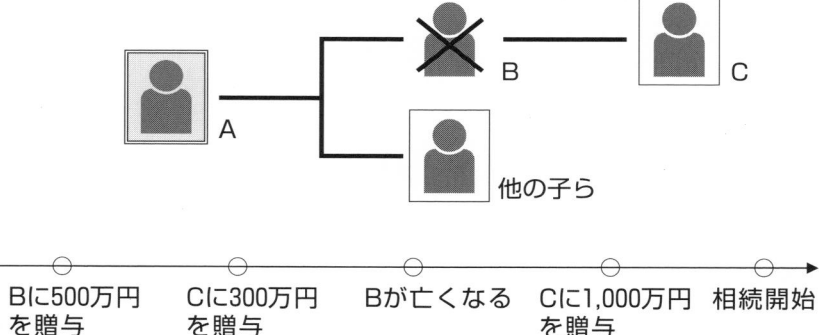

上記の時系列に記載の贈与のうち、BがCから受けた500万円の贈与と、CがBの死亡後にAから受けた1,000万円の贈与は、代襲相続人であるCの特別受益となります。一方、Bの生前に、CがAから受けた300万円の贈与は、特別受益として加算されることはありません。形式的には、相続人への贈与ではなく、特別受益には当たらないと解されるためです。

ただ、実質的に相続人への贈与と認められる場合には特別受益となり得ます。例えば、大阪高裁平成22年8月26日決定（平成21年（ラ）第1227号）の事案では、3人の孫らの大学関係費用及び大学受験予備校の費用合計約4,317万円を被相続人が支出したことについて、これ

らの援助は、実質的には、孫らに対して扶養義務を負う被相続人の子（孫らの親）のためになされたものであり、子の特別受益と認められるとされました。AからCへの贈与についても、実質的にはBへの贈与であったと認定されれば、被代襲者への贈与であったことになりますので、Aの相続に際して、代襲相続人であるCの特別受益として加算すべきとされることになるでしょう。

3 特別受益の評価と具体的相続分の計算

⑴ 特別受益の評価基準時と具体的相続分の計算

特別受益がある場合には、相続開始時に被相続人が有していた積極財産に相続人が受けた特別受益の価額を加えたものを相続財産とみなし、これに各相続人の相続分を乗じて一応の相続分を算定し、ここから特別受益分を控除して特別受益者が現実に取得すべき相続分を確定します。例えば、相続人が子AとB、相続開始時の相続財産が3,000万円、Aが受けた特別受益の額が1,000万円である場合に、Aの相続分を算定すると、以下のとおりになります。

・みなし相続財産　　3,000万円＋特別受益1,000万円＝4,000万円
・Aの具体的相続分　　4,000万円×法定相続分１／２－特別受益1,000万円＝1,000万円

＊　死亡保険金その他、民法上の相続財産には当たらないものの、相続税法上相続財産とみなされるものを「みなし相続財産」と呼びますが（同法３条ほか）、本書でいう「みなし相続財産」は、これとは異なるものです。

ここで、特別受益を相続開始時で評価しましたが、これが通説の考え方で、実務もこれに拠っています。これに対し、遺産を分割する段

階においては、それぞれの遺産は、当該遺産分割の時点における価額をもって評価します。つまり、3,000万円の財産が、AとBが争っているうちに値上がりし、仮に3,300万円になったとすると、Aが取得できる財産の価額は以下のとおりとなります。

$$3,300万円×1,000万円／3,000万円＝1,100万円$$

　このように、特別受益が問題となった場合、理論的には、相続財産を相続開始時と遺産分割時の2時点で評価する必要が生じることになりますが、実務上は手間とコストが増えることを嫌い、当事者間の合意により1時点の評価としてしまうことが多いです。

　次に、上記の事例の数字を少し変えて考えてみましょう。上記の事例で、仮に、Aが受けた特別受益の額が、4,000万円であったとします。この場合に、同じようにAの具体的相続分を計算すると、以下のとおりになります。

・みなし相続財産　　3,000万円＋特別受益4,000万円＝7,000万円
・Aの具体的相続分　7,000万円×法定相続分1／2－特別受益4,000万円＝－500万円＜0

　この時点で、相続分がマイナスになってしまっています。このような場合は、Aの具体的相続分は零になり、相続財産の中から何らの財産を取得することはできないことになります（民法903②）。そして、500万円の超過分（超過特別受益）が発生していますが、これについてはBに返還する必要はありません（仮に遺留分を侵害していて、遺留分侵害額請求をされた場合は、AはBに金銭を支払う必要が生じますが、それはまた別の話です。）。この辺り、弁護士でも誤解している人がいますので、注意してください。

⑵ 贈与財産の変動

　続いて、贈与された財産について、相続開始時までに変動があった場合について考えます。

　前述のとおり、特別受益として持戻す価格の評価の基準時は相続開始時です。特別受益者が、贈与された財産を焼失させてしまったり、他に売却したり、修繕をした場合は、贈与されたときの状態のままであるとみなして評価をします（民法904）。つまり、2,000万円の土地を贈与された後これを2,500万円で売却したとしても、相続開始時の評価額が1,800万円であれば、持戻す額は1,800万円となります。

　ただし、例えば、贈与を受けた建物が地震等の不可抗力で倒壊した場合には、受贈者は何らの贈与を受けなかったものとみなされ、補償金等を受けている場合のみ、当該補償金等が持戻しの対象とされることになります。

＊　贈与時の評価が用いられる税務とは異なり、相続開始時が評価の基準時となるため、株式の贈与後に、当該株式の価額が倍増してしまったような場合、その倍増した価額をもって評価されてしまうことになります。すなわち、前経営者が、後継者である子に自社株を贈与し、その後、子の努力により会社の業績が上がって、株の価値も倍増したという場合でも、相続においては、当該株式は倍増した後の価格で評価されてしまうのです。理不尽にも思われますが、ここは如何ともしがたいところです。どうしても税務に意識が行ってしまうと思いますが、そのようなスキームを組む場合は、「争族対策」を講じておくことも大切です。

4 生命保険金等と特別受益

> 被相続人Dが亡くなった。法定相続人は妻Eと兄Fで、主な相続財産は自宅3,000万円と預貯金1,000万円。遺言はない。Eが調べたところ、Dは生前、生命保険に加入しており、死亡保険金2,000万円が下りることが分かった（受取人はE）。

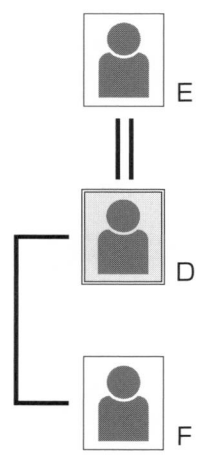

　生命保険金の相続における取り扱いは、税理士から質問を受けることも多い分野です。しっかり確認しておきましょう。

(1) 生命保険金の相続財産性

　まず、生命保険金については、受取人として指定されているEが自己の固有の権利として保険金請求権を取得すると解されているため、遺産分割の対象とはならず、特別受益にも原則として当たらないとされています（固有の権利とされるため、相続で揉めている際にも、受取人と指定された者が単独で請求して支払いを受けることができます。

預金や証券は動かすことができなくなりますので、特定の相続人の当面の資金繰り対策として生命保険は有用です。）。

⑵ 生命保険金と特別受益

　ただ、保険金の受取人として指定された相続人とその他の相続人との間に生ずる不公平が民法903条の趣旨に照らし到底是認することができないほどに著しいものであると評価すべき特段の事情が存する場合には、同条の類推適用により、特別受益に準じて死亡保険金も持戻しの対象となるというのが判例です（最二小決平成16年10月29日民集58巻７号1979ページ）。

　となると、問題となるのが、そのような特段の事情が存すると認定されるのが、どのような場合なのかという点です。この点について、上記最高裁決定では、「保険金の額、この額の遺産総額に対する比率のほか、同居の有無、被相続人の介護等に対する貢献の度合いなどの保険金受取人である相続人及び他の共同相続人と被相続人との関係、各相続人の生活実態等の諸般の事情を総合考慮して判断すべき」との判断基準が示されています。しかし、実際にどの程度の比率ならダメなのかといった、明確な指針はなく、実務家としては頭を悩ませざるを得ないことになります。

　その際の目安となり得るのが、上記最高裁決定の後に出された下級審裁判例です。以下、具体的にいくつかご紹介します。

〔過去の裁判例〕

	(A) 相続開始時の相続財産の総額	(B) 生命保険金の総額	(C) BのAに対する割合	持戻しの有無
大阪家裁堺支審H18.3.22	6,963万8,389円	428万9,134円	約6％	なし
名古屋高決H18.3.27	8,423万4,184円	5,154万846円	約61％	あり
東京地判H31.2.7	1億1,015万8,202円	5,000万円	約45％	あり
東京地判R3.9.13	2,179万2,746円※上記はみなし相続財産の価額。相続財産の総額は1,579万2,746円	1,475万6,880円	約67％（相続財産の総額に対する割合は約93％）	あり

　まず、大阪家裁堺支部平成18年3月22日審判（家月58巻10号84ページ）では、相続開始時の相続財産の総額6,963万8,389円（生命保険金は相続財産ではないため、ここには含まれません。）に対し、生命保険金の総額が428万9,134円（相続財産の総額に対する割合は約6％）という事案で、持戻しの対象とはしないと判断されました。これに対し、名古屋高裁平成18年3月27日決定（家月58巻10号66ページ）では、相続開始時の相続財産の総額8,423万4,184円に対し、生命保険金の総額が5,154万846円（相続財産の総額に対する割合は約61％）という事案につき、持戻しの対象とすべきとされました。

　さらに最近の裁判例も確認してみましょう。東京地裁令和3年9月13日判決（平成29年（ワ）第29285号）では、保険金以外の特別受益を持戻した後の遺産総額2,179万2,746円に対し、生命保険金の金額が

1,475万6,880円（みなし相続財産（遺産総額に遺留分権利者が受けた生前贈与600万円の額を加算した金額。税務上の「みなし相続財産」とは異なります。）の総額に対する割合は約67％。遺産総額1,579万2,746円に対しては約93％）という事案につき、当然特別受益に準じて持戻しの対象とすべきとされました。また、東京地裁平成31年2月7日判決（保険事例研究会レポート342号12頁）では、相続開始時の相続財産の総額1億1,015万8,202円に対し、生命保険金の額が5,000万円（相続財産の総額に対する割合は約45％）という事案について、保険金受取人が他の共同相続人に比して多額の贈与を受けていたことも考慮し、生命保険金全額を特別受益に準じて持戻しの対象とすべきと判示しました。

　少し前の実務では、相続財産の総額に対する割合が6、7割を超えると持戻しの対象となる等という専門家もいました。しかし、最後に挙げた裁判例では、5割未満でも特別受益に準じて持戻すべきこととされました。となると、仮に「どの程度なら大丈夫なのか」等と関与先から質問されたときに、専門家として何と答えるべきか、なかなか悩ましいところという他ありません。ただ、上記裁判例のケースについて言えば、5,000万円の保険金を例えば2,000万円位にしておけば、持戻しの対象となるのは2,000万円ではなく0円になったかもしれないのです。とすると、相続人間の激しい対立が見込めるような事案では、保険金の金額は抑えて、他の対策をとっておいた方が良いということも考えられるように思います。

　さて、説明が長くなりましたが、冒頭の設例の場合について考えてみましょう。相続開始時の相続財産の価額4,000万円に対して、死亡保険金の額が2,000万円であり、その割合は50％と高率になっています。保険金の額及びその額の遺産総額に対する比率に加え、「同居の有無、

被相続人の介護等に対する貢献の度合いなどの保険金受取人である相続人及び他の共同相続人と被相続人との関係、各相続人の生活実態等」の諸般の事情を考慮して決するとされていますので、必ずとは言えませんが、保険金の額及びその額の遺産総額に対する比率は大きな要素ですので、そこが大きい以上、持戻しの対象とされる可能性は高いように思われます。

　なお、特別な事情があるとして持戻されることになった場合に、具体的に持戻されるべき価額は、支払った保険料の額や相続開始時の解約返戻金相当額ではなく、受け取った保険金の額となります（ただし、被相続人が負担した保険料に対応する部分に限ります。）。

5　持戻し免除の意思表示

【ケース1】
　被相続人である父の土地の上に、兄が建物を建てて暮らしていた。地代は払っていなかった。私が兄の特別受益があったと主張したところ、兄は父親が特別受益の持戻し免除の意思表示をしていたと言い出した。

【ケース2】
　亡くなった父は、生前、自宅を母に贈与していた。相続財産としては、預貯金や有価証券がある。遺言は無かった。

(1)　持戻し免除の意思表示とは

　被相続人は、意思表示によって特別受益者の持戻しを免除することができます（民法903）。例えば、相続人が子A及びBの2人のケースで、相続財産が3,000万円あり、被相続人が相続人Aに1,000万円の生

前贈与をしていたという場合、特別受益の持戻しがあれば、Aは（3,000万円＋1,000万円）×1／2－1,000万円の1,000万円分しか相続財産から取得できないことになりますが、被相続人が生前、Aへの贈与を遺産分割において持戻す必要がない旨の意思表示をしておけば、AとBは法定相続分1／2のまま遺産を分割することになり、Aは1,500万円の財産を遺産分割で取得できることになります。

このような特別受益の持戻し免除の意思表示は、明示でも黙示でも足りるとされています（ただ、遺贈については、遺言書の中で意思表示することが必要とする考え方もありますので、遺言に記載しておいた方が無難です。）。そもそも持戻しの免除が可能ということ自体、一般には知られていませんので、多くの場合には黙示の意思表示があったか否かが争われることになります。黙示の意思表示があったか否かは、贈与の内容や金額、被相続人が贈与をした動機、被相続人と贈与を受けた相続人の関係、相続人の健康状態や経済事情等の諸般の事情を考慮して判断されることになります。当事者は割と簡単に主張をしますが、被相続人の意思を明確に示すものがない中で判断される事項であり、そう簡単に認められるものではありません（2で紹介した大阪高裁平成22年8月26日決定の事案でも、持戻し免除の意思表示があったとの当事者の主張は排斥されています。）。

(2)　ケース1について

ただ、黙示の意思表示があったと認定されやすい場合もあります。その一つが、被相続人が贈与の見返りに利益を得ているような場合です。ケース1でも、兄が父親と同居するために居宅を建築して同居していたというような事情があれば、黙示の意思表示があったと認められやすいと思われます。

(3)　ケース2について

　もう一つが、贈与を受けた相続人が、高齢の配偶者あるいは病弱な子供など、独立した生計を営むことが困難な者であり、被相続人がそのような相続人の生活を保障するために贈与をしたような場合です。例えば、自宅の不動産を配偶者に贈与したようなケースでは、従来から黙示による持戻し免除の意思表示が認められやすいと言われてきました。

　そして、この点を立法化したのが、民法903条4項です。この規定により、婚姻期間が20年以上の夫婦の一方である被相続人が、他の一方に対し、居住用不動産（配偶者居住権を含む。）を遺贈又は贈与したときは、持戻しの免除の意思表示があったと推定されることになりました。あくまで「推定」であるので反証があれば覆されることにはなりますが、被相続人が反対の意思表示をしていたことが明白なような場合は別として、多くの場合は免除が認められるものと思われます。

　詳細については、**第11章Ⅲ**を参照してください。

(4)　持戻し免除の意思表示と遺留分の関係

　持戻し免除の意思表示と遺留分の関係について民法に規定はありませんが、遺留分権利者は遺留分を超える受益をした相続人に対し、遺留分侵害額請求をすることができると解されています（最一小判平成24年1月26日家月64巻7号100ページ参照）。したがって、持戻し免除の意思表示は、遺留分との関係では無力と言わざるを得ません。

(5)　遺贈と持戻し免除の意思表示

　前述のとおり、遺贈の場合には、遺言の中で持戻しの免除をしておく必要があるとの考え方があります。ですので、遺言により特定の相

続人に財産を残す場合には、特別受益の持戻しを免除するのか、遺言中で明確にしておいた方がよいでしょう。ただ、実際に筆者が関与したケースで、遺言で持戻し免除の意思表示をしてもらったことはありません。というのも、全財産を対象とする遺言を残してもらうのが常であるため、そもそも遺産分割の対象となる財産が残らず、特別受益の持戻しを免除する必要も生じないからです。おそらく、筆者に限らず、弁護士が遺言に関わる場合、紛争の余地を残さないために、全財産を対象とする遺言を作成するよう誘導するケースが大多数であろうと思います。しかし、税理士が関与して遺言を作成する場合に、敢えて、特定の財産を対象とし、遺産分割により解決できる余地を残すという話を聞いたことがあります。全ての財産について遺言を残し、遺留分や遺言の無効を争われるリスクを残すよりも、遺産分割の中で調整を図れるようにした方が、依頼者の利益に資するというのです。遺産分割の話し合いをしなければいけないだけで負担というのが筆者の持論ですので、直ちに賛同しかねるところではありますが、仮に特定の財産のみを対象とする遺言を作成するのであれば、特別受益として持戻すか否か（遺言により財産を取得した相続人が、相続財産に対しても、法定相続分に基づく権利を有するか否か）も明記しておくべきでしょう。

6 特別受益と遺留分

　Aが亡くなった。Aの法定相続人はBとCの2人であり、Aは不動産3,000万円と預金1,000万円を保有していた。

【ケース1】

　Aは預金1,000万円をBに生前贈与しており、Aの相続開始時の財産は、不動産3,000万円のみであった。

【ケース2】

　Aが、長男Bに、預金1,000万円を遺贈する遺言を残していた。

【ケース3】

　Aは生前、長男Bに預金1,000万円を贈与した上で、全財産をBに相続させるとの遺言を残していた。

【ケース4】

　Aは生前、長男Bに不動産3,000万円と預金500万円を贈与していた。すなわち、Aの相続開始時の財産は預金500万円のみであった。

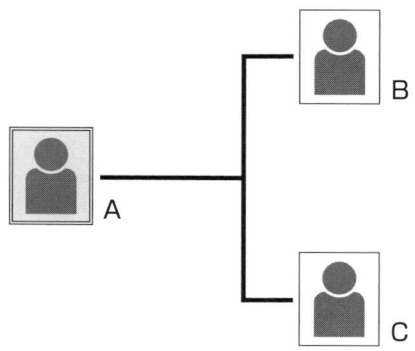

　筆者が税理士から質問を受ける際に、特別受益と遺留分が必ずしも正確に理解されていないと感じることがままあります。そこで、特別

受益をテーマとする本項の最後に、特別受益と遺留分がそれぞれどのような場面で問題となるのかについて、基本に立ち返って確認をしておきたいと思います。

(1)　ケース1について

まず、ケース1について考えてみましょう。特別受益が問題となる典型的な場面です。

Aの相続について、BとCで遺産分割を行うことになりますが、その対象となる財産は、不動産3,000万円のみです。そこで、法定相続分各2分の1でこれを分けるとすると、BとCがそれぞれ取得できるのは1,500万円に相当する財産ということになります。しかし、Bは生前に1,000万円の贈与を受けており、このままでは相続人間の公平を失することになります。そこで、次のとおり、1,000万円を特別受益として相続財産に加算し、BとCの相続分を調整することになります（特別受益と寄与分を考慮して調整した後の相続分のことを、法定相続分・指定相続分に対して具体的相続分ということは前述のとおりです。）。

・みなし相続財産　　　3,000万円＋特別受益1,000万円＝4,000万円
・Bの具体的相続分　　4,000万円×1／2－特別受益1,000万円＝1,000万円
・Cの具体的相続分　　4,000万円×1／2＝2,000万円

つまり、相続財産のうち、Bは1,000万円／3,000万円すなわち1／3を、Cは2,000万円／3,000万円すなわち2／3をそれぞれ取得できることになります。

例えば、相続開始時に3,000万円であった不動産が遺産分割時に

3,300万円に値上がりしていたとすると、ＢとＣはそれぞれ、以下の価額の財産を取得することになります（具体的相続分の算定に当たっての財産の評価基準時は相続開始時ですが、最終的な分割に当たっての財産の評価基準時は遺産分割時です。）。

・Ｂの取得分　3,300万円×１／３＝1,100万円

・Ｃの取得分　3,300万円×２／３＝2,200万円

⑵　ケース２について

　続いて、ケース２について考えてみます。ケース１では長男Ｂに生前贈与をしていたのに対し、ケース２では同じ金額を渡す内容の遺言を残しています。この場合も、基本的な考え方はケース１と同様です。3,000万円の不動産について遺産分割をする際に、遺贈分の1,000万円が特別受益として考慮されることになります。

　ただ、Ａが、ケース２の場合と異なり、1,000万円だけではなく、残りの全ての財産についても遺言を残していた場合には、そもそも遺産分割の対象財産がないため、遺産分割をする余地がありません。したがって、相続分を調整するという話も出てこなくなります。それが、次に説明するケース３の場合です。

⑶　ケース３について

　そのケース３についてですが、こちらは遺留分が問題となり得る典型的なケースです。全財産をＢが取得することになるので、Ｃの立場からすると、Ａの相続に関して何らかの分け前を得ようとすると、遺留分を請求するほかないことになります。そして、ＣがＢに対して遺留分侵害額請求をした場合には、Ｃの遺留分額の算定の過程で、Ｂに対する生前贈与（特別受益）も考慮されることになります。

具体的には、Ｃの遺留分額は、次のとおりに算出されます。

・Ｃの遺留分額

＝（3,000万円＋特別受益1,000万円）×法定相続分１／２×１／２

＝1,000万円

なお、ＢへＡ相続の贈与がＡの相続開始前10年より前になされていた場合には、当事者双方が遺留分権利者に損害を知って贈与したときを除き、この1,000万円の加算は行われません（民法1044③）。

(4)　ケース４について

特別受益と遺留分の両方が問題となるケースです。まず、遺産分割について考えてみましょう。

・みなし相続財産　　　500万円＋特別受益3,500万円＝4,000万円

・Ｂの具体的相続分　　4,000万円×１／２－特別受益3,500万円＜０円

・Ｃの具体的相続分　　500万円

Ｂの具体的相続分は、計算するとマイナスになってしまいますが、このような場合、具体的相続分が零となることは前述のとおりです。したがって、Ｃが相続財産500万円の全額を取得することになります。Ｃが遺留分侵害額請求権を行使しなければこれで終わりです。

もし、ＣがＢに対して遺留分侵害額請求をすると、Ｃの遺留分額は次のとおりになります。

・Ｃの遺留分額

＝（500万円＋特別受益3,500万円）×法定相続分１／２×１／２

＝1,000万円

ただし、相続財産500万円を全額取得していますので、Cの遺留分侵害額は、以下のとおりとなります。

・Cの遺留分侵害額＝1,000万円－500万円＝500万円

　このように、「特別受益」と「遺留分」が登場する場面は異なり、それぞれ適用される条文も異なりますので、きちんと区別しておきたいところです。

Ⅴ　寄与分

1　特別受益と寄与分

　本章Ⅳで解説した特別受益と合わせて議論されることの多い寄与分をテーマとして解説をします。特別受益は、被相続人から生前贈与や遺贈を受けた相続人の相続分を減らす制度であり（民法903）、一方の寄与分は、被相続人の財産形成に寄与した者の相続分を増やす制度であって（同法904の２）、両者の方向性は異なりますが、相続人らの法定相続分（又は遺言により定められた指定相続分）を調整する機能を有するという点では共通しています。そして、特別受益及び寄与分を考慮して算出された相続分を具体的相続分といい、遺産分割の手続においては、この具体的相続分に基づき、各人の取得額が算出されることになります。

　このように、特別受益と寄与分は同時に議論されることが多いものであり、かつ、どちらも遺産分割に関する紛争で揉めやすいという点において共通していますが、ただ、寄与分に関しては、特別受益以上に、ハードルが高い印象がありますので、寄与分を主張する側にとっては注意が必要です。

　以下では、この点も含め、寄与分の実務に関して紹介していきます。

2　寄与分とは

(1)　民法の定め

　民法は、寄与分に関して以下の定めを置いています。

> **民法904条の２（寄与分）**
>
> 1　共同相続人中に、被相続人の事業に関する労務の提供又は財産上の給付、被相続人の療養看護その他の方法により被相続人の財産の維持又は増加について特別の寄与をした者があるときは、被相続人が相続開始の時において有した財産の価額から共同相続人の協議で定めたその者の寄与分を控除したものを相続財産とみなし、第900条から第902条までの規定により算定した相続分に寄与分を加えた額をもってその者の相続分とする。
>
> 2　前項の協議が調わないとき、又は協議をすることができないときは、家庭裁判所は、同項に規定する寄与をした者の請求により、寄与の時期、方法及び程度、相続財産の額その他一切の事情を考慮して寄与分を定める。
>
> 3　以下略

　すなわち、「被相続人の事業に関する労務の提供又は財産上の給付、被相続人の療養看護その他の方法」によって、「被相続人の財産の維持又は増加について特別の寄与をした」場合に寄与分を認めるというのですが、これらの表現は抽象的であり、具体的にどのような場合に寄与分が認められるかは明確ではありません。また、家庭裁判所が決める場合の基準に関しても、「寄与の時期、方法及び程度、相続財産

の額その他一切の事情を考慮して」決めるという曖昧な表現に留まっています。

　そのため、どういう場合に寄与があったと認められるのかは判然とせず、かつ、認められたとして一体どの程度の金銭評価をされるのかが、条文だけでは分かりません。結局、実務上、この条文をどう解釈するのかという問題に帰着することになります。

　以下、この点について具体的に述べていきます。

(2) どのような場合に寄与分が認められるのか

　民法904条の2の規定を受けて、寄与分が認められるための要件については、以下のように解されています（片岡武ほか編著「家庭裁判所における遺産分割・遺留分の実務」【第4版】296ページ）。

　1．相続人みずからの寄与があること
　2．当該寄与行為が「特別の寄与であること」
　3．被相続人の遺産が維持又は増加したこと
　4．寄与行為と被相続人の遺産の維持又は増加との間に因果関係があること

　ただ、これでも具体的なイメージは持ちづらいと思われます。この点、実務では、寄与分の代表的な態様を、以下のように幾つかの類型に分けて、それぞれについて基準が設けられており、これに基づく運用が定着しつつあるように思います。そこで、これらの類型ごとに、後記4以下で示す事例に当てはめて、寄与分の問題が実務でどのように処理されるのかを明らかにすることとします。

a　家事従事型

　相続人が、被相続人の家業（農業や商工業）に従事していた場合
です。

b　金銭等出資型

　相続人が、被相続人に何らかの財産上の利益を給付していた場合
です。

c　療養看護型

　相続人が、病気療養中の被相続人の療養看護に従事していた場合
であり、最も主張される頻度が高い類型です。

d　扶養型

　相続人が、被相続人の扶養を行い、それにより、被相続人が生活
費等の支出を免れ、その結果被相続人の財産が維持された場合で
す。

e　財産管理型

　相続人が、被相続人の財産を管理することにより、被相続人の財
産の維持形成に貢献した場合です。

⑶　どの程度の金銭評価がされるのか

　次に、寄与分の存在が認められた場合に、それがどのように金銭評
価されるのかを確認します。

　例えば、被相続人が資産家である場合、その介護を一手に担ってい
た相続人は、被相続人の資産の何割かはもらっていいのではないか等
と考えるかもしれません。しかし、残念ながら、実務ではそのような
考え方はとられていません。後記 3 ⑴で述べるとおり、療養看護型の
寄与分について認められるのは、本来であればプロにお願いするよう
な介護を相続人が担った場合のみであり、それにより支払いを免れた

介護報酬額相当分を積み上げて、寄与分の額を決めていくことになります（さらにそこから、「裁量割合」という名目で、一定割合の減額もされるのが一般的です。）。したがって、介護された側の被相続人がどれほど資産家であったとても、療養看護型の寄与分は僅かな金額にしかならないことが多いのです。

　筆者が過去に関わった中で、1件だけ1,000万円を超える寄与分が認められたケースがありましたが（金銭等出資型）、それは極めて珍しい例であったと思われます。多くのケースでは、数十万円どころか、そもそも寄与分があったことを認めてもらうこと自体ハードルが相当高いのが実情ではないかと思います。詳細については後述します。

3　寄与分の実務
(1)　家事従事型と療養看護型

> 　Aは小売商を営んでおり、同居している長女Bの夫C（Aと養子縁組済み）はそれを手伝っていた。また、Aに介護が必要になった後は、自宅での介護がいいと言うAの希望を尊重し、各種の介護サービスを利用しつつ、長女Bがその介護を一手に担っていた。BとCは、Aが亡くなった際、当然自分たちが自宅兼店舗ほかの財産を相続できると思っていたが、次女Dが自分にも相続の権利があると言い出した。Aの相続財産には預貯金等の流動性の高い資産がほとんどなく、また、BとCの固有の財産からDに代償金を支払うことも困難である。

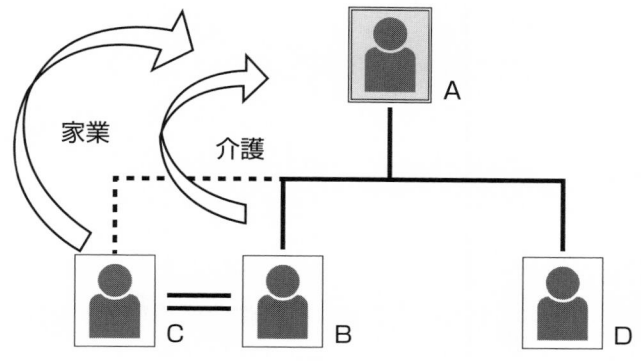

イ　家事従事型の寄与分

　まず、Eが家業を手伝っていた点をどう考えるかを確認します。家事従事型で、「特別の寄与」があったかの判断を行うに当たっては、以下の4つの要素が考慮されます。

---

① 　特別の貢献

② 　無償性

③ 　継続性（1、2か月の手伝いというような場合は認められない。）

④ 　専従性（平日は自分の仕事をし、週末だけ手伝っていたというような場合は認められない。）

　このうち、②の無償性の要件が最大の障壁となり、家業従事型の寄与分はなかなか認められないのが実情です。継続性、専従性が認められる時点で、家業を手伝っていた相続人としても報酬をもらっていなければ生活ができなかったはずであり、実際、報酬をもらっている場合が多いように思います。そうすると、無償性は否定されてしまいます。仮に、報酬が払われていなかったとしても、設例のCのように、

被相続人と同居して家業を手伝っていたという場合、被相続人の収入により、同居の相続人も生活していた可能性もあります。そのような場合もやはり、自分の働きに対する対価を得ていたものと判断され、無償性は否定されることになります。

　また、被相続人が経営する会社への貢献を主張するケースもあります。しかしながら、相続人が役員であったのであれば役員報酬の支払いを受けているはずでしょうから、無償性が認められませんし、それ以前の問題として、被相続人と会社は別人格であり、会社への貢献は通常、被相続人に対する寄与とは認められませんので、会社への貢献を被相続人に対する特別の寄与と認めてもらうのはなかなか厳しいところです。

□　療養看護型の寄与分

　続いて、療養看護型の寄与分についても検討しましょう。寄与分の中で、主張されることが最も多い類型と思われます。しかしながら、これについても非常に認められにくいというのが実態です。相続人が被相続人の病気療養中に行った療養看護が「特別の寄与」と認められるためには、以下が必要となります。

---

① 療養看護の必要性
② 特別の貢献
③ 無償性
④ 継続性
⑤ 専従性

　まず、①についてですが、単に高齢である被相続人の家事の援助を

したというだけでは認められません。目安として、要介護2以上であれば、療養看護の必要性があると言われています。また、被相続人の精神的な支えになったと主張している当事者を見かけることもありますが、残念ながら、そのような場合にも、特別の寄与は認められません（(2)イの解説を参照。）。そして、①の療養看護の必要性があれば、同居の親族が介護を担ったと推測され、②の特別の貢献も認められることが多いです。③の無償性については、同居していた、生活費を一部支払ってもらっていたという場合に問題となりますが、そのような場合も無償性が完全に否定されるのではなく、無償性自体は肯定しつつ、裁判官の「裁量割合」によって減額されることが多いようです。続いて、④の継続性についてですが、家事従事型と同様に、ある程度の期間（概ね1年以上）継続して行われたことが求められます。最後に、⑤の専従性については、フルタイムで仕事をし、昼間はヘルパーに依頼していたというような場合に否定されることになります。

　次に、財産の維持又は増加及びそれらと特別の寄与との因果関係について考えます。実は、療養看護型の寄与分の場合、この部分のハードルが極めて高いのが実情です。療養看護という特別の寄与により、被相続人の財産が維持されたと言えるためには、前述のとおり、プロに依頼すべきところを親族が担ったがために、プロに支払う報酬の分、被相続人の財産を減らさずに済んだという関係が必要になります。介護の中には、通常親族が担うことが期待されている部分があり、これを特定の相続人が担っていたとしても、財産の維持又は増加があったとは認められません。より具体的に言うと、被相続人が入院、入所していた期間に加え、自宅で介護していた場合でも、介護サービスを利用した日については、療養看護による寄与としてカウントしないというのが実務の運用となっています。

最後に、療養看護型の寄与分が認められる場合の金額的な評価について確認します。療養看護型の寄与分については、以下のような計算式で求めるのが一般的です。

寄与分額 ＝ ⒜介護日数 × ⒝報酬相当額 × ⒞裁量割合

　⒜の介護日数について、介護サービスを利用した日が含まれないことは前述のとおりです。そして、⒝の報酬相当額については、通常、要介護度に応じて定められた介護報酬基準額を用います。続いて、⒞の裁量割合として、まずは、寄与をした相続人の法定相続分を考慮します。これは、法定相続分相当額は、当該相続人が負担すべきと考えられるからです。さらに、介護の内容や負担の程度等により、例えば１人の相続人が全て担っていたような場合には裁量割合を増やす方向で、逆に、前述のように生活費を被相続人が一部負担していたような場合には、これを減らす方向で、それぞれの事情が考慮され、最終的な裁量割合が裁判官により決定されることになります。その割合はケースバイケースですが、0.7程度の数字を採用することが多いようです。

八　設例について

　このように、家事従事型、療養看護型とも、争いになった場合に認めてもらうためのハードルは高いと言わざるを得ません。その上、認められたとしても、寄与分の額は僅かとなりがちです。そのため、設例のＢとＣも、恐らく寄与分を主張したとしても、なかなか通らないでしょうし、仮に寄与分ありとされたとしても、自宅兼店舗の不動産を自分たちが取得できるほどの金額にはならない可能性が高いと思われます。そうなると、ＢとＣは銀行等からお金を借りて、Ｄへの代償

金の支払いに充てるか、それも難しい場合には、自宅兼店舗を売却するほかないことになります。ＢとＣにとって、非常に厳しい話ではありますが、実務ではそのようなケースは珍しくはありません。対策としては、Ａの生前に遺言を書いてもらう他ないところです（それでも遺留分の問題は残ります。）。

　なお、寄与分については、当事者間で話し合いがまとまらない場合に、裁判官が判断することになります。逆に言うと、当事者双方が納得すれば、上記のような厳しいルールに関わらず、高額な寄与分を認めることも可能です。しかしながら、寄与分という話が出た時点で、既に当事者間の紛争は拡大していることが想定され、となると、反対当事者が、容易に寄与分があったと認めることは多くないものと推測します。

(2)　扶養型と金銭出資型

　高齢の母親Ｅのために、その長男Ｆは、長年にわたって、毎月幾ばくかの生活費を送金していた。また、Ｅが介護施設に入居した際には、1,000万円をＥ名義の口座に送金し、それ以降も、施設の費用に充てるため、法人成りをした自らの事業の収入から、Ｅに役員報酬として一定の額を支払い続けた。

　Ｅの相続が開始すると、Ｆの妹Ｇが「自分にも権利がある」と言い出した。Ｆとしては、Ｅとの共有名義になっている自宅兼店舗を維持するために、少しでも自分の相続分を多くしたいと考えている。

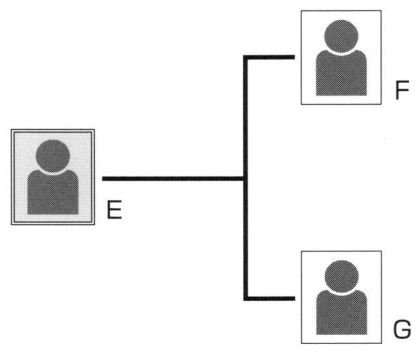

イ 扶養型の寄与分

　扶養型の寄与分は、2(2)で述べたとおり、相続人が、被相続人の扶養を行い、それにより、被相続人が生活費等の支出を免れ、その結果、被相続人の財産が維持された場合に認められる類型の寄与分です。ただ、民法上、親族間には扶養義務があります（民法877①）。そのため、単に扶養したというだけで当然に寄与分が認められるわけではなく、扶養義務の範囲を超えるような「特別の寄与」があった場合に初めて認められることになります。

　具体的には、扶養型の寄与分における「特別の寄与」があったと認められるためには、以下の要件を充たす必要があるとされています。

---

① 扶養の必要性
② 特別の貢献
③ 無償性
④ 継続性

　まず、①の扶養の必要性についてですが、身体的・経済的に自立し

ており、扶養の必要性がない被相続人に生活費を送ったり、引き取っ
て生活の面倒を見ていたりしたとしても、この必要性の要件を欠くた
め、扶養型の寄与分は認められません。ただ、金銭を渡していた場合
には、後述する金銭出資型の寄与分が認められる場合はあり得ます。

　続いて、最も問題になりそうなのが、②の特別の貢献に当たるか否
かです。これについては、被相続人と、寄与となり得る行為を行った
相続人との関係が影響します。同じことをしても、配偶者であれば、
通常求められる扶養の範囲と判断されやすいでしょうし、逆に、関係
性が遠ければ、仮に法律上の扶養義務があったとしても、特別の貢献
と判断されるハードルは低くなります。設例のＦについては、Ｅの子
であり、一定程度の扶養が求められる関係性ではありますが、仮に、
いずれもＥの子であるＦとＧが同程度の扶養能力を有していたとする
と、Ｆが、自らが分担すべき扶養の範囲を大きく超えるような負担を
担っていた場合には、その超える部分に関して、特別の貢献が認めら
れることはあり得ます。ただ、Ｆが、例えば月数万円を渡していたと
いう程度では、なかなか特別の貢献があったとは認められにくいもの
と思われます。

　最後に、財産の維持又は増加との因果関係についても確認しましょ
う。相続人である子の１人が、高齢の親を引き取って同居し、精神的
に支えていたというような主張を展開するケースがあります。一般的
な心情としては理解できるところですが、残念ながら、療養看護型の
寄与分のところでも触れたとおり、このような場合、⑤の要件を充足
せず、寄与分の存在は認められません。あくまで、財産の増加又は維
持に貢献したことが求められるためです。この点、当事者の理解が得
にくい部分はありますが、被相続人の精神面にまで立ち入って、金銭
的な評価をするのは現実には不可能ですから、やむを得ないところで

しょう。

□　金銭出資型の寄与分

　1,000万円の送金と役員報酬についてはどうでしょうか。こちらについては、金銭等出資型の寄与分に当たるかが問題となり得ます。金銭出資型の寄与分は、前述したとおり、相続人が、被相続人に何らかの財産上の利益を給付していた場合に認められるものです。

　この金銭出資型の寄与分における「特別の寄与」を認めてもらうためには、以下の要件を充たす必要があります。

---

①　特別の貢献

②　無償性

　※　継続性は不要です。

　この中で最も問題になりそうなのは、やはり①の特別の貢献に当たるか否かです。少額の小遣いを渡していた程度では、この要件を充足するとは認められません。しかしながら、上記設例においては、1,000万円という高額の送金がなされているので、特別の貢献があったと認められる可能性は高いと言えます。

　また、この金銭等出資型に限りませんが、寄与分が認められるために一般的に高いハードルとなることが多いのが、金銭等が被相続人に渡ったことを客観的に証明できるかという点です。親族間では、契約書等の書類を作成するのは稀ですし、寄与から相続まで時間が経過しているケースでは特に、客観的な資料が何も残っていないということも珍しくありません。この点、上記設例では、金融機関を通じて送金しているため、送金の事実も金額もはっきりしており、寄与分の主張

をしやすい事例であると言えます。

　次に、会社からの役員報酬の支払いについても考えてみましょう。これも金銭出資型の寄与分が問題となる場面でしょうが、この場合、寄与すなわち報酬を支払うという行為をしていた主体が、相続人であるFではなく、Fとは別人格を有する会社である点が問題となります。このような場合、F自らが寄与したとは言えず、Fの寄与分として主張するのはなかなか難しいところです。

　なお、上記設例では、寄与の内容は全て金銭であるので問題となりませんが、例えば、被相続人の不動産の購入を支援したような場合には、寄与したのが金銭であるのか不動産であるのかが問題となり得ます（株式でも同じ問題が生じ得ます。）。この場合に、金銭か不動産かで何が異なるのかというと、寄与分の額を定める際の評価の対象が、この2つでは異なることとなります。この点、相続人が、被相続人が建築する建物の資金として1,000万円を贈与したというのであれば、貨幣価値の大幅な変動がない限り、寄与分の評価額は1,000万円となります（この点、生前贈与加算の対象となる贈与財産の評価額は贈与時点であるので、税務と法務で考え方が異なると言えます。）。

　ところが、相続人が1,000万円の資金を投じて建物を建築し、当該建物を被相続人に贈与したとなると、その評価額は1,000万円ではなく、相続開始時における当該建物の時価ということになります。仮に、評価額が300万円であったとすると、寄与分の額も300万円と低くなります（株式であれば、贈与時より相続時の評価額の方が高くなることも考えられます。）。このように寄与分の額、ひいては具体的相続分の額に影響するため、贈与されたのが金銭なのか不動産なのかの争いが生じることがあるのです。

(3) 財産管理型

Hは資産家で、Hが亡くなった際に、その子供らは多数の不動産を相続した。しかし、Hの長子I（配偶者も子供もいない）は高齢で、自ら財産を管理することが困難であった。そのため、末子JがIに代わって財産の管理を行った。

そのような状況が数年続いた後、今度はIが亡くなった。Jとしては、Iを含む兄弟らの税負担が最も少なくなるように税理士と折衝しながら相続税の申告をし、価格が高い時期を狙ってI名義の不動産を売却して利益を確保し、また、Iのアパートを、管理会社を使わず自ら管理するなどして、Iの財産ができるだけ多く残るように尽力してきた。

そのため兄弟の中で最も多くの財産を取得できるはずと思っている。

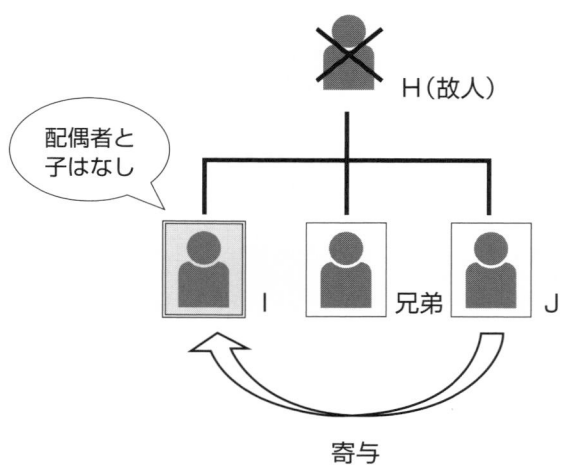

続いて、財産管理型の寄与分についても見てみます。療養看護型ほ

どではないものの、財産管理型の寄与分が主張されることも珍しくありません。よくあるのが、被相続人所有のアパートを管理してきたと相続人の1人が主張するようなケースですが、以下で述べるとおり、週末にアパートに行って共用部分の掃除や草むしりをしていたという程度では認められず、やはり簡単に認められるものではありません。

　まず、財産管理型の寄与分の要件について、「特別の寄与」が認められるための要件を確認しましょう。

---

① 　財産管理型の必要性

② 　特別の貢献

③ 　無償性

④ 　継続性

　既に説明した他の類型に共通するので、個々の要件の説明は割愛し、上記設例の個々の類型に当てはめて考えてみることとします。まず、税負担が軽くなるように、相続税の申告をしたという点ですが、そもそもJは税務の専門家ではなく、税理士に取り次いだに過ぎませんし、J自身も相続税の納税義務を負っていたのであり、仮に相続税の負担が軽くなったのだとしても、それは自らの財産を維持するために行ったものとも評価できます。したがって、そもそもIの財産を維持形成する寄与があったとは認められません。また、価格が高い時期に不動産を売却したという点についても、高い価格というのは、世の中の景気等の様々な市場要因により形成されたものに過ぎず、そのタイミングで売却できたことについても偶然の要素が強く、被相続人の財産形成に直接結びつく寄与行為があったとは残念ながら認められません。この点、たまたま価格が低いタイミングで売ってしまったからといっ

て、Ｊの相続分が減るという話にはなり得ないことからしても、Ｊの
主張が認められないことは明らかでしょう。

＊　株式や投資信託の運用による寄与分の主張について、大阪家庭裁判所
　平成19年2月26日審判（家月59巻8号47頁）は、「一部の相続人が被相
　続人の資産を運用した場合、その損失によるリスクは負担せずに、たま
　たま利益の生じた場合には　寄与と主張することは、いわば自己に都合
　の良い面だけをつまみ食い的に主張するもの」である等として、これを
　斥けました。

　続いて、アパートの管理をしていたという点についても考えてみま
しょう。前述のとおり、被相続人の所有していた収益不動産を管理し
ていたというのはよく見られる主張です。しかし、管理会社を使って
いて、自分はたまに清掃をしていただけというような大多数のケース
では、①の財産管理の必要性があったと認められませんし、その程度
の行為では、②の特別の貢献があったとも認められないでしょう。こ
れに対し、設例のＪは、管理会社を使わずに自らアパートの管理を行
っていたといい、恐らく、日常的な清掃に留まらず、借主との契約や
入退去時の立会い、家賃が支払われない場合の請求、修繕が必要な場
合の業者の手配、入居者間あるいは近隣とトラブルがあった場合の対
応等に、かなりの時間と手間をかけていたと推測されます。そのよう
に、かなり大きな負担を負っていたような場合には、特別の寄与があ
ったと認められる可能性が高くなります。

　ただ、その場合の寄与分の評価も、寄与行為を行った相続人が期待
したほどにはならないかもしれません。なぜなら、このような場合の
寄与分は、基本的に、第三者に依頼したら幾らかかっていたかという
観点から評価されることになるからです。

　例えば、不動産の管理を全般的に行っていたとなれば、管理会社に

依頼した場合の手数料額（通常、賃料の数パーセントという決め方を
します。）を基準として、これに一定の裁量割合をかけて、寄与分の
評価額を算出することになりなす。この際に、裁量割合という形で減
額をするのは、管理の素人である相続人が行ったものを、プロが業務
として行ったものと同視することはできないからです。

> **寄与分の額**
> ＝ 管理会社に依頼した場合の手数料の金額 × 裁量割合

より具体的に、数字を当てはめて考えてみます。仮に、1月当たり
の家賃が60万円で、管理会社の手数料は5％が妥当とされ、相続人が
管理をした期間が5年にわたり、管理裁量割合が0.6と判断されたと
すると、寄与分の額は以下のとおりとなります。

$$60万円 × 5％ × 12か月 × 5年 × 裁量割合0.6 ＝ 108万円$$

実務的な感覚からすると、100万円を超える寄与分というのは、高
い金額の部類に入るものではありますが、実際に管理をした相続人の
立場からすると、期待を下回るものではないかと思われます。

⑷　相続人以外の者の寄与

> 前記⑶の事例で、アパートの管理を、サラリーマンであるＪに
> 代わって、Ｊの妻Ｋが行っていた。この場合に、Ｋによる寄与は
> どう考慮されるのか。

続いて、寄与行為をしたのが相続人本人ではなくその家族であった
ような場合について考えます。設問のような場合、Ｋが相続人でない

からといって、その行為を一切評価しないというのも不当です。その
ため、実務上、KをJの履行補助者と解して、Kの寄与行為をJによ
るものと同視して、Jの寄与分を認めることで解決してきました（東
京高決平成22年 9 月13日家月63巻 6 号82ページ参照）。すなわち、K
の管理行為が特別の寄与に値する場合には、これをJの寄与とみなし、
Jの相続分を増加させることで、Kの貢献を相続による配分の中に反
映させてきたのです。

　ただ、このような解決が図れるのは、あくまで寄与を行った者が相
続人の履行補助者と解し得る場合だけです。例えば、寄与となり得る
行為をしたのがJの妻ではなく母親であったという場合、母親がJの
手足となって動いていたとは考えにくい場合も多いでしょうから、そ
のようなときは、Jの寄与分として評価されないこともあり得ます。

⑸　**特別寄与料**

　　上記⑷の事例で、Ｉが亡くなる前に、その推定相続人であるＪ
　が亡くなってしまった。Ｊの配偶者Ｋによる寄与はどう考慮され
　るのか。

　上記⑷で述べたような解釈をしても救済のしようがないケースです。
上記の設例で、ＪはＩの相続開始時には亡くなっているためＩの相続
人になれず、したがって、Ｋの寄与をＪの寄与分と同視することはで
きないですし、また、Ｋ自身はＩの相続人ではないため、固有の権利
として何らかの主張をすることもできません。しかし、このような場
面でＫが救済されないのは気の毒です。そこで、民法改正により新た
に設けられたのが特別寄与料の制度です。これについては、**第11章Ⅳ**
で詳しく述べますが、容易に認められるものではないかもしれません。

　なお、特別寄与料が新設された後でも、前述の相続人の履行補助者という考え方は妥当すると言われています。したがって、配偶者Ｊが生存している場合には、Ｋの特別寄与料の請求が認められない場合でも、Ｊの寄与分として考慮される可能性は残ることになります（逆に、Ｋの特別寄与料の請求が認められた場合、Ｊの寄与分として考慮されることはないと考えられます。）。

⑹　遺留分侵害額請求と寄与分

> 　被相続人Ｌが亡くなった。Ｌが全ての財産を長男Ｍに相続させるという遺言を残しており、次男Ｎが遺留分侵害額請求をした。Ｎから多額の特別受益の存在を指摘されたＭは、自らの寄与分を主張して対抗することを考えている。

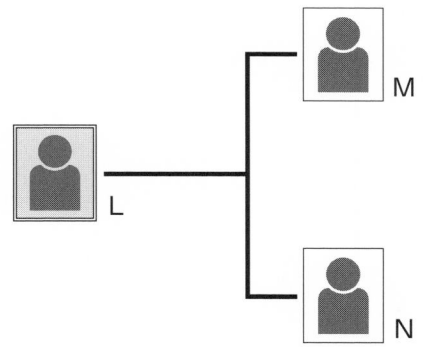

　自らの特別受益があったと主張されたのに対して、寄与もあったと対抗したいＭの心情も分かるところです。しかし、ここは専門家でも誤解しやすいところなのですが、残念ながら、Ｍの寄与分の主張は認められません。「特別の寄与」に当たるか以前の話として、そもそも、遺留分の算定に際して、寄与分は一切考慮しないこととされているた

めです（民法1046条 2 項 2 号は、「903条及び904条の規定によって算定された相続分」と規定し、寄与分について定めた904条の 2 を除外しています。）。

　その理由については、遺留分が訴訟事項であるのに対し、寄与分が家庭裁判所の審判で決められるものであるから、あるいは、寄与分が被相続人の処分によるものではないから等と説明されています。

　一方で、Mが多額の生前贈与を受けていたとすると、それは特別受益として遺留分額に加算される可能性があります。Mとしては納得できないところかもしれませんが、法律がそうなっている以上はやむを得ないとしか言いようがありません。

4　寄与分についての裁判例の傾向

　寄与分に関する裁判例を検索していると、本書で紹介した内容とは若干異なる結論を導いている事例に行き当たるかもしれません。なかには、裁判所がかなり柔軟な判断をしてくれたととれるようなケースもあると思われます。しかし、筆者の弁護士としての経験によれば、少くとも家庭裁判所の段階においては、実務のルールに則した形式的な判断が下されることの方が多い印象です。大量の案件を、公平かつ迅速に処理しなければならないという点において、税務の現場に近い感覚なのかもしれません。

　それが、抗告審である高等裁判所のレベルになると、家事事件ばかりを取り扱っているわけではない高等裁判所の裁判官が、個別の事案ごとに判断することになるため、時に柔軟ともとれる判断が下されることがあるのです。ただ、当事者に近いところにいる実務家が、そのような得られるかも分からない柔軟な判断を期待して、実務を進めることはできません。そこはやはり、寄与分のハードルは高いという認

識でいるのが正しい姿勢であると思うところです。

Ⅵ　特別受益と寄与分の時的限界

1　所有者不明土地問題に係る民法改正

　所有者不明土地等の発生予防と利用の円滑化のため、令和3年に民事基本法制の見直しが行われました。具体的には、相続登記の申請義務化等を図る不動産登記法の改正、土地を手放すための制度を新設するための相続土地国庫帰属制度の創設に加え、土地や建物の利用の円滑を図るための民法改正が行われました。民法の改正項目は主に以下の4点です。

① 　財産管理制度の見直し（所有者不明土地管理制度の創設等）

② 　共有制度の見直し

③ 　相隣関係規定の見直し

④ 　相続制度の見直し

　このうち、④の相続制度の見直しとして、特別受益と寄与分の主張に時的限界が加えられることになりました。以下、詳細を解説します。

2　改正の趣旨と内容

　従来の民法の下では、早期に遺産分割を行うインセンティブがなく、遺産共有状態が放置されやすいという弊害がありました。そのため、令和3年の民法改正により、特別受益や寄与分の主張に、10年という期間制限が設けられることになりました。具体的な内容は以下のとおりです。

《原則》相続開始の時から10年を経過した後にする遺産の分割については、特別受益と寄与分の制度は適用されず、法定相続分

（又は指定相続分）どおりに遺産分割する（民法904の3）。

《例外》① 相続開始の時から10年を経過する前に、相続人が家庭裁判所に遺産分割の請求をしたとき

② 相続開始の時から始まる10年の期間満了前6か月以内の間に、遺産分割の請求をすることができないやむを得ない事由が相続人にあった場合において、その事由が消滅したときから6か月を経過する前に、当該相続人が家庭裁判所に遺産分割の請求をしたとき

3 施行時期と経過措置

　この改正は、令和5年4月1日から施行されています。施行日以降に開始した相続に適用されるのはもちろんですが、それより前に開始した相続にも適用されることとなっています（改正附則3条前段）。すなわち、令和5年3月31日以前に開始した相続で、遺産分割が未了のものについても適用されることになります。

　ただし、所定の猶予期間が設けられており、少なくとも施行日から5年の間は、この制限が適用されるということはありません。

　具体的には、以下のa）とb）の2つの時点の、どちらか遅い方まで、特別受益や寄与分を主張する利益は失われないこととされています。

a） 5年の猶予期間満了

b） 相続開始から10年を経過する時

4 遺産分割調停の取下げの制限

　家事調停の取下げについて、相手方の同意は不要です。しかし、特別受益と寄与分の主張が制限されることになりましたので、例えば、

10年の期間を経過する前に申し立てられた調停において相手方が特別受益や寄与分の主張をしていた場合に、10年が経過した後に申立人単独で取り下げできるとすると、相手方が不利益を被ることになってしまいます。そこで、相続開始から10年を経過した後に遺産分割の請求の取下げをするためには、相手方の同意を得なければならないことになりました（家事事件手続法199②、273②）。

Ⅶ 具体的相続分の計算

前項までの特別受益や寄与分の話を踏まえて、ここでは、具体的な相続分をどのように計算していくかを確認します。

一部の相続人に特別受益や寄与分がある場合には、相続開始時に現存する相続財産から寄与分の額を控除し、また、特別受益たる生前贈与財産の価額を加算したものを相続財産とみなし、これに法定相続分又は指定相続分を乗じて相続人毎の一応の相続分を算定します。その上で、寄与相続人については寄与分を加え、特別受益者については、贈与又は遺贈の価額を控除して、各人が現実に受けられる財産の額を導き出します。一般に、ここでいう現実に受けられる財産を具体的相続分といいます。

・みなし相続財産

　＝相続開始時の遺産の評価額－寄与分＋特別受益

・具体的相続分

　＝みなし相続財産×各相続人の法定・指定相続分＋各相続人の
　　寄与分－各相続人の特別受益

＊　相続税において、本来の相続財産以外に課税の対象となる死亡保険金
　等の財産を「みなし相続財産」といいますが（相法3等）、上記の「み
　なし相続財産」はこれとは異なります。

　以下、設例に基づいて具体的相続分を計算してみましょう。

　　　Aが遺言を残さずに亡くなった。相続人は、配偶者Bと子C・
　Dの3人。遺産は不動産（相続開始時における評価額は5,000万
　円）のみだが、Aは生前、Cに現金1,500万円を贈与していた。
　また、Dには500万円の寄与分が認められることになった。
　　　なお、遺産分割時の上記不動産の評価額は5,500万円だった。

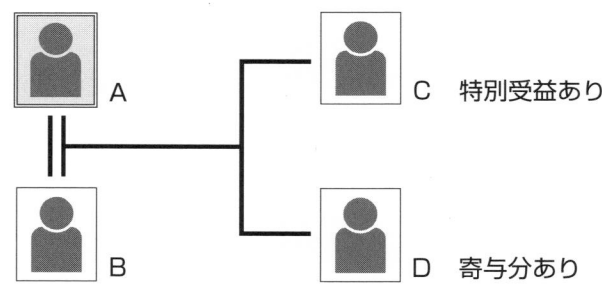

　上記の事例の場合、各相続人の具体的相続分は、次のとおりとなり
ます。

・みなし相続財産

　相続開始時の相続財産5,000万円＋特別受益1,500万円

　－寄与分500万円＝6,000万円

・Bの具体的相続分

　みなし相続財産6,000万円×法定相続分1／2＝3,000万円

・Ｃの具体的相続分

　みなし相続財産6,000万円×法定相続分１／４－特別受益1,500万円＝
　０円（贈与分1,500万円は含まれず）

・Ｄの具体的相続分

　みなし相続財産6,000万円×法定相続分１／４＋寄与分500万円
　＝2,000万円

　生前贈与を受けていたＣの具体的相続分は零となりますので、Ｃは
Ａの相続財産から何らの財産を取得し得ないことになります（ただし、
相続債務は法定相続分相当を承継します。）。

　なお、ここで仮に、特別受益財産の価額が具体的相続分を超えてし
まっていた場合、すなわち上記の計算でマイナスとなってしまったと
きでも、マイナス分の特別受益財産を返還するなどの必要がないこと
は前述のとおりです（いわゆる「超過特別受益」の問題）。

　上記事例で各相続人の現実の取得分を算出するに際しては、さらに
考慮すべき事項があります。遺産分割時に、遺産の評価額が上昇して
いる点です。特別受益や寄与分の評価は、相続開始時を基準とします
が、遺産分割の際には分割時の価額で評価することになりますので、
現実に取得する財産の価額を算定するに当たっては、引き直しが必要
になります。具体的には、以下の計算式に従って計算します。

現実の取得分
＝分割時の遺産評価額×各人の具体的相続分／具体的相続分の総額

　これを当てはめると、各人の取得分は次のとおりになります。

・Ａの現実の取得分

　5,500万円×3,000万円／（3,000万円＋０円＋2,000万円）＝3,300万円

・Ｂの現実の取得分＝０円

・Ｃの現実の取得分

　5,500万円×2,000万円／（3,000万円＋０円＋2,000万円）＝2,200万円

　以上のようにして各相続人の具体的相続分及び現実的取得分を計算して行くわけですが、実際に特別受益や寄与分が争点となった場合には、上記の事例のようにはじめから特別受益や寄与分の価額が明確になっているわけではありません。相続紛争においては、この点について当事者間で激しく争われることも珍しくありません。

第 5 章

相続財産と債務

相続財産とは、被相続人が死亡の当時に有していた財産の総体を言います。遺産という言葉を使うこともありますが、同じ意味です。本章では、相続財産に属するもの、属さないものについて解説していきます。

I 相続財産

1　相続財産に属さないもの

　相続人は、相続開始の時から被相続人の財産に属した一切の権利義務を承継します（民法896）。ただし、「被相続人の一身に専属したもの」すなわち帰属上の一身専属権は相続の対象にならないとされています（同条但書）。また、一見、相続財産に思えるものでも、そもそも被相続人の財産ではなく、相続財産には当たらないと解されているものもあります。以下では、それらについて具体的に紹介します。

(1)　一身専属権

　相続の対象とならない帰属上の一身専属権に当たることについて争いがないのが、民法上の扶養請求権や生活保護法に基づく保護受給権等です（ただ、扶養請求権についても、調停が成立する等して金銭債権として具体化していた場合は、一身専属権ではなく、単なる金銭債権として、相続が可能とされています。）。

　かつて、殺された被相続人の慰謝料請求権が、一身専属権であり相続財産性を否定すべきではないかと議論された時代がありました。この点、戦前の大審院は、被相続人が何らかの形で請求の意思を表示したときは金銭債権に転化して相続の対象となると判示し、いわゆる「残念事件」（大判昭和2年5月30日）においては、交通事故の直後に被害者が「残念」と言って死亡した事案につき、この言葉を被相続人の慰謝料請求の意思表示であるとして、相続財産性が肯定されました。

　ただ、被相続人が何らかの意思表示をしたかによって結論が異なるというのはいかにも不合理です。そこで、戦後の最高裁は判例を変更し、慰謝料請求権そのものは単純な金銭請求権に過ぎないとして一身

専属性を否定しました（最大判昭和42年11月1日民集21巻9号2249ページ）。そのため、現在では、格別の意思表示を要求せず、相続人が当然に被相続人の慰謝料請求権を相続するとの取扱いになっています。

(2)　祭具・墳墓

　祭具（位牌、仏壇等）や墳墓（墓石等）については、相続財産について規定した民法896条が適用されず、相続人ではなく祭祀主宰者が承継することとされます。祭祀主宰者は、①被相続人の指定により（指定の方法は遺言に限らず、指定は生前でも可能。）、②指定がない場合は慣習に従って、③慣習が明らかでない場合は裁判所の決定により定められることになります（民法897）。ただ、実務上、当事者間に紛争がなくても、墓地管理者との関係で手続きが面倒になる場合がありますので、祭祀主宰者は遺言で決めておくのが安心です。

　なお、墓地は厳密にいうと「墳墓」には含まれませんが、これと同様に取り扱われています。また、遺骨についても、明文はないものの、慣習に従って祭祀を主宰すべき者に帰属するとした判例があります（最三小判平成元年7月18日家月41巻10号128ページ）。なお、祖先の位牌等を管理していた祭祀主宰者が亡くなった場合に、当該位牌等は、祭祀主宰者の兄弟が新しい祭祀主宰者として承継することになったとしても、亡くなった祭祀主宰者の遺骨についても、当然にその兄弟が承継することになるわけではありません。このような場合に、先祖の祭祀と個人の祭祀を分けて考え、個人の遺骨の所有権は、原始的にその祭祀を主宰することになる生存配偶者が承継することになるとした裁判例があります（東京高判昭和62年10月8日判時1254号70ページ）。

⑶ 生命保険金

　被相続人の死亡によって生じる生命保険金請求権は、被相続人が取得した権利を相続人が承継するものではなく、受取人が固有の権利として取得するものと解されています。したがって、相続財産には含まれません。

　この点、受取人が特定の相続人に指定されている場合に限らず、抽象的に「相続人」とのみ指定されている場合や、受取人の指定がなく約款により相続人が受け取ることになる場合においても、当該受取人の請求権は相続財産に属さないことになります。

> 　Aは生前、自らを被保険者とする3,000万円の生命保険に加入していた。保険金受取人は、「相続人」とのみ指定されていた。

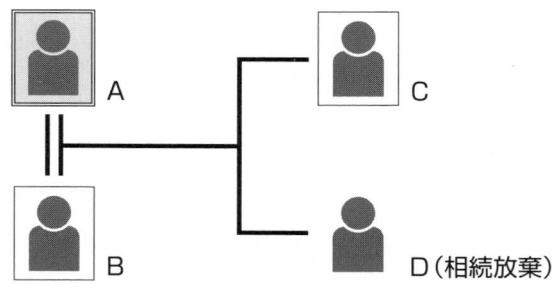

　上記の事例で、誰が幾らの保険金を受け取れることになるでしょうか。

　受取人は、法定相続人であるB、C及びDです。保険金請求権は相続財産ではなく受取人固有の権利ですので、相続放棄をしたDも権利を失うことはありません。

　また、各相続人が取得する割合については、かつて議論が分かれていました。この点、可分債権は各債権者が等分に権利を有する旨を定

めた民法427条の規定に従い、各受取人の取得割合は平等となるとする下級審裁判例もありましたが（上記の事例に当てはめると、3人の法定相続人が1/3の1,000万円ずつを取得することになります。）、最高裁は、受取人を相続人とする指定には、特段の事情のない限り、相続人が受け取る権利の割合を法定相続分の割合とする旨の指定も含まれるとの判断を下しました（最二小判平成6年7月18日民集48巻5号1233ページ）。

　したがって、配偶者Bは3,000万円×1/2の1,500万円、子C及びDはそれぞれ3,000万円×1/2×1/2の750万円の保険金請求権を取得することになります。

　上記のとおり、生命保険金は相続財産でないと解されています。しかし、そうなると、例えば被相続人が生前に、財産の大部分を払い込んで特定の相続人を受取人とする生命保険に加入したような場合に、当該相続人に比して他の相続人が僅かな財産しか取得できないことになり、相続人間の公平の問題が生じます。

　そのため、**第4章のⅣ4**でも触れたとおり、保険金受取人である相続人とその他の相続人との間に生ずる不公平が、特別受益について定めた民法903条の趣旨に照らして到底是認することができないほどに著しいものであると評価すべき特段の事情が存する場合には、同条の類推適用により、特別受益に準じて死亡保険金も持戻しの対象とするのが判例の立場です（最二小決平成16年10月29日民集58巻7号1979ページ）。

(4)　死亡退職金・遺族給付

　死亡退職金については、支給規定があるか否かによって場合分けを

117

して考えます。

　支給規定がある場合には、支給基準のほか、受給権者の範囲又は順位等の規定に従って相続財産性を判断することになります。支給規定があり、受給権者が明確に定められている場合には、受給権者が固有の権利として取得するものであると解され、相続財産には含めないことになります。支給規定があっても、受給権者が明確に定められていない場合については、単に「遺族にこれを支給する。」とのみ定めていた学校法人の事案について、この規定が専ら職員の収入に依拠していた遺族の生活保障を目的とすると解して、内縁の妻を第一順位の受給権者とした判例が参考になります（最一小判昭和60年1月31日家月37巻8号39ページ）。

　一方、支給規定がない場合には、支給決定の内容等を踏まえて、事案ごとに相続財産か支給をされた者の固有の財産かを判断することになります。この点、支給規定のない財団法人が、死亡した役員の妻に対して死亡退職金の支給決定をした上でこれを支払った事案につき、当該死亡退職金は、相続人の代表として妻に支払われたものではなく、相続と無関係に妻個人に支給されたと判断した判例もあります（最三小判昭和62年3月3日家月39巻10号61ページ）。

　このように遺族年金や弔慰金等の遺族給付については、遺族固有の権利であって、相続財産には属さないと解するのが一般的です。

⑸　ジョイント・アカウント預金

> 被相続人Eが妻Fと共同名義によりハワイの銀行でジョイント
> 口座を開設していた。先妻の子Gは、自らの法定相続分に相当す
> る額を支払えとFを訴えた。

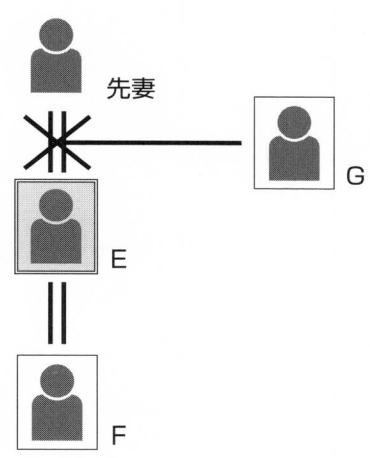

　日本では認められていませんが、被相続人が生前に海外でジョイン
ト・アカウント（共同名義口座）を開設している場合があります。ジ
ョイント・アカウントとは、2名以上の名義人で開設する預金口座の
ことで、1人の名義人が死亡すると、自動的に、口座残高が生存名義
人に移転されることになるのが一般的なようです。

　このようなジョイント・アカウントによる預金債権に関して、相続
財産に含まれるか訴訟で争われたのが上記の事例です。

　この事案で裁判所は、問題となったジョイント口座につき、ハワイ
州法では共同名義人の1人の死亡により生存名義人が自動的に死亡名
義人の財産を所有されていることなどを踏まえると、当該口座に係る

預金債権は被相続人の私法上の相続財産を構成しないと判断し、これが相続財産であることを理由とするＧの請求には理由がないとしてこれを斥けました（東京地判平成26年７月８日判タ1415号283ページ）。

2　相続財産に含まれるもの

　相続案件では、相続人の確定に加え、相続財産の調査がまず必要となります。筆者が相続案件を扱う場合、相続税の申告がされていれば、真っ先に相続税の申告書を確認し、それに依拠して相続財産の範囲を確定して行くことが多いです。調停手続の中でも、相続税の申告書が出てくることは多いです。

　一方、相続税の申告をしておらず、税理士も関与していないという事案の場合には、細かい財産（配当期待権等）は問題にせず、相続財産の多くを占める預貯金や不動産等を中心に相続財産の調査を進めて行くのが一般的と思われます。

　以下では、相続の場面で出会うことの多い財産を中心に、個々の相続財産について触れて行きたいと思います。

(1)　預貯金
イ　残高証明と取引経過

　どのような案件でも必ず出て来るのが預貯金です。相続税の申告にも必要になりますので、税理士も残高証明の取寄せを依頼者に求めるのはよくあることかと思います。残高証明の発行は、書類が整っていれば、相続人の１人が単独で金融機関に対して求めることができます。

　これに対し、預金の取引経過の開示を単独で請求できるかについて、過去の裁判で問題となってきました。取引経過は、税務の場面でも、通帳が見つからないような場合に直前の引出しや３年以内の贈与の有

無等を確認するために取寄せることが多いと思いますし、弁護士が関与する場合にも、通帳を管理していない側の相続人が依頼者であり、その依頼者から「こんなに少ないのはおかしい。誰かが下ろしたはずだ。」等という話が出ると、まずは過去の取引経過を見てみようという話になるのが一般的でしょう。

　しかし、既に対立が生じているような場合、他の相続人の協力はなかなか得られません。そのような場合に、一部の相続人が取引経過の開示を求めても、金融機関から「相続人全員の同意がないと応じない」と断れてしまう例が過去にあったようです。そして、この点について裁判で争われた事例について、最高裁は、共同相続人の1人は、他の共同相続人全員の同意がなくても預金口座の取引経過の開示を求めることができるとし（最一小判平成21年1月22日民集63巻1号228ページ）、この問題は一応の解決を見ました。

　ただし、預金契約解約後の相続人に対して、銀行は取引経過開示義務を負わないとした裁判例（東京高判平成23年8月3日金法1935号118ページ）もありますので、相続開始前に解約されており相続開始時には存在しなかった口座については、取引経過の開示に応じてもらえない可能性もあります。また、過去何年分まで遡れるかについては判例でも言及されておらず、請求の時点で10年以上が経過してしまっている分については、保存なしとして断られてしまうのが一般的です。

□　遺産分割における取扱い

　続いて、遺産分割における預金債権の取扱いについて述べます。

　従前の判例は、可分債権については、遺産分割協議を待つまでもなく、相続開始とともに当然に分割され、各相続人に法定相続分に応じて帰属することになるとしていました（最一小判昭和29年4月8日民

集8巻4号819ページ）。そして、このような判例を受け、可分債権である預金債権は遺産分割の対象とはならないという実務の運用が長らくなされてきました。すなわち、当事者間で預金債権を遺産分割の対象に含める合意ができればよいのですが（実際には、法的な意味を意識することなく、預貯金を含めた遺産分割協議書が作成されるのが一般的でしょう。）、稀に、一部の相続人が、遺産分割協議書に判を押すことを拒み、他の相続人が起こした調停や審判にも一切出て来ないというようなケースもあります。そのような相続人がいると、調停から審判に移行した後も、審判の対象に預金債権を含めることの同意が得られず、最終的に預金債権を含めない審判が下されることになってしまいます。

　そのような場合、あるいはそこまで行く前の段階でも早期に資金を得たいという相続人がいる場合に、従前の判例の下では、各相続人は、自己の相続分に相当する金額の預金の払戻しを金融機関に請求することができると解されていました（例えば、1,000万円の普通預金口座があって、法定相続人が子供2人であった場合、法定相続分2分の1に相当する500万円を単独で請求することが法的に可能でした。）。しかし、現実には、後日トラブルに巻き込まれることを恐れた金融機関がこれに応じないということがままあり、容易に支払ってもらえないというのが実態でした。そのため、払戻しを受けたい相続人の側で、金融機関を相手方とする訴訟を提起する必要が生じていたのです。その他、**第7章Ⅱ3**「可分債権についての問題点」で論じたような不公平が生じる問題もありました。

　以上が従前の実務でしたが、最高裁平成28年12月19日大法廷決定（民集70巻8号2121ページ）は、「共同相続された普通預金債権、通常貯金債権及び定期貯金債権は、いずれも、相続開始と同時に当然に相

続分に応じて分割されることはなく、遺産分割の対象となるものと解するのが相当である。」として、預貯金債権が相続開始と同時に各共同相続人に法定相続分に応じて当然に分割されるとしていた従来の判例を変更しました。この最高裁判決により、そもそも預金債権が可分債権であることが否定され、共同相続された預金債権は相続人全員の準共有となり、当然に遺産分割の対象とされることになりました。なお、上記最高裁判決で言及されたのは、普通預金債権・通常貯金債権・定期貯金債権についてで、当該案件で問題とされなかった定期預金債権については言及されていませんが、判旨からして、上記最高裁判決で判示された内容は、定期預金債権にも妥当すると考えられます。

　上記最高裁判決が出た後、判例変更によって、実務上の影響が出ることが心配されました。相続開始後に資金が必要となった場合に、遺産分割がまとまらない限り預貯金を払い戻すことができないことにより、当面の資金に窮する相続人が出るのではないかという懸念です。この判例が出る前は、遺産分割で揉めてしまったような場合に自己資金で相続税の納税が出来ないとしても、預金債権のうち自らの法定相続分に相当する分を金融機関に支払ってもらって（容易に支払ってもらえないという実態はあったものの、訴訟を提起すれば支払いを受けることができたことは前述のとおりです。また、金額によっては、訴訟によらずとも応じてもらえることもありました。）、納税資金に充てるということが可能でした。しかし、上記の判例変更により、預金債権は可分債権でないと解されることになったため、各相続人が自らの法定相続分に相当する部分を単独で請求することが認められなくなったのです。

八　仮払いの制度

①　制度の内容

　上記のとおり、判例が変更され、遺産分割により取得者が決まるか、相続人全員で請求しない限り、預金の払戻しを受けることが出来なくなりました。そうなると、相続人が、当面必要な資金を払い戻したい場合に困ってしまいます（実際、判例変更前は、葬儀代等に充てるための少額の払戻しに容易に応じていた金融機関も、そのような払戻しに慎重になったと言います。）。そのような場合に使えるのが、いわゆる「相続法改正」により導入された仮払いの制度です。

　この制度は、各相続人が、遺産に属する預貯金債権のうち、一定の計算式で求められる額について、単独で払戻しを請求することを認める制度です。預貯金債権の払戻しを受ける場合には、相続人全員の同意が必要とされるのが原則であるところ、例外的に一定の範囲で単独による権利行使を認めようというのがこの制度の趣旨です（なお、定期預金の場合は満期が到来していることが前提となります。）。

> **民法第909条の2　（遺産の分割前における預貯金債権の行使）**
>
> 　各共同相続人は、<u>遺産に属する預貯金債権のうち相続開始の時の債権額の3分の1に第900条及び第901条の規定により算定した当該共同相続人の相続分を乗じた額</u>（標準的な当面の必要生計費、平均的な葬式の費用の額その他の事情を勘案して預貯金債権の債務者ごとに法務省令で定める額を限度とする。）については、<u>単独でその権利を行使することができる</u>。この場合において、当該権利の行使をした預貯金債権については、当該共同相続人が<u>遺産の一部の分割によりこれを取得したものとみなす。</u>

※下線は筆者による。

仮払いを認められる金額は、以下のような計算式によって決まります。

《単独で払戻しを求められる金額》
＝相続開始時の預貯金債権の額（口座基準）× 1／3 ×法定相続分

＊　ただし、同一の金融機関に対する権利行使は、法務省令で定める額（150万円）を上限とする（口座ごとではなく、金融機関ごとの上限額になります。）。

以下、具体的な事例に当てはめて考えてみましょう。

> 　Aが亡くなった。相続人は子のBとCの2人。CがAの財産を調べたところ、以下の口座があることが分かった。Cは海外旅行の費用に充てるためにすぐにでも払い戻したいと考えているが、Bの協力は得られそうにない。
>
> 　　a銀行　580万円
> 　　b銀行　1,200万円
> 　　c銀行　口座①300万円
> 　　c銀行　口座②900万円
>
> 　ただし、a銀行は、口座が凍結される前に自動引き落としされた分があり、相続開始時の残高は600万円だった。

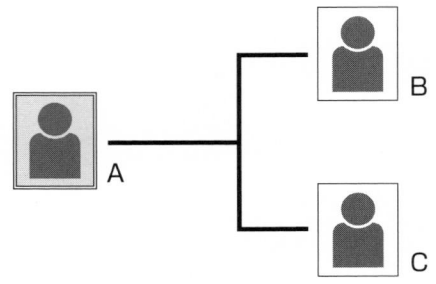

〈 a 銀行〉

まず、a 銀行については、相続開始時の残高が600万円であるため、現在の残高580万円ではなく600万円を基に計算することになります（権利行使時ではなく相続開始時とされたのは、金融機関が権利行使可能な範囲にあるかどうかを容易に判断できるようにするためです。）。

600万円×1／3×法定相続分1／2＝100万円

つまり、Cは100万円の払戻しを受けられることになります。この100万円については、一度に全額払い戻してもいいですし、複数回に分けて払い戻すことも可能とされます。

なお、Cが海外旅行に充てる目的で払い戻そうとしている点はどうでしょうか。法文上、上限額を「標準的な当面の必要生計費、平均的な葬式の費用の額」等に基づいて決めるべきとの定めはありますが、払戻しを受けるに際して資金使途により制限を設ける規定にはなっていません。

したがって、生活費や葬式費用以外の目的であっても、払戻しを受けることは可能です。

＊　上記の事例では20万円が自動引落しされていますが、仮に口座が凍結される前にCがATMで引き出していた場合はどうでしょうか。この場合、金融機関に誰が出金したかを調査する義務はないとされます。ただ、払

戻しを求めた者が出金していたことが明らかな場合には、権利の濫用に当たるとして、金融機関は支払いを拒絶することができると解されています（堂薗幹一郎ほか「概説 改正相続法【第2版】－平成30年民法等改正、遺言書保管法制定－」56ページ）。もちろん、金融機関が仮払いに応じた場合でも、当初ATMから引き出した分に関して、Cが他の相続人から問題にされる可能性は高いです。

＊　仮に、被相続人が遺言で預金をBが相続すると指定していたにもかかわらず、Cが払い戻してしまった場合はどうでしょうか。Bは対抗要件を備えていなかったのであれば、銀行の責任を問うことはできません（民法899の2）。後は、Cに請求して権利を回復するほかないことになります。

〈b銀行〉

続いて、b銀行についても計算してみます。

$$1,200万円 \times 1 / 3 \times 法定相続分 1 / 2 ＝200万円$$

この場合、金融機関ごとの上限金額150万円を超えてしまっていますので、Cは150万円のみ払い戻しを受けられることになります。

〈c銀行〉

続いて、c銀行についてはどうでしょうか。まず、口座ごとに考えてみます。

| 口座① | $300万円 \times 1 / 3 \times 法定相続分 1 / 2 ＝50万円$ |
| 口座② | $900万円 \times 1 / 3 \times 法定相続分 1 / 2 ＝150万円$ |

上記の50万円と150万円を合わせると200万円となり、金融機関ごとの上限額150万円を超えてしまいます。ですので、この場合も、払戻しを受けられるのは150万円のみということになります。

② 　手続

具体的な手続について法文上の定めはありませんが、金融機関と

しては、払戻し可能な金額の範囲内にあるかどうかを確認した上で
弁済をすることになります。

　具体的には、①被相続人が死亡した事実、②相続人の範囲、③法
定相続分が分かる資料として、戸籍（全部事項証明書等）や法定相
続情報証明書の提出を求められることになります。

　そして、金融機関においては、①誰に、②いつ、③いくら払い戻
したのかを正確に記録しておくことが求められるとされています
（堂薗ほか前掲書58ページ）。

③　効果

　払戻しがされた預貯金については、その権利行使をした相続人が
遺産の一部分割により取得したものとみなされます。仮に、払い戻
した預貯金の額が、払戻者の具体的相続分を超過していた場合、当
該払戻者は、遺産分割の手続きにおいて他の相続人に対し、超過分
を代償金として支払う義務を負うことになります（この点は、超過
分の精算が不要な特別受益とは異なります。）。

　この点について、事例を使って説明します。

　Dが亡くなった。相続人は配偶者Eと子のFとG。相続財産は
d銀行の預金600万円とe銀行の預金300万円。Fは生前に500万
円の贈与を受けていた。

　Fは、Dが亡くなった後、仮払い制度を利用して、d銀行とe
銀行の預金をそれぞれ可能な限り払い戻した。

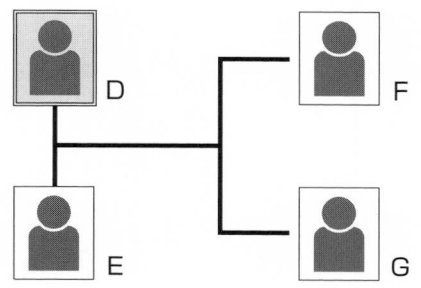

　Fは、 e 銀行と f 銀行から、それぞれ以下の金額の払戻しを受けることができますので、合計75万円の払戻しを受けたはずです。

　　・d 銀行　600万円×1／3×法定相続分1／4＝50万円
　　・e 銀行　300万円×1／3×法定相続分1／4＝25万円

　続いて、Fの具体的相続分を確認します。

　以下のとおり計算すると、結果はマイナスになります。しかし、超過特別受益は返還の義務がありませんので、実際の具体的相続分は零となります。

$$（600万円＋300万円＋500万円）×1／4－500万円＝－150万円$$

　したがって、Fは遺産分割で何らの財産も取得できないことにはなりますが、一方で、500万の生前贈与のうちの超過分（150万円）を返還する義務もありません。

　これに対し、仮払い制度を受けて弁済を受けたお金については、特別受益と異なり、超過分を代償金として他の相続人に支払わなければなりません。すなわち、E・Gとの遺産分割において、具体的相続分が零で何も取得できなかったはずのFが75万円を取得していたことになりますので、その全額を代償金として支払うべきこととなります。

二　家事事件手続法の保全処分の要件の緩和

　相続法改正では、仮払い制度の創設と併せて、家事事件手続法の保全処分の要件も緩和されました。改正前から、家事事件法に定める仮分割の仮処分により、仮払いが認められる場合がありましたが、その際の要件が厳しすぎるとの指摘があり、改正で要件が緩和されることになったのです（家事事件手続法200③）。150万円の限度を超える大口の資金需要がある場合に用いることができるとされます。ただ、実は従前からこの制度はほとんど使われていませんでした。改正により要件が緩和されたとは言え、特に紛争性がある場合には引き続き家裁は慎重な判断をしているものと思われ、今後もあまり使われることはないのではないかと考えます。

　実は、この仮処分は、相続税の支払いのための払戻しを求める場合には認められないと以前から言われていました。この点については残念ながら改正後も変わらないようです。このことからしても、この制度が使える場面は少ないのではないかと考えます。

　なお、相続税の支払いに充てるために払戻しを受ける必要がある場合、現状では、他の相続人らの協力を求める以外に方法がありません。筆者の経験として、その協力が得られないケースは少ないですが、ただ皆無というわけでもありません。ですから、紛争性が見込める場合は、遺言を残す、生前贈与や保険等を活用して納税資金分の手当てをしておく等の対策をとっておくことが望まれます。

ホ　貸金庫

　預金債権とは異なるものですが、金融機関での手続が必要となる点では共通しますので、ここで触れておきます。

　貸金庫契約の法的性質については、これを賃貸借契約と解するのが

通説です。賃貸借は借主の死亡によって終了しませんので、相続人が賃借人としての地位を承継することになります。

　相続人が契約上の地位に基づいて貸金庫の開披を求める場合、金融機関は、相続人が複数いると、相続人全員の印鑑証明書と開披の際の立会いを求めるのが一般的です。そのため、相続人間で紛争が生じている場合には、遺産分割に先立ち、貸金庫の開披についてだけ合意する等の対応が必要になります。実際、調停実務においても、遺産分割と切り離して、この点について先に合意を取り付けることも行われています。

⑵　現金

　現金については、一般的な感覚ですと、簡単に分割できそうに思われるかもしれませんが、当然に分割されることはないというのが判例の考え方です（最二小判平成 4 年 4 月10日家月44巻 8 号16ページ）。不動産や動産と同じ「物」であるという理解です。そのため、現金については、実務上も、法定相続分により当然に分割されるものではなく、遺産分割の対象となるものと解されています。ただ、動産と同様、遺産分割協議書には記載せず、相続人間で適宜分配してしまうか、そもそも問題にされないことも多いと思われます。

⑶　不動産
イ　不動産と相続紛争

　預貯金に続き、相続財産としてよく出てくるのが不動産すなわち土地・建物（及びその他の定着物）です。そして、不動産が紛争の種になることは多く、特に問題となるのがその評価と分割の方法です。分割の方法については、**第 7 章Ⅲ**を参照してください。

不動産の評価に関しては、財産評価基本通達には詳細な定めがあり、相続税の実務はそれに依拠することになるでしょうが、相続紛争においては、そのような明確な基準はありません。一般に、遺産分割で当事者間に争いが生じた場合に、当事者間で話し合いがまとまらないと、まずは家庭裁判所の調停により解決を試みて行くことになりますが、その際には、双方納得の上での解決が前提となりますので、不動産の評価についても、関係者が調整し、当事者間双方が納得する価格を探って行く作業をすることになります。

　その際に、建物については固定資産税評価額が用いられるケースもありますが、土地について路線価がそのまま採用されるケースは非常に稀です。路線価が実勢価格よりも低いことは一般にも知られていますので、土地の評価が高くなるほど有利になる相続人が、路線価では納得しないのです（ただ、評価額が元々低い土地の場合には、路線価をベースに調整するという例もないわけではありません。）。では、どうするのかというと、不動産業者による査定書等を、利害が対立する当事者双方が提出する場合が多いです。私的な査定書は、査定を依頼した当事者に有利な方向でバイアスがかかっていることが少なくないですが、利害が対立する当事者にそれぞれ複数提出してもらうことで、当事者の納得を図り、それらをベースに調整していくということが広く行われています。もし当事者間で合意が得られないと、裁判所が選任する鑑定士に鑑定を依頼することになりますが、最低でも数十万円単位の鑑定費用がかかりますので、それを避けることがインセンティブとなって、合意による解決が図られることも少なくありません。

　それでもなお、当事者間で折り合いがつかない場合には、鑑定に付されることになります。

　Aが亡くなった。相続人は２人の息子で、相続財産のほとんどは不動産。Aは生前、全ての財産を長男Bに相続させるとの遺言を作成していた。相続開始後、次男Cは、遺留分侵害額請求権を行使した。

　Cに不動産を渡したくないと考えたBは、Aと懇意にしていた税理士に相談した。「Cに幾ら払えばよいのか教えて欲しい」とBから尋ねられた税理士は、Aの不動産を相続税評価額で評価してCの遺留分相当額を算出し、Bに知らせた。

　Bは、「その金額なら何とか自分の預金から捻出できる」と安堵した。

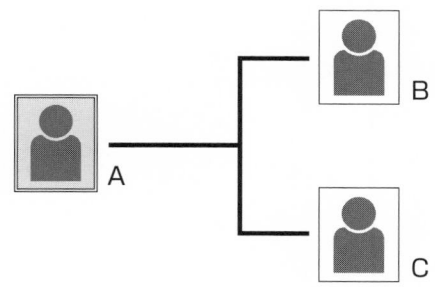

　相続に関する法律相談にきた相談者が、相続税の申告書に書いてある不動産評価額が適正な時価を表していると誤解していることが偶にあります。上記の事例のBも、Aの土地を路線価で評価した上で算定して得たCの遺留分相当額が適正な額だと信じているようです。

　しかし、実際には、路線価ではCの納得を得るのは困難な場合も多いと思われます。前述のとおり、路線価が時価の８割程度の価格というのは広く知られているところですので、Cが代理人弁護士を依頼している場合はもちろん、そうでない場合でも、路線価では安すぎると

反論して来ることが容易に想定されます。

　税理士に、路線価が時価とは異なることを依頼者に知らせる義務があるわけではありませんが、依頼者から尋ねられた場合には、一言説明しておくと、その後紛争が起きた場合に、依頼者が驚いてしまうということが避けられるかもしれません。

ロ　不動産の調査

　多数の不動産を所有している被相続人の場合、所有している不動産を特定するための調査が必要になります。固定資産の納税通知書等により調べることが多いかと思いますが、自治体ごとに発行されるものですし、固定資産税が課されない私道が記載されないなど限界もあります。実際、遺産分割を終えた後に、当初把握できていなかった土地が出てきて、再度遺産分割をするということもあります（当事者同士の関係が円滑であればスムーズでしょうが、そうでない場合等に、相応の手間を要することもあります。もちろん、延滞税等の余計な税金がかかるという問題もあります。）。

　この点、所有者不明土地問題に係る不動産登記法の令和3年改正により、「所有不動産記録証明制度」という新しい制度が作られました。この制度は、登記官が、特定の被相続人が所有権の登記名義人として記録されている不動産の一覧をリスト化し、証明してくれるものです（対象となる不動産が存在しない場合には、その旨の証明書が出されます。）。詳細は、後記ホで解説します。

八　誰も欲しがらない土地の問題（相続土地国庫帰属制度）

　近年、相続財産に含まれる不動産を誰も欲しがらないというケースが増えているように思われます。バブル期に購入した別荘地やリゾー

トマンション、先祖から相続した山地や島の土地等です。そのような土地について現状どのような処理がされているか、また、新しくできた相続土地国庫帰属制度が使えないかについて、以下で確認していきましょう。

> 　Dが亡くなった。その相続人は子のEとF。自宅土地建物と金融資産は全てEが取得し、EがFに代償金を支払う方向で話が進んだが、Dがバブル期に購入した別荘地が問題となった。Eが地元の不動産業者に査定してもらったところ、一応100万円という金額が出たが、実際にはその金額でもほとんど買い手はつかないという。EとFのいずれも、その土地は相手に取得して欲しいと言っている。

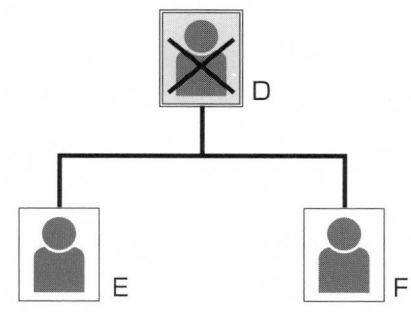

・自宅＆金融資産 →Eが取得

　　　　　　　　　Fには代償金

・別荘地 → 双方に取得希望なし

　最近は珍しくない事例です。こういった場合、実務上、主に以下の3つの解決法が考えられます。

① 価格を下げて買い手を探す。売れればその代金を分割する。

② 評価額を0円で合意した上で、BかCが引き取る。

③ BとCが法定相続分で共有する。

売れればもちろん①が良いわけですが、価格を下げても売れない不動産もあり、その場合は②か③を選択することになります。ただ、③では本質的な解決にはなりません。

　そもそも、いらない不動産を放棄する手段があれば、このような問題は生じません。しかし、所有権の放棄が認められるかについて、学説上は説が分かれているものの、放棄の手続について定めた法律はなく、実務上、放棄は出来ないと言われています。そうなると、相続により不動産を取得しない方法としては、相続放棄をするほかないわけですが、相続放棄をしてしまうと、いらない不動産以外の財産（上記の設例で言えば自宅土地建物や金融資産）も取得できないことになってしまい、それはそれで困ってしまいます。

　そこで、注目されるのが、新しくできた相続土地国庫帰属制度です。これは、相続又は遺贈（相続人に対する遺贈に限ります。また、死因贈与は含みません。）により土地を取得した相続人が、法務局（帰属させる土地を管轄する法務局）に承認を申請し、法定の要件を満たす場合には、法務大臣が国庫帰属を承認し、申請者が定められた負担金を納付することで、土地を手放して国庫に帰属させられる制度です。「放棄」であれば一方的な意思表示で可能なわけですが（所有者のいない不動産になれば、民法239条２項により国庫に帰属することになります。）が、どのような不動産でも放棄可能となると国の負担が増えますので、国に取得してもらうという形式の制度になりました。根拠法は令和３年に成立した相続等により取得した土地所有権の国庫への帰属に関する法律（相続土地国庫帰属法）で、令和５年４月27日に施行されました。

　ただ、この制度については、厳しい要件が課されている上に、コストもかかるため、実際に使える場面はかなり限定的ではないかと言わ

れています。

　具体的には、通常の管理処分をするのに過分な費用や労力を要する
土地は不可とされており、次表のような土地が、申請をしても却下さ
れるか、あるいは不承認とされることになっています（こういう場合
にこそ使いたいというような土地が多く含まれており、要件を充たす
土地は国庫帰属させずとも売れるので、結局国庫帰属の制度を使うこ
とはないのではないかという専門家もいます。）。

〔国庫帰属ができない土地〕

申請ができない土地	建物が建っている土地
	債務の担保（抵当権など）になっていたり、他人が使用する権利（賃借権、地上権、地役権など）が設定されている土地
	他人の使用が予定される土地（墓地、境内地、実際に通路・水道用地・用水路・ため池として使われている土地）
	特定有害物質により汚染されている土地
	境界（所有権の範囲）が明らかでない土地、所有権の存否や帰属、範囲について争いがある土地
帰属の承認ができない土地（審査の段階で該当すると判断された場合に不承認となる土地）	崖（勾配が30度以上であり、かつ、高さが5メートル以上のもの）がある土地のうち、擁壁工事が必要など、管理に追加の費用や労力がかかる土地
	通常の管理・処分を妨げる工作物、車両、樹木などが地上にある土地
	通常の管理・処分を妨げる物が地下に埋まっている土地
	土地を管理・処分するために、隣の土地の所有者等とのトラブルを解決しなければならない土地（隣の土地の所有者等によって通行が実際に妨害されている土地、他人に土地が占有されていて所有者が自由に使えない土地など）
	その他、通常の管理又は処分をするに当たり過分の費用又は労力を要する土地（適切な間伐等が実施されておらず、国による整備が必要な森林等）

また、コストについては、申請時に負担する手数料（1筆あたり14,000円）のほかに、承認された後に支払う負担金（10年分の管理費に相当する額として国が定めた額のもの）もかかります。負担金は原則として20万円とされていますが、都市計画法の市街化区域内にある200㎡の宅地の場合約80万円というように、それ以上の金額がかかる場合もあります。いらない土地を手放すためにかかる費用と考えると、負担感は重いはずです。加えて、申請時に地積測量図等の添付は必須ではないとされていますが、現地で境界が確認できることは必要であり（申請時に境界が分かる写真を添付することが要求されています。）、境界が不明な場合は土地家屋調査士に支払う費用が発生するでしょうし、申請を弁護士等の専門家に依頼した場合には、その報酬も必要になります。

　このように、要件が厳しく負担も大きいため、新しい制度を使える場面は、残念ながら少ないかもしれません。ただ、施行から5年経った後に、制度の利用状況を見て見直しが検討されることになっていますので、そこで要件が緩和されることを期待しています。

二　相続登記の義務化

　所有者不明土地問題に係る令和3年の不動産登記法の改正により、相続登記の申請が義務化されることになりました。具体的には、不動産所有権を相続した相続人は、自己のために相続の開始があったことを知り、かつ、当該所有権を取得したことを知った日から3年以内に、所有権移転登記を申請する義務を負うとされています（新不動産登記法76の2①）。改正法の施行は、令和6年4月1日の予定です。

　対象には、特定財産承継遺言（いわゆる「相続させる遺言」）と相続人への遺贈を含みます。相続人のみを対象とするため、第三者への

遺贈は含まれません。「正当な理由」がないのに申請を怠ると10万円以下の過料が課される可能性がありますが、その運用は謙抑的に行われる見込みです。

　また、相続人の負担を軽減するため、後述の相続人申告登記という制度も新たに設けられました。

　改正法は、施行日前に相続開始があった場合にも適用されます。ただし、法定の要件を充たした日と施行日の遅い日から 3 年以内とされていますので、少なくとも施行後 3 年以内は期限が来ないことになります。

　ケースごとに必要となる手続を確認しておきます。

① 　3 年以内に遺産分割が成立したケース

　　この場合は、遺産分割協議の内容に基づき相続登記を申請すれば足り、それに先立ち、相続人申告登記（又は法定相続分による相続登記）を経る必要はありません。ただ、相続人申告登記等をすることも可能で、その場合は、②と同様の手続をとることになります。

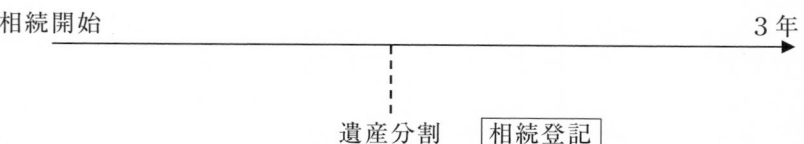

② 　3 年以内に遺産分割が成立しなかったケース

　　この場合は、まず 3 年以内に、相続人申告登記（又は法定相続分による相続登記）を申請する必要があります。その上で、遺産分割成立後 3 年以内にその内容を踏まえた相続登記の申請をすることになります（なお、法定相続分による相続登記を経ている場合でも単

独申請可能です。）。遺産分割で当該不動産を取得しなかった相続人については、遺産分割後の登記申請は不要です。

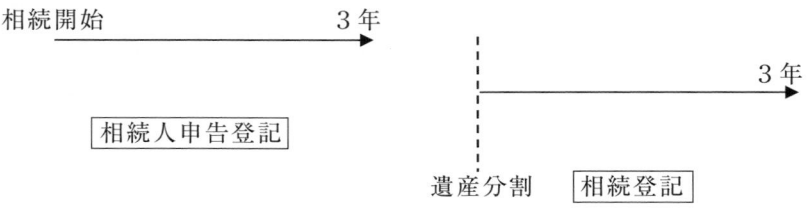

③ 遺言があったケース

　3年以内に遺言の内容を踏まえた登記の申請を行うことになります。包括遺贈がされ、遺産分割が必要となる場合もあるため、遺言がある場合でも相続人申告登記が認められていますが、遺言で取得者がはっきりしているのなら、対抗要件としての意味もありますので、遺言の内容に基づく登記をしてしまった方がよいでしょう。

　なお、改正により、相続人への遺贈については、相続人との共同申請ではなく、受遺者単独による登記申請も可能になりました（不動産登記法63③）。

＊　登記の単独申請が可能になったことにより、特定財産承継遺言（いわゆる相続させる遺言）と遺贈の差異が小さくなりました。すなわち、以前は、①単独申請の可否のほか、②登録免許税の多寡、③農地法3条の許可の要否、④賃借権の承継における賃貸人の承諾の要否（遺贈の場合は必要）、⑤推定相続人の廃除の適用の有無（遺贈の場合は廃除されていても遺贈が受けられる）等について違いがありましたが、②と③については、既に改正により差がなくなっており、今回の不動産登記法の改正により、①についても差がなくなります。

　続いて、相続人申告登記についても確認します。こちらは、不動産登記法の改正により新設された制度で、相続登記の義務化と同じ

く令和 6 年 4 月 1 日に施行されることになっています。この制度は、相続人が、登記名義人の法定相続人である旨を申し出ることを、申請義務の履行手段の一つとするもので、相続人が申し出ると、登記官がその者の氏名及び住所等を職権で登記することになります。法定相続分による相続登記を申請する場合、被相続人の出生まで戸籍を遡る必要があり（法定相続人であることだけでなく、法定相続分も明らかにする必要があるためです。）、かなりの手間と時間を要することがあるのですが、相続人申告登記については、添付書面が簡略化されており、申出をする相続人自身が被相続人の相続人であることが分かる戸籍謄本を提出することで足りるとされています。また、登録免許税もかかりません。

ホ　所有不動産記録証明制度の新設

　令和 3 年の不動産登記法改正により、所有者不動産記録証明制度という新しい制度も設けられることになりました。特定の者が名義人となっている不動産の一覧を証明書として発行してもらえる制度です。前述のとおり、現在の実務では、一部の民間サービスを除いて、特定の個人の不動産を一度に把握する方法はなく、各自治体から発行される固定資産税の納税通知等により被相続人の不動産を把握していましたが、私道のように固定資産税が賦課されない不動産が漏れてしまう等の問題がありました。新制度が導入されると、そのような問題が少なくなり、相続人が被相続人名義の不動産を把握しやすくすることが期待されます。

　また、「所有不動産記録証明書」の交付請求が可能なのは、相続人等の一般承継人だけではなく、何人も、「自らが」所有権の登記名義人となっている不動産について、証明書の交付請求が可能とされてい

ます。ですので、例えば、遺言を作成するために、自分の所有不動産について、登記の記載事項を知りたい等というときにも使えます。

　なお、プライバシー保護の観点から、第三者には証明書の交付請求をする権利は認められていません。ただ、債権者等から、所有する財産を証明するために提出を求められる等の使われ方をする可能性もあり、思わぬところで、自己の所有不動産を開示しなければならなくなる事態も考えられます。

　この所有不動産記録証明制度については、令和8年4月までに施行される予定となっています。

(4)　不動産賃借権

　土地や家屋の賃貸借は借主の死亡によっても消滅せず、賃借権は相続の対象となります。居住用建物の借家権も相続の対象となりますが、公営住宅を使用する権利については相続の対象とならないとした判例があります（最一小判平成2年10月18日民集44巻7号1021ページ）。

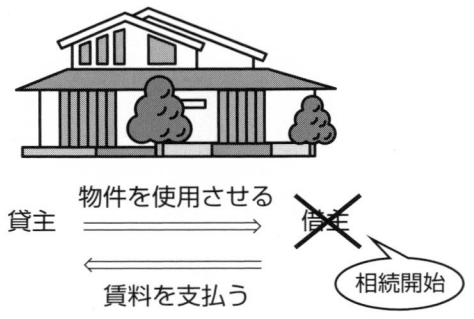

　そして、不動産賃借権は不可分債権であるため、遺産分割が必要であり、未分割のうちは相続人全員が準共有（民法264）することとなります。このような場合、貸主からすると少々厄介なことが生じます。

賃料債権は、物件を使用させるという不可分債務と対価関係を有する
ものであるため不可分債権と解され、貸主は、借主の相続人の1人に、
賃料の全額を請求することができます。しかし、もし相続開始前に未
払い賃料等が発生していた場合、当該賃料債務等は単純な金銭債務で
あるため、可分債務となります。可分債務は、相続開始と同時に共同
相続人にその相続分に応じて当然分割されると解するのが通説・判例
ですので、貸主は、相続開始前に発生していた未払賃料等については、
それぞれの法定相続分に応じて各相続人に請求しなければならないこ
とになります。また、解約する場合の解約通知も相続人全員に送る必
要があると解されています（最二小判昭和36年12月22日民集15巻12号
2893ページ）。

　なお、借主ではなく貸主についても、相続が発生しその相続人が複
数いたという場合には、遺産分割協議がまとまるまでの間の賃料をど
うするかという問題が生じます。相続開始後に発生する賃料（法定果
実）は遺産ではなく、各共同相続人の固有の財産となりますので、法
定相続分に応じて分配するのが正しい処理と言えるでしょうが、遺産
分割協議の中で、賃貸物件を取得した相続人が全て取得する旨を定め
る場合もあり、そのような合意も有効です（詳細については、本章Ⅰ
3(3)を参照してください。）。

⑸　貸金債権等

　貸金債権や損害賠償請求権等の金銭債権については、可分債権であ
るため、法律上当然分割され各共同相続人がその相続分に応じて権利
を承継することになります（最一小判昭和29年4月8日民集8巻4号
819ページ参照）。

　例えば、被相続人が1,000万円の貸金債権を有していた場合に、相

続人が配偶者及び子2人の3人であったとすると、配偶者（法定相続分1／2）は500万円、子ら（法定相続分各1／4）は各250万円の貸金債権をそれぞれ承継し、直接債務者に対して請求できることになります。

〔1,000万円の貸金債権〕

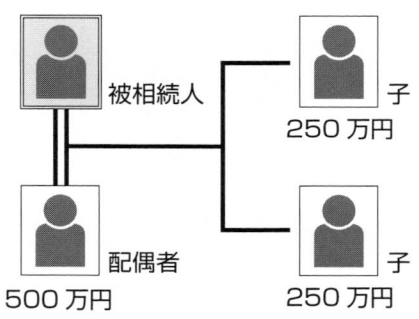

　ただ、相続人全員が合意すれば、遺産分割の対象とすることができ、その場合は、例えば、配偶者が1,000万円全額を取得することができます。また、相続人間での協議が長引いているような場合に、実務上、相続人代表者を決めて、その口座にまとめて振り込んでもらうということもあります（その口座内の預金は、随時あるいは遺産分割後にまとめて分配します。）。

(6)　株式
イ　準共有

　株式については、金銭債権等と異なり、不可分であり、遺産分割がなされるまでは共同相続人が準共有することになると解するのが通説判例です。現代においては、金銭的価値を表す権利として債権に近い

存在となってきていますが、会社法のもとでも、株式の本質が社員権であるとの考え方に変わりはなく、判例においても、「共同相続された株式は、相続開始と同時に当然に相続分に応じて分割されることはない」（最三小判平成26年 2 月25日民集68巻 2 号173ページ）とされています。したがって、1,000株の株式があり、相続人が子 2 人という場合に、500株ずつを承継するのではなく、1,000株の株式の 1 株ずつを、子 2 人が準共有することになります。

　このように株式を共有する場合、会社法106条本文に基づき、権利行使に先立ち、共有者の 1 人を権利行使者と定めて会社に通知する必要があります。ただ、同条但書には、会社が権利行使に同意した場合を除く旨が定められており、株主に相続が生じた場合に、上記の通知を欠いたとしても、会社側が権利行使を認めることは可能です。しかしながら、民法の共有に関する規定に反する権利行使まで認めてよいわけではなく、持分が過半数に満たない株主による権利行使が不適法とされた例もありますので（最一小判平成27年 2 月19日民集69巻 1 号25ページ）、会社側で権利行使を認める際には、事前に慎重な調査を行うことが必要です。

□　非上場株式の評価

　相続に関して紛争が生じた場合に、不動産と同様、非上場株式の評価も問題となる場合があります。

　ただ、経営に関与している相続人とそうでない相続人との間で資料が偏在している問題があり、また、関与する弁護士等の専門家も非上場株式の評価を不得手とするのが一般的であることから、相続財産全体に占める比率が低ければ、相続税の申告の際に用いた評価額を用いるケースが多いと思われます。相続税評価額で折り合いが付かないケ

ースの取り扱いについては、**第10章Ⅲ2**を参照してください。

(7) 債券と投資信託

　社債についても、ペーパーレス化が進んでおり、また、株式と異なって化体しているのが金銭債権そのものであることから、株式以上に可分債権に近いものと考えられますが、会社法の規定等を理由に、株式と同様、社債を有する被相続人につき相続が開始し、相続人が数人いる場合には、共同相続人は当該社債を準共有すると解されています。

　この点、国債についても、ゆうちょ銀行及び郵便局会社において、当然分割にはならない取扱いとされています。

　一方、投資信託については、MRF及びMMFに関して、可分債権であり、相続人が各人の相続分に応じて権利を単独で承継しているとした裁判例も出ていましたが（大阪地判平成18年7月21日金法1792号58ページ）、最高裁は、当然分割否定説を採用し、MRFを含む投資信託受益権について、相続開始と同時に当然に相続分に応じて分割されることはないとしました（最三小判平成26年2月25日民集68巻2号173ページ）。

　過去に販売された商品の中には、分割債権として取扱われたものもあったようですが、実務上、相続が開始し、被相続人の取引口座内の資産を相続人の口座に移管する際には（なお、被相続人の口座を相続人がそのまま承継することはできません。）、相続人全員の実印による押印と印鑑証明書を求められるのが通常です。投資信託に関して、一部の相続人のみによる請求を認めてもらえるケースは、かなり限定的ではないかと思います。

⑻　ゴルフ会員権

　ゴルフ会員権は、預託会員制か株主会員制かといった形態、各クラブの会則等により、そもそも相続の対象となるのかが異なります。また、相続の対象となったとしても、通常会員となれるのは 1 人ですので、遺産分割協議でその 1 人を定める必要がありますし、入会するためには理事会の承認を得る必要がありますから、当該相続人について、事前に入会の承認を得られるか確認しておくことも重要です（結局名義書換ができず、売却せざるを得なくなるという例もあるようです。）。

　いずれにしても、相続が可能か、可能としてもどのような手続によるべきかはゴルフクラブによって異なりますので、早めに問い合わせて、確認をしながら作業を進めて行くことが求められます。

　なお、ゴルフクラブの会員契約上の地位が相続の対象とならず、被相続人の死亡により契約関係が終了したとしても、預託金返還請求権や滞納年会費支払義務は単純な可分債権・可分債務ですので、法定相続分に従って各相続人が承継することになります。

⑼　電話加入権と動産

　家財道具は、相続税の申告に当たって、僅かでも評価額を出して計上するのが通常かと思います。また、電話加入権についても、令和 2 年以前の相続では、「標準価額」により評価することとされていました（令和 3 年以降は事実上評価不要となっています。）。しかし、民事上の紛争が生じた場合には、現実的な価値はほとんどないため、これらが問題にされることはまずありません。

　家財道具以外の動産（貴金属や着物等）についても、一定の価値はあるのでしょうが、対象の特定及び評価が困難であること、形見分けに適していると思われる場合が多いことから、故人の遺産ではあるも

のの、遺産分割の対象には含めずに処理されていることが多いと思われます。

　ただし、高額な絵画や刀剣等を被相続人が蒐集（しゅうしゅう）していたような場合、相続財産に占める割合もそれなりになるため、個々を特定した上で、遺産分割の対象に含めることもあります。評価については、鑑定に付すこともありますが、それなりに費用がかさみますので、相続人らの同意のもと、一番高額な評価を付けた相続人が引き取る「入札」方式によって解決する場合もあります（なお、実例としては多くないと思われますが、不動産についても「入札」方式を採用することがあります。）。

⑽　相続開始前の使途不明金

　「使途不明金」という言葉は、民法相続編の教科書で、法律用語として一般的に出てくるものではありません。しかし、調停実務では、その言葉を耳にすることは多く、非常によく争われる争点の一つとなっています。

　この点、相続税の申告の場面では、仮に相続開始直前に大きな金額が引き出されていてその使途が不明な場合、できるだけそれを遺産に含める方向で動くことが多いのではないかと思います。税務当局から否認されるリスクを考えれば、当然の判断でしょう。これに対し、相続紛争の場面では、当事者間に意見の対立があると、遺産に含めるのは実は容易ではありません。対立が激しい場合、後述のとおり訴訟により解決することになるのですが、その場合、使途不明金に係る主張をする当事者において、不当利得あるいは不法行為に当たることの主張・立証責任を負わなければならず、その負担はかなり大きいものとなっています。

　なお、ここでは相続開始前の使途不明金について触れることとし、相続開始後の使途不明金については、後記 3 ⑵ の「相続開始後の使途不明金」の中で触れます。

> 　A が令和 4 年 1 月18日に亡くなった。相続人は長女 B と次女 C の 2 人である。次女 C は遠方に住んでおり、生前から A の生活支援は長女 B が行っていた。
>
> 　B から開示された預金通帳を見た C は、以下の払戻しに疑問を持った。
>
> 　①　令和 2 年 6 月16日　　500万円
> 　②　令和 2 年 9 月22日　　270万円
> 　③　令和 3 年 3 月 4 日　　200万円
> 　④　令和 4 年 1 月 7 日　　50万円
> 　⑤　令和 4 年 1 月11日　　50万円
>
> （令和 4 年 1 月18日相続開始　その時点での預金残高は2,000万円）

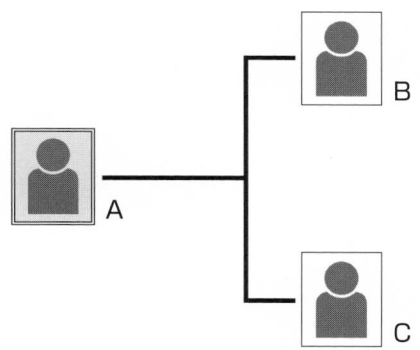

　相続開始の直前に預金の払戻しがあった場合、税理士であれば、依頼者や関係者に説明を求め、その使途に関して合理的な説明がなされ

なければ、前述のとおり、現金や預け金等として遺産に含めて申告することをまずは考えるのではないかと思います（さもなければ、相続税の税務調査において、否認されるリスクが生じるところでしょう。）。

しかし、遺産分割調停で争われるような場合には、話がまったく異なってきます。遺産分割の対象となる遺産は、相続開始時に存在し、かつ、分割時にも存在する未分割の遺産と定義されていますので（**第7章Ⅱ**「遺産分割の対象」参照）、相続開始より前に払い戻された預金は、相続開始時においては存在しないため、当然に遺産分割の対象に含まれることにはならないのです。

ただ、もちろん設例のCの立場にある相続人として、「遺産の対象に含まれない。」で、直ちに納得できるわけはありません。相続開始前の使途不明金についてCが争う姿勢を示した場合、実務上、次のような解決が図られていくことになります。

Cが預貯金の明細等で払戻しの事実を明らかにした上で、Bに経過や使途の説明を求める。

Bが経過や使途について説明する。具体的には、以下のような説明が想定される。

イ　「そもそも払戻しに関与していないので分からない。」

ロ　「Aからもらったものだ。」

ハ　「Aに頼まれて払い戻し、Aに渡した。」

ニ　「私が払い戻したが、Aの債務の返済や葬式費用に使った。」

ホ　「私が勝手に払い戻し、自分のために使った。」

> ヘ　「私が払い戻したが、Ａから預かったもので、今も残っている。」

《パターン１》合意により遺産に含める場合

　Ｂが上記ホやへの説明をし、遺産に含めることについて合意が成立した場合は、Ｂの先取得分や保管現金等として払戻し分を遺産の対象に含めて、他の遺産と同様に分割の協議を進めていくことになります。

　問題となるのはニの説明をしたときです。Ｃの側がその説明に納得すればその時点で解決しますが、例えば、葬式費用を被相続人の財産から支出することにＣが異議を唱え、払戻し分を遺産に含めるべきと主張するような場合には争いが生じることになります（葬式費用に関しては、喪主負担説が有力です。仮に喪主がＢであった場合、Ｃは、「Ｂが葬式費用を負担すべきであり、被相続人の財産から出すことは認められない」と主張する可能性があります。）。

《パターン２》　特別受益になる場合

　Ｂが上記ロの説明をしたような場合です。この場合、預金の払戻し分は、遺産分割の対象に含めるのではなく、Ｂへの贈与と解されて、特別受益の問題として処理されことになります。その場合に、遺産の範囲に変化はありませんが、贈与を受けた分だけＢの具体的相続分が減り、Ｂが遺産から取得できる財産が減少することになります。

　仮に、①〜③の払戻し（合計970万円）は特別受益であり、④と⑤の払戻し（合計100万円）については使途不明金として遺産に含めることにＢが同意した場合についてみると、以下のとおりとなります（他に相続財産はないものとします。）。

・遺産の価額

　　＝ 相続開始時の残高2,000万円 ＋ 使途不明金100万円＝2,100万円

・Bの具体的相続分

　　＝（2,100万円 ＋ 特別受益970万円）× 1／2 －970万円＝565万円

・Cの具体的相続分

　　＝（2,100万円 ＋ 特別受益970万円）× 1／2 ＝1,535万円

　つまり、2,000万円＋100万円＋970万円の3,070万円全額が遺産とされた場合と比較しても、Cの取り分は変わらないことになります（特別受益財産が価額の変動のあるものである場合には、異なる金額となることもあります。特別受益の計算に当たっての財産の評価時点（相続開始時）と、遺産分割に当たっての遺産の評価時点（遺産分割時）が異なるためです。また、税務上は、遺産ではなく贈与となった場合、Bが贈与税の申告をしていなければ、附帯税が賦課されるため、Bの負担は増えることになります。）。

　ただ、Bが、贈与の事実を認めたからと言って、当然に特別受益に該当することにはならない点には注意が必要です。生前贈与があったとしても、Bにおいて、「生計の資本」としての贈与には当たらず特別受益とはならない、あるいは、Aが生前に特別受益の持戻しの免除の意思表示をしていた（持戻しの意思表示は明示のものである必要はなく、黙示の意思表示でも認められることがあります。）等と主張して争い出す可能性もあるためです。特別受益の詳細については、**第4章のⅣ**を参照してください。

《パターン3》　使途不明金として争いになる場合

　厄介なのは、Bがイやハを主張したときです。Bは遺産性を認めな

いでしょうから、当事者の合意を前提とする調停手続の中では解決を図ることができません。この点、Bがニの説明をした場合でも、CがBの説明に納得しなければ、同じ状態になります。

　そのような場合、Cとしては、遺産分割調停の手続からは離れて、地方裁判所に民事訴訟を提起して争うほかないことになります。

　具体的には、使途不明金を遺産分割の対象から除外して調停を成立させる一方で、別途、使途不明金について不当利得返還訴訟請求訴訟又は不法行為に基づく損害賠償請求訴訟を提起することになります。ただ、Bの不当利得あるいはBの不法行為であることについての主張立証責任はCの側が負いますので、その負担を考えて、訴訟提起を断念するケースも少なくないものと思われます。

　仮に、Cが手間やコストがかかるという障壁を越えて訴訟を提起した場合に、どのように争われることになるのかについて、以下に例を挙げて考えてみましょう。

　まず、①の払戻しについてですが、仮に、この時点ではAが施設等に入っておらず、自ら外出できる状態だったとすると、Bが、イのように、「**自分は知らない。A本人が引き出して使ったのでは。**」等と主張することも考えられます。そのような場合、Cの側でこれを覆して、勝手にCが引き出したもので不当利得等に当たると認めてもらうのは、なかなか困難と思われます。

　続いて、②と③の払戻しについですが、この時点では、Aは既に老人ホームに入っていて、Bが「**自分が引き出した**」と払戻しへの関与自体は認めたとしましょう。そのような場合、立証責任がCにあるとは言っても、Bが自らによる払戻しの事実を認めている以上は、経緯や使途について説明を求められることとなります。そこで仮に、Bがハのように「**Aに頼まれて払戻し、Aに渡した。**」と説明した場合に

は、その説明が合理的であるか否かが次の問題となります。もしBの説明が不合理とされれば、Bが勝手に引き出したとの判断につながりやすくなります。例えば、老人ホーム内の居室が高額の現金を保管するような環境でなかったとか、Aが払戻しの当時において、そのような多額の現金を必要としていた理由が見当たらないというような事情があれば、Bの払戻しが不合理であったとして、Bの払戻し分が遺産に含まれるものと判断される可能性があるのです。

　最後に、④と⑤の払戻しについても考えてみましょう。これらについては、相続開始直前であること、連続して行われていること、ATMの一般的な払戻し限度額の範囲でおろされていること等から、Bが無断で払い戻したこと自体は認められやすく、あとは②や③の払戻しと同様、その使途の説明がBに求められることになるでしょう。

3　相続財産の変動

(1)　「遺産」の意義と代償財産

　被相続人が相続開始時に有していた財産的権利義務すなわち遺産は、被相続人の一身に専属するものを除き、すべて相続の対象となり相続人に承継されます（民法896）。しかし、全ての財産が、遺産分割の対象となる「遺産」に含まれるわけではありません。遺産分割の対象となる「遺産」については、相続開始時に存在し、かつ、分割時にも存在する未分割の遺産をいうと説明されています。

遺産分割の対象となる遺産の定義

> 遺産分割の対象となる遺産とは？
>
> →以下のいずれの条件も満たすもの。
>
> ◆相続開始時に存在する
>
> ◆遺産分割時にも存在する
>
> ◆未分割の財産

　相続開始時に存在するのは当然として、実務では遺産の範囲を定める基準時を遺産分割時と解しているため（遺産分割時説）、相続開始時に存在していても、遺産分割時に存在しない財産は、遺産分割の対象に含まれないことになります（東京家審昭和44年 2 月24日家月21巻 8 号107ページ参照）。相続開始時から遺産分割までには一定の期間を要するのが一般的であり、その間に、相続財産が滅失してしまったとか、相続人によって一部処分されてしまったというような事態が生じ得るわけですが、上記のように解するのが実務であるため、相続開始後に滅失し、あるいは処分された財産は、遺産分割の対象となる遺産に含まれないことになるわけです。

　これに対し、相続税の申告においては、遺産を、相続税の課税時期すなわち相続等により取得した日における時価により評価することになるため、相続開始後の変動に影響を受けることはないでしょう。そのため、相続開始後の変動に関しては、家事事件の取扱いと税務とで齟齬が生じることになります。

　そして、相続開始後に相続財産が滅失等した場合の代償財産（保険金請求権や売却代金）が遺産分割の対象になるかについても、否定的に解するのが通説判例です。この点につき、最高裁は、相続人全員の

合意によって不動産を第三者に売却した場合の売却代金は、当事者全員の合意がない限り、遺産分割の対象とすることはできないと判示しています（最二小判昭和52年９月19日家月30巻２号110ページ、最一小判昭和54年２月22日家月32巻１号149ページ）。これらの最高裁判決の事案では、相続人らが共同して相続財産である不動産を売却していたため、当該売却代金は各相続人が自らの相続分に基づき当然に取得するとされましたが、仮に、相続財産の一部を、特定の相続人が勝手に売却したという場合であれば、他の相続人は、売却代金を直接取得するのではなく、勝手に売却をした相続人に対し、不当利得返還請求権あるいは不法行為に基づく損害賠償請求権を行使することになります。

＊　上記最高裁判決にかかわらず、当事者の合意により法定相続分と異なる割合で売却代金を分割することも可能ですし、所得税の確定申告期限までに分割されれば、その分割割合による申告も認められます（国税庁の質疑応答事例より）。

　なお、相続開始時に存在し、かつ、分割時にも存在する未分割の遺産でなければ遺産分割の対象とならないと説明しましたが、これはあくまで原則です。民事においては、公序良俗その他の強行法規に反しない限り、当事者が了解すればいかなる取り決めも可能ですので、実務上は、多くのケースで、法律上「遺産」に属しないものでも、当事者の協議又は調停の中で、当事者の合意により分割の対象とされています。この点、税理士が関与する場合においても、申告書に記載すべき財産すなわち相続開始時における遺産を対象として遺産分割協議を行うことが多く、なかには先ほどの遺産分割の対象となる遺産の定義に含まれないものもあるかもしれませんが、全ての相続人の了解のもとに行われているはずですから、法的に問題は生じないわけです。

⑵　相続開始後の使途不明金

　本章2⑽で相続開始前の預金の払戻しについて述べましたが、相続開始後の払戻し（使途不明金）についても、争われることがままあります。まさに、相続開始後に一部の相続人が勝手に相続財産を処分した場合です。相続開始後については、被相続人の指示に従って払い戻されたということが考え難いので、相続開始前に比べると、通帳等を管理していた相続人において、自分が払い戻したと認める傾向が強いように感じます。そのため、払戻しをした相続人の保管現金等として遺産分割の対象に含めることも多いです。ただ、当該相続人が遺産に含めることに同意しない場合に、遺産分割の協議や調停の段階においては如何ともし難いのは、相続開始前の払戻しと同様で、当事者の理解がなかなか得られない場合もありました（前述のとおり不当利得返還請求等は可能ですが、遺産分割と別に手続をとらなければならないというのは、なかなかにハードルが高いところです。）。

　しかし、この点については、平成30年の相続法改正により、立法的な手当てがなされることになりました。すなわち、改正により新設された民法906条の2（令和元年7月1日に施行済みで、それ以後に開始した相続について適用されます。）は、以下のとおり、一部の相続人によって相続開始後、遺産分割前に遺産に属する財産が処分された場合には、処分した相続人以外の相続人全員の同意があれば、処分された財産が遺産の分割時に遺産として存在するものとして取り扱うことができる旨を定めています。

民法906条の2（遺産の分割前に遺産に属する財産が処分された場合の遺産の範囲）

　1　遺産の分割前に遺産に属する財産が処分された場合であっても、

共同相続人は、その全員の同意により、当該処分された財産が遺産の分割時に遺産として存在するものとみなすことができる。

2　前項の規定にかかわらず、共同相続人の一人又は数人により同項の財産が処分されたときは、当該共同相続人については、同項の同意を得ることを要しない。

　　そのため、相続開始後に預金を払い戻した相続人が、払戻分を遺産に含めることに同意せずとも、他の相続人らが遺産に含めるべきと請求すれば、これを遺産に含めて遺産分割がなされることになります（ただし、払戻したと疑われた相続人が払戻しの事実自体を否定し、客観的にも処分者が認定できない場合には、この条文の適用を受けることはできません。）。

　　問題となるのは、この条文が、処分した事情を何ら問うていないところです。仮に、払戻しに合理的な理由があったとしても、条文上は、他の相続人全員が遺産に含めろと言えば含まれることになってしまいます。ただ、実務上は、例えば、払戻しをした相続人が、その分を未払いの医療費に充てたというような場合には、そもそも遺産に含めないか、債務を両建てにする等して現実的な解決を図っていくことになるでしょう。

　　なお、上記で触れたのは、相続人が勝手に預金を払い戻した場合です。相続法改正により仮払いの制度が新設されましたが、この制度を利用して払い戻した場合には、当然に相続財産に含まれることになります。詳細は、本章Ⅰ2(1)の「預貯金」の項を参照してください。

(3) 相続財産から生じる果実

> 賃貸アパートを所有していたＡが亡くなった。相続人は３人の子。長女のＢが相続開始後も当該アパートの管理を続け、遺産分割協議でも、妹２人は預貯金等の金融資産を取得し、Ｂが当該アパートを取得することになった。
>
> Ｂは当然、相続開始から遺産分割までの間に支払われた賃料も全て自分が取得できるものと考えていたが、妹２人から「自分たちの取り分をよこせ」と言われてしまった。

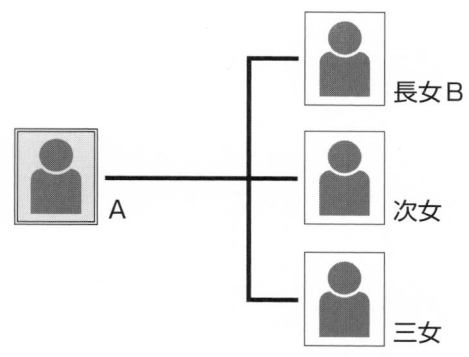

　遺産分割手続に際して、相続開始から遺産分割がまとまるまでの間に遺産から生じた果実について、その帰属が問題となることがあります。

　この点、最高裁平成17年９月８日第一小法廷判決（民集59巻７号1931ページ）は、「遺産は、相続人が数人あるときは、相続開始から遺産分割までの間、共同相続人の共有に属するものであるから、この間に遺産である賃貸不動産を使用管理した結果生ずる金銭債権たる賃料債権は、遺産とは別個の財産というべきであって、各共同相続人が

その相続分に応じて分割単独債権として確定的に取得するものと解するのが相当」とした上で、「各共同相続人が……取得した上記賃料債権の帰属は、後にされた遺産分割の影響を受けない」と判示しました。

すなわち、上記の事例でも、Bらはそれぞれ法定相続分1／3に応じた賃料を取得することになり、Bが遺産分割でアパートを相続したとしても、分割前に生じた賃料債権には影響が及ばない（すなわちBが1／3を超える分を取得できるわけではない）ことになります。税務上も、各人の所得税の課税対象として取り扱われることになるのはご存知のとおりです。

ただ、代償財産の場合と同様、相続人全員が合意していれば、遺産分割の中で解決することができますので、上記の例でも、妹2人が了解すれば、相続開始後の賃料もBが取得することができたわけです（ただし、申告済みの所得税には影響は及ばず、後の遺産分割を理由とする更正の請求は認められないようです。）。

4　相続財産の評価

⑴　評価時点

遺産分割の実務では、前述のとおり、遺産の評価時について、遺産分割時説が採られています。相続開始時としてしまうと、遺産分割の時点で価額の下落した遺産を主と取得する相続人と、価額の上昇した遺産を取得する相続人との間で公平を失するためと言われます。この点、相続税の課税の場面では、相続により取得した財産の価額は、取得時すなわち相続開始時の時価により評価されることになりますので（相法22）、遺産分割とは評価時点が異なることになります。

ただ、遺産分割の場面でも、特別受益と寄与分の算定に際しては、相続財産と特別受益又は寄与分の対象となる財産を、相続開始時の価

額で評価することになっています（民法903、904の２）。すなわち、生前贈与があったような場合、贈与された財産は、相続開始時の価額で評価することになります（生前贈与加算や、相続時精算課税の場合のように、贈与時の価額で評価することはありませんので、その後の価額の変動の影響を常に受けることになります。）。

　このように、遺産分割と、特別受益や寄与分を反映した具体的相続分の算定の場面で、評価時点が異なるため、特別受益や寄与分が問題となるケースでは、厳密には２時点の評価を取る必要があることになります。ただ、それでは手間もコストもかかりますので、２時点の間が開いていて、評価が大きく変動しているようなケースは別として、多くのケースでは、当事者間の合意により、１時点の評価を用いています。

　以上を整理すると、以下の表のとおりとなります。なお、遺留分侵害額請求については**第10章**で説明します。

場　　　面	評価時点
遺産分割	遺産分割時
特別受益・寄与分	相続開始時
遺留分の価額を算定する際の基準時	相続開始時
相続税	財産の取得時（相続開始時）

(2)　評価が争われやすい財産と評価方法

　遺産分割の紛争において、評価で最も揉めるのは、何と言っても不動産です。不動産の評価について揉めた場合の実務については、本章Ⅰ2(3)を参照してください。

　一方、相続税の実務でよく問題になる取引相場のない株式については、遺産分割や遺留分の紛争の場面で争われることはあまりありませ

ん。ただ、金額が大きく、揉めてしまったような場合はなかなか厄介
です。この点については、**第10章Ⅲ2**を参照してください。

　その他、金銭についても、相続開始時の貨幣価値に換算されること
になっています。ここ数十年問題にされてきませんでしたが、今後イ
ンフレが進む等して、貨幣価値が大きく変動するようになると、生前
贈与の評価に際して、その変動が考慮されるようになることも出てく
るかもしれません。

Ⅱ　契約上の地位

　相続人は被相続人の一身に専属したものを除いて、被相続人の財産
に属した一切の権利義務を承継します（民法896）。個々の物権、債権
及び債務のみならず、契約上の地位も、包括的に相続人に移転します。

　ただ、当事者の個人的信頼を基礎とする法律関係については、一身
専属のものが多く、その代表的なものが委任者又は受任者としての地
位です（民法653条1号が、委任者又は受任者の死亡により委任契約
が終了する旨を定めています。）。

　例えば、税理士が死亡した場合、その相続人が依頼者との間の委任
契約上の地位を承継することはありません。ただし、税理士が生前に
ミスをして、相続開始前に損害賠償債務が発生していたという場合に
は、契約の当事者でない相続人も、当該債務を免れることができませ
ん。この点、実際に、訴訟で、税理士本人ではなく、その相続人らが
賠償を命じられることもあります。相続人が、損害賠償債務の負担を
免れるためには、相続放棄をするほかありません。

　その他、代理関係の本人又は代理人の地位（民法111①）や、民法
上の組合における組合員としての地位（同法679一）も相続されませ

ん。

　また、民法上、使用貸借は、借主の死亡によって効力を失うと規定
されています（民法597③）。しかし、親族間で権利関係のはっきりし
ないまま土地を使わせてもらい、建物を建てて暮らしているというよ
うな例は珍しくなく、そのような場合に常に上記の規定を適用するこ
とは適切ではありません。そのため、建物所有を目的とする土地の使
用貸借については、当事者間の個人的要素以上に敷地上の建物所有目
的が重視されるべきであるとして、民法597条の適用を否定した裁判
例もあります（東京地判平成5年9月14日判タ870号208ページ）。

　身元保証等の一部の保証人としての地位も相続人に承継されないと
解されていますが、保証債務の承継については、Ⅲで解説します。

Ⅲ　相続債務

1　相続債務の承継

　相続人は、一身専属的なものを除き、履行期が到来しているか否か
を問わず、被相続人の財産に属した一切の義務を承継します（民法
896）。一身専属的な債務としては、例えば、債務者（被相続人）の技
能を前提として、芸術作品の製作を依頼した場合の、当該作品を製作
する債務等が考えられます。

　共同相続の場合、各相続人は、相続分の割合に応じて債務を負担す
ることになります（民法899）。金銭債務のような可分債務については、
法定相続分に応じて当然に分割承継されると解するのが通説判例です
（最二小判昭和34年6月19日民集13巻6号757ページ）。

　これは連帯債務の場合も同様で、各相続人は、自らの相続分に応じ
て債務を承継し、その承継した範囲内で本来の債務者とともに連帯債

務者となります。例えば、被相続人Ａが生前、Ｂとともに1,000万円の連帯債務を負担していた場合について考えます。この場合に、Ａの相続人が２人の子Ｃ及びＤであったとすると、Ｃ及びＤはそれぞれ、1,000万円×法定相続分１／２の500万円の債務を承継し、その限度で他の債務者Ｂと連帯して責任を負うこととなります。

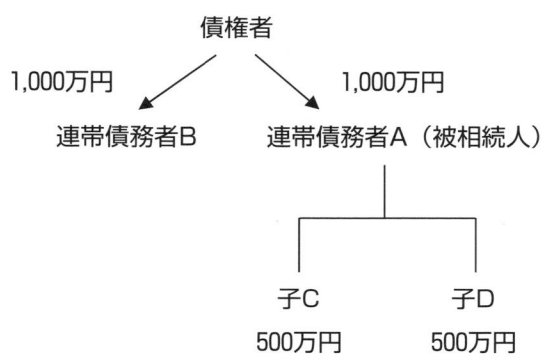

2　保証債務

　保証債務に関しては、保証人が負担していた当該保証債務の内容によって、相続人に承継されるか否かが変わります。

　まず、金銭消費貸借上の保証債務など通常の保証債務は、相続人に承継されます。その負担割合が、各相続人の法定相続分に従って決まることは、他の債務と同様です。

　これに対し、平成16年の民法改正により、個人である保証人が、金銭の貸渡し等によって負担する債務を保証する貸金等根保証契約については、保証人が死亡したときに元本が確定するとされ、その後に発生する債務については、相続人は責任を負わないこととなりました（相続開始前に発生していた遅延損害金等の債務については責任を負

います。）。そして、いわゆる「債権法改正」により、この規律が、他の根保証契約にも拡大されることになりました（民法465の 4 ①三）。その対象の一つが、賃貸借契約における賃借人の債務を主たる債務とする個人根保証契約です。この点、改正前は、賃貸借契約の保証人が亡くなった場合、その相続人は、相続開始後に発生した延滞賃料のほか、賃借物を毀損した場合の損害賠償債務なども保証しなければならず、契約更新後もその責任は続くと解されていたため（最一小判平成 9 年11月13日集民186号105ページ）、思わぬ大きな負担を強いられるおそれがありました。これに対し、改正後は、保証人の死亡により元本が確定するため、その相続人が、相続開始後の賃料債務等について、責任を負わされることは無くなりました（なお、極度額の定めがない契約を無効とする規律についても、保証人が個人である根保証契約一般に対象が拡大されました。）。

　その他、当事者の個人的信頼を前提とする身元保証については、以前から、相続による承継が否定されていました。例えば、雇用契約上の債務を保証する身元保証は、債務者と保証人との信頼関係を基礎とするもので専属的性質を有するため、判例上相続性が否定されています。ただし、相続時に既に損害賠償債務となって責任額が確定していた具体的債務は、通常の金銭債務と同様、相続によって承継されます。また、極度額と保証期間（元本確定期日）を定めない包括根保証についても、判例上相続性が否定されていましたが、現行法では、そもそも個人の包括根保証自体が無効となっています（民法465の 2 、465の4 ）。

　債務全般について、後から発覚することを心配する相続人は多いですが、特に保証契約の場合、相続開始後相当な時間が経過してから発覚する場合もあると思われます。もし債権者から請求が来てしまった

ら、まずは契約書を見せてもらい、内容を確認することが重要です（平成16年民法改正により、書面によらない保証契約は無効との規定が新設されましたが、それ以前の契約であっても、債務の存在を証明するためにやはり書面の存在は重要です。）。調査の結果、多額の債務を負うことが明らかとなった場合は、相続放棄を検討することになるでしょう。相続開始後3か月以上を経過していたとしても、債務の発覚から3か月以内であれば、相続放棄が認められる可能性がありますので、諦めないことが肝要です（**第3章Vの2参照**）。

3　相続債務と遺産分割

　続いて、相続債務の遺産分割における取扱いについて述べます。前述のとおり、可分債務は相続により当然に各相続人に法定相続分の割合で承継されます。そのため、遺産分割の対象とはならないと解されています。ただ、相続人全員の了解のもと、協議の内容に加えることは可能です。実際、遺産分割において、相続人の1人が遺産の多くを取得する代わりに、債務も全額負担するという内容の協議が成立することはよくあるはずです。

　このような協議は当事者間では（債務者間の内部分担を定めるものとして）有効ですが、金融機関等の債権者の承諾を得て免責的債務引受を行う等しないと、当該債権者との関係では、他の相続人は法定相続分相当の債務を免れることはできません。

　また、同様に、遺言で包括遺贈がなされたり、相続分の指定がなされたりした場合も、相続人及び受遺者の間では、指定された割合で債務を相続することになりますが、債権者との関係ではその効力は及ばず、各相続人が法定相続分の割合で債務を負担すると解されています（最三小判平成21年3月24日民集63巻3号427ページ参照）。この点、

相続税の課税においては、相続税の計算において控除すべき債務の額
についても（相基通13－３）、また、相続人又は受遺者が負担すべき
租税債務についても（通則法５②）、遺言により定められた包括遺贈
の割合又は指定相続分に従って計算するものとされており、税務にお
ける方が、当事者の認識に沿った考え方を採用しているように思える
ところです。

> 　Aは個人事業主で、銀行から借入れをして事業を行っていた。
> Aが亡くなり、事業を引き継いだ子Bは、自らが全ての財産及び
> 債務を承継する内容で、もう１人の相続人である子Cと遺産分割
> 協議を行った。その後、Bが事業に行き詰まって借入れの返済が
> できなくなり、銀行はCに債務の1/2を請求してきた。

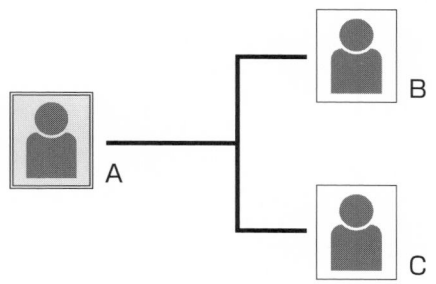

　ＢとＣの間では、全ての相続債務をＢが承継することとなっていま
すが、Ｃはこれを債権者である銀行に対して主張することができませ
ん。法定相続分１／２に相当する債務は、自らの財産をもって返済し
なければなりません。もちろん、Ｂとの約束に基づいて、銀行に返済
した分の支払いをＢに求める権利はありますが、Ｂは既に倒産状態で
すから、回収の可能性はないでしょう。
　相続人に酷と言われる相続税の連帯納付義務ですら、受けた利益の

範囲に限定され、また、申告期限から5年等の縛りがありますが、そのような限定はありませんので注意が必要です。

4　葬式費用

　葬式費用についても、相続税とは取扱いが異なるところです。相続税の場面では、債務控除が認められていますが、私法上の相続債務には含まれません。

　そもそも、葬式費用は、当然には遺産分割の対象にはならず、対象に含めるためには相続人全員の同意が必要です。実際、多くの事例では、全員の同意（黙示も含みます。）があることを前提に話が進められています。しかし、一部の相続人が、「喪主である長男が負担すべき」等と主張して、負担に応じないケースもあります。そのような場合、葬式費用を負担した相続人は、遺産分割とは別に、事務管理や不当利得を理由として、他の相続人に対して各々の負担分を請求するしかありません。

　ところが、葬式費用の負担者について、明文の規定はなく、判例学説も多岐に分かれています。その中でも、近年、有力と言われているのが、喪主負担説です（神戸家審平成11年4月30日家月51巻10号135ページ等）。喪主負担説に立っても、常に喪主が負担すべきとの判断が導かれるわけではないのですが、相続人間で話し合いがまとまらなかった場合、やはり、敗訴を恐れて訴訟を提起すること自体を断念するケースが多いものと思われます。

第 6 章

遺産共有と
相続財産の管理

相続が開始すると、遺産は共同相続人らの共有に属すると解されています。そのため、遺産分割までの間、共有物の管理の問題が生じます。

I 遺産共有の法的性質

　複数の相続人が共同で相続した場合、遺産に属する個々の財産は、相続人らの共有に属するというのが多数説です。すなわち、相続人らは、遺産に属する個々の財産について持分を持ち、これを自由に処分することができるとともに、当該財産が金銭債権のように可分なものである場合には、民法427条により、当然に相続分の割合で分割されると解されています。

　したがって、相続人が被相続人子 2 人であるという場合、子らはそれぞれ、不動産の持分 2 分の 1 を第三者に譲渡したり、あるいは、100万円の貸金債権が遺産に含まれる場合に、その 2 分の 1 の50万円につき、直接債務者に請求してこれを受領したりすることができます（ただし、遺言執行者がいる場合には、民法1013条 1 項により、相続人は相続財産の処分その他遺言の執行を妨げる行為をすることはできません。）。この点、平成30年の相続法改正により、相続分の指定や特定財産承継遺言（相続させる遺言）により法定相続分を超える権利を承継した相続人は、対抗要件を具備しないと、その超える部分について第三者に対抗できないこととなりましたので（民法899の 2 ）、他の相続人が上記のような相続財産を処分してしまって、譲受人等の第三者に対抗できないような事態に陥ることがないよう、相続開始後速やかに登記等の対抗要件を具備することが肝要です。

　なお、預貯金債権に関して、最高裁が、これを可分債権とする従来の解釈を変更し、相続開始によって当然に分割される財産には当たらないとしたこと、また、株式についても、当然分割とはならず、遺産分割まで相続人らの準共有になると解されていることは、**第 5 章 I の 2 の(1)預貯金**と**(6)株式**で述べたとおりです。

相続財産の管理

1　管理に関する義務

　上記Ⅰのとおり、複数の相続人がいる場合、相続が開始してから遺産分割により具体的な帰属先が決まるまでの間、相続財産は相続人らの共有財産となりますので、管理の問題が生じます。

　この点、相続開始後相続人が相続の承認又は放棄をするまでの間は、善管注意義務までは負わないものの、「その固有財産におけるのと同一の注意をもって」遺産を管理しなければならないと定められています（民法918）。さらに、相続人が相続放棄をした後については、従前より、放棄によって相続人となった者が相続財産の管理を始めることができるまで、自己の財産の同一の注意をもって、その管理を継続しなければならないとの規定がありましたが、令和 3 年改正により、そのような義務を負うのは、相続財産を現に占有している場合に限られることになりました（民法940①）。また、事例としては少ないでしょうが、限定承認をした場合は、民法918条に定めるのと同程度の管理を継続しなければならないことになっています（民法926①）。これに対し、法定相続人が単純承認をした後については、従前は民法に定めがありませんでしたが、令和 3 年民法改正で新設された、共有者は善良な管理者の注意をもって共有物の使用をしなければならない旨の規定（民法249③）が、遺産共有の場合にも適用されると考えられています。したがって、相続人が 1 人である場合には問題となりませんが、複数の相続人がいる場合は、相続財産を使用する相続人は、善管注意義務を負うことになります。

2 管理に関するルール

　遺産共有されている相続財産の管理については、民法の共有に関する定めが適用されます。そして、共有物の管理についても、令和3年民法改正により、一部の規律が変更されました。具体的には、改正前においては、共有物の変更を加える行為を行う際は、変更の程度にかかわらず、共有者全員の同意が必要とされていたところ、変更行為のうち、共有物の形状又は効用の著しい変更を伴わないもの（軽微変更）については、狭義の管理行為（賃料の取立て等）と同様、持分の価額の過半数の同意で行えることになりました（民法251①、252①）。ここでいう「軽微変更」に当たるものとしては、砂利道をアスファルト舗装する行為や、建物の外壁・屋上防水等のいわゆる大規模工事が挙げられています（村松秀樹ほか編「Q＆A令和3年改正民法・改正不登法・相続土地国庫帰属法」きんざい59頁ページ）。また、短期賃借権の設定に関しても、管理行為として持分の価格の過半数で決することができる旨が明文化されました（民法252④）。

　なお、保存行為（修繕や納税等）について、個々の共有者が単独で行えることについては、従前から変更ありません（民法252⑤）。

　以上を整理すると、以下の表のとおりとなります。

管理（再広義）の種類		根拠条文	同意要件
変更（軽微変更を除く）		民法251条1項	共有者全員
管理（広義）	軽微変更	民法251条1項、252条1項	持分の価格の過半数
	管理（狭義）	民法252条1項	
保　存		民法252条5項	共有者単独

（村松ほか前掲書62頁より）

　そのほか、会社法で、株式が共有に属するときは、権利行使者を定

めて会社に通知しなければ権利行使ができないことになっています（会社法106）。この際の権利行使者も、持分の価格の過半数の同意で決めることになります。

　そして、これらの管理にかかった費用は、「相続財産に関する費用」として相続財産の負担となります（民法885）。

3　共有物の管理者と相続財産管理人

　遺産分割に至るまでに相当な時間を要するような場合、相続財産の管理を誰かに委託したいというニーズが生じることもあるでしょう。そのような場合、委任の規定に従い、管理を委託すること自体は可能ではありましたが、このような場合の管理者に関する明文の規定はなく、同意要件や管理者の権限等がはっきりしませんでした。この点、令和３年民法改正により、共有物の管理者の選任・解任は、「管理に関する事項」として、持分の価格の過半数で決定できることや（民法252①）、管理者は、共有物の管理はできても、共有物の変更（軽微変更を除きます。）については共有者全員の同意を要すること（民法252の２）が明確にされ、これらの規定が遺産共有の場合にも適用されることになりました。ここでいう「管理者」については、特段の制限はなく、共有者の１人でも第三者でも構わず、法人が管理者になったり、複数の管理者を選任したりすることも可能と解されています（村松ほか前掲書97頁）。

　また、共同相続人が単純承認をしたものの遺産分割が未了である段階に関して、従前の民法では、相続財産の保全に関する処分についての規定がなく、一部の相続人が費消してしまう恐れがあるようなときは、家事事件手続法200条１項に基づく審判前の保全処分として、遺産管理者の選任を家庭裁判所に申し立てていました（調停又は審判が

申し立てられていることが必要です。）。これに対し、令和3年民法改正では、相続が開始すれば、相続のどの段階かにかかわらず、家庭裁判所が「相続財産管理人の選任その他の相続財産の保存に必要な処分」を行える旨が明文化されましたので（民法897の2①）、遺産分割が未了の段階でも、この規定を根拠に、相続財産管理人を選任してもらうことが可能になりました。

4 遺産共有の対象となっている財産の使用

> Aが亡くなった。相続人は3人の子。Aと同居し、Aの身の回りの世話を長年していた子Bは、相続開始後も、Aの自宅に住み続けている。子C及びDは、Bを出て行かせるか、それが難しいのならば、自分たちの賃料相当分をBに支払わせたいと思っている。

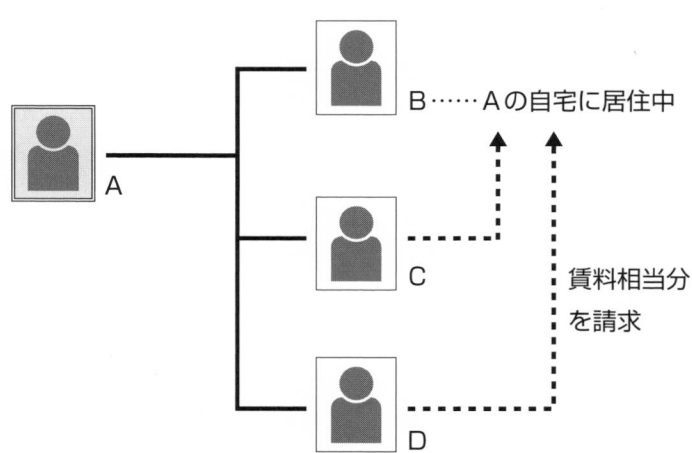

設例の場合、Bの持分の価格は過半数を下回っていますが、Bも自

らの持分 1 / 3 に基づいて共有物である自宅不動産を使用収益する権限を有しており、その権限に基づいて占有しているため、C 及び D が当然に B に対して明渡しを請求することはできないと解されていました（最一小判昭和41年 5 月19日民集20巻 5 号947ページ）。

　しかし、令和 3 年民法改正により、共有物を使用する共有者がいる場合であっても、持分の価格の過半数で共有物の管理に関する事項を決定することができる旨の規定が設けられました（民法252①後段）。そのため、現行法の下では、過半数の決定を経ずに共有物を使用している共有者がいる場合、その共有者の同意が無くても、過半数の持分を有する共有者の決定により、例えば、他の共有者に共有物を使用させることなどが出来るようになりました。そして、このような決定がなされた場合、上記の最高裁のルールに則っても、明渡しを求める理由があり、共有物を使用している共有者に対する明渡しの請求が認められると解されています。

　以上の考え方は遺産共有の場合にも妥当しますが、ただ、被相続人の配偶者が配偶者居住権や短期配偶者居住権を取得した場合、共有持分を有する他の相続人らが持分の過半数の価格をもって決定したとしても、これらの権利を消滅させることはできません。また、従前、裁判所が、被相続人と同居相続人との使用貸借契約があり、それが相続開始後も存続すると認定して、同居相続人を救済するケースがありましたが（最三小判平成 8 年12月17日民集50巻10号2778ページ参照）、このような判断がなされた場合も、使用貸借関係が終了しない限り、当該相続人に対して明渡しを請求することはできません。

　この点、設例のケースについて見ると、子 C と子 D で過半数の共有持分を有していますので、その 2 人が協力すれば、共有物である不動産の管理に関する事項を決定できそうです。ただし、B が A と長年同

居しAの世話をしていたということですから、Aの生前に、AとBとの間で、自宅建物を、遺産分割で所有関係が確定するまではBに無償で使用させるとの契約があったと認定されることが考えられます。その場合はその契約が終了しない限り、Bに出て行ってもらうことは難しくなります。

　続いて、Bが自己の持分が1/3に過ぎないにもかかわらず、自宅不動産全体を占有している点をとらえて、C及びDが、自らの持分各1/3に基づき、賃料相当の不当利得の返還をBに求められるかも問題になります。

　この点、従前の民法には明文の規定はなく、不当利得あるいは不法行為の問題と考えられていましたが、具体的にどのような請求が認められるのかははっきりしませんでした。これに対し、令和3年改正後の民法では、共有物を一部の共有者が使用する場合、別段の合意がある場合を除き、当該共有者は、他の共有者に対し、自己の持分を超える使用の対価を償還する義務を負う旨が規定されました（民法249②）。

　そのため、設例の場合も、CとDは、各自の持分に相当する対価の償還をBに求めることが可能と思われます。ただし、前掲最高裁平成8年12月17日第三小法廷判決は、被相続人と同居相続人との間の使用貸借契約を推認して、不当利得の問題は生じないとしました。現行法の下でも、同居相続人に使用の権限が認められる場合には、対価の償還は請求できないものと考えられます。

第7章

遺産分割

　相続人が複数いる場合、遺産の帰属を決めるために、遺産分割が必要になります。遺産分割の有無は、配偶者の税額軽減や、小規模宅地の特例を受けられるかにも影響するところで、税理士の先生方にとっても重要と思われます。本章では、遺産分割の当事者や対象財産等、実務的に問題となるところを網羅するようにしました。

I 遺産分割の当事者

1 遺産分割の当事者について

　遺産分割は、全ての相続人で行う必要があります。一部の相続人を欠く遺産分割協議は無効です（例外として、民法910条は、相続開始後に認知された子は、既に遺産分割協議が成立している場合には、価額の支払いしか請求できない旨を定めています。）。

　割合的な包括遺贈を受けた第三者がいる場合（例えば、被相続人が第三者に遺産の３分の１を遺贈する旨の遺言を残した場合）には、当該包括受遺者も遺産分割協議の当事者となります。第三者には、法人も含まれます。

　また、相続分の全部を放棄し又は譲渡した相続人は遺産分割協議の当事者とはならず、相続分を相続人以外に譲渡した場合には、その譲受人が遺産分割協議に加わることになります。相続分を第三者に譲渡することは稀でしょうが、被相続人の介護をしていたものの相続権のない親族が遺産分割に加われるように、一部の相続人が相続分を譲渡するようなケース等が想定されます。その他、相続から年数が経っていて相次相続が発生している場合や、高齢の被相続人に子供がなく多数の兄弟姉妹がいる場合等に、遺産分割の当事者が多数に上ってしまうことがあるのですが、相続分の譲渡は、そのように相続人の数が多い場合にもよく使われます。そのような場合、せっかく相応の人数の相続人が遺産分割協議書に押印してくれても、１人でも協力してくれない相続人がいると、遺産分割協議を成立させることができません。そこで、協力的な相続人らから相続分を譲渡（無償の場合も有償の場合もあります。）してもらって、出来るだけ当事者の数を経た後に、遺産分割調停を申し立てるということが行われています。なかなか大

変な作業ではありますが、少しでもトラブルの種を減らしておくと、その後の手続がスムーズに進みます。

2　相続人であることに争いがある場合

⑴　相続人の範囲についての争い

　遺産分割の場面で、相続人の範囲についての争いが生じる場合があります。昔のような「藁の上の養子」（他人の子を実子とする出生届を出すこと）は多くはないでしょうが、例えば、子の配偶者や孫と生前に養子縁組をしたものの、後に、他の子などから、養子縁組の時点における養親（被相続人）の意思能力を問題にされ、養子縁組の無効を主張されて揉めるケース等があります。

　このような場合、遺産分割協議に先立ち、人事訴訟等により、身分関係の問題の解決を図る必要があります。

⑵　相続権の剥奪（欠格と廃除）

　特定の相続人に欠格事由があるとして争われる場合もあります。具体的には、「遺言書を偽造し、変造し、破棄し、又は隠匿した」（民法891五）場合に当たるか否かが争点となる例が多いようです。そして、このような欠格事由の有無は、訴訟手続の中で判断されることになります。

　また、被相続人が遺言の中で特定の相続人を廃除することがあります（民法893）。このような遺言がある場合、遺言執行者が遅滞なく管轄の家庭裁判所に廃除の申立てを行うこととされています。

　相続欠格と推定相続人の廃除については**第2章Ⅲ**を参照してください。

＊　欠格・廃除のいずれについても、欠格者・廃除者の子は代襲相続する

ことができます。この点は、相続放棄の場合と異なるところです。

以上のような相続人に関する争いは、いずれも紛争を拡大し、かつ長期化させるのみならず、当事者の感情を悪化させ、解決をより困難にしてしまいがちです。そのため、時に、冷静な判断をするよう当事者に促すことも必要なように思います。

3　相続人が遺産分割協議に加われない場合

(1)　行方不明の相続人

行方不明の相続人がいて、遺産分割協議をしようとすると厄介です。相続開始前であれば、被相続人に遺言を残しておいてもらうことが非常に有用な対策となりますが、それが出来ないこともあるでしょう。

実際に遺産分割の場面で行方不明者がいる場合には、不在者の財産管理制度か失踪宣告の制度を利用して処理されることになりますが、失踪宣告の申立てをする例は稀です（**第1章Ⅱ**参照）。実務的には、家庭裁判所に申し立てて、不在者財産管理人を選任してもらうことになります（民法25）。

ただ、不在者財産管理人を選任してもらうには費用も手間もかかりますし、不在者財産管理人は家庭裁判所の名簿から選出され（裁判所により運用が異なる可能性があります。）、かつ、当該管理人が家裁の許可を得て不在者に代わって遺産分割を行う場合には不在者の法定相続分を確保することが原則となるため、申立てをした他の相続人らの意向に沿った結果が得られるとは限りません。

そのため、遺産が僅少であるような場合は、分割をせず放置されることもままあるのではないかと推測します。

＊　令和3年民法改正で、所有者不明土地管理制度という新しい制度が設

けられました（民法246の２。なお、建物についての所有者不明建物管理制度もあります。）。不在者財産管理人は、不在者の財産を全般的に管理するものであるため費用が高額になりがちであるため、所有者が不在者である土地や、記名義人が死亡して相続人不分明となっている土地がある場合に、当該土地の管理に特化した管理制度を利用できることとしたのです（不在者財産管理制度が不在者という「人」に着目する制度であるのに対し、所有者不明土地管理制度は特定の土地という「物」に着目する制度とも言えるでしょう。）。したがって、相続人の１人が不在者である場合に、所有者不明土地管理人が選任されている場合もあり得るわけですが、所有者不明土地管理人は、遺産分割の当事者となることはできません。そのため、そのような場合も、不在者財産管理人を選任してもらう必要があります。

(2)　未成年者

相続人中に未成年者がいる場合、法定代理人である親権者が未成年者に代わって遺産分割協議に参加することになります。

ただ、被相続人の配偶者と子が相続人である場合のように、親権者と未成年者が共に相続人であるときは、親権者と未成年者の利益が反するので、家庭裁判所に特別代理人を選任してもらう必要があります（民法826①）。

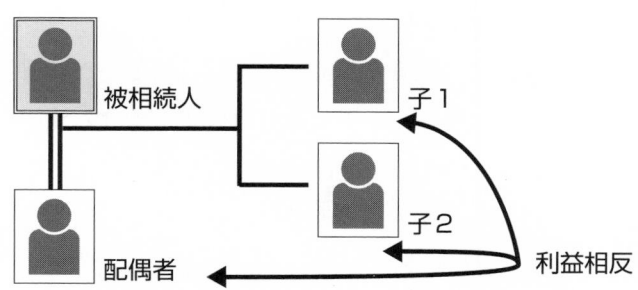

また、被相続人の複数の子らが相続人であり、その子らの親権者が

被相続人の離婚した妻であるというような場合には、子らの利益が反するので、親権者は子の1人のみしか代理することができず、他の子については特別代理人の選任を求める必要があります（民法826②）。

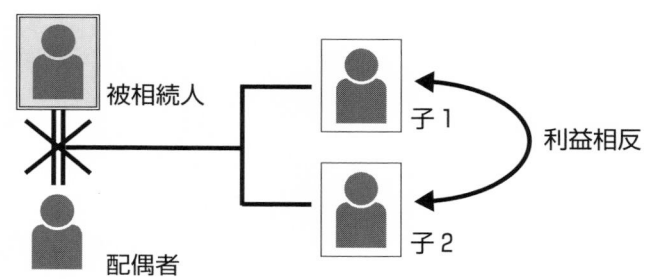

　いずれの場合も、特別代理人の選任を申し立てるに際しては、遺産分割協議書の案の添付を求められるのが通常ですので、遺産分割の内容をある程度詰めてから、特別代理人の選任を求めるのが実用的です。特別代理人の選任申立ては、郵便による書類のやりとりだけで済む、比較的簡単な手続です（書式も裁判所のホームページに掲載されています。）。期間についても、子の法定相続分相当の財産が確保されているなど、特段の問題が見られないケースであれば、2週間ないし1か月程度で完結することが多いです。

　なお、未成年者と養子縁組をしていた養親（孫養子がいる場合の祖父母等）が亡くなった場合、未成年者の親権者が欠ける状態となり、実親が未成年者を代理できないだけでなく、特別代理人の選任申立も困難になります。このような場合の手続については、**第9章Ⅵ8(3)**を参照してください。

⑶　能力に疑問がある場合

　相続人の中に行為能力に問題のある者がいる場合、遺産分割協議に先立ち、法定後見（後見、保佐又は補助）の申立てを行うかどうかを検討する必要が生じます。

　ただ、一旦後見等が開始すると、当初の目的である遺産分割協議が成立したからといって後見等が終了するわけではなく、その後も成年後見人等が選任された状態は続きます（現在、法定後見制度の在り方の見直しとして、適切な時機に必要な範囲・期間で利用する制度の導入が検討されていますが、未だ議論が始まったばかりであり、また、課題も多く、どうなるかは分かりません。）。また、親族を成年後見人等の候補者としても、実際にその親族が成年後見人等に選任されるかは分からず、親族が成年後見人等に選任されたとしても、弁護士や司法書士等の専門職の後見監督人等が選任されたり、後見制度支援信託（成年被後見人等の財産のうち、日常的な支払をするのに必要な分を除いた金銭を信託銀行等に信託する仕組み。信託財産を払い戻す際には家庭裁判所の指示書が必要になります。）の利用が必要になったりします。いずれの場合も、成年被後見人等の財産から、専門職への報酬等が支払われることになります。

　成年後見人等による着服等が問題となり、そのような不正を防ぐため、家庭裁判所の態度は年々厳しくなっているように感じます（地域による違いもあるようですが。）。

　依頼者が成年後見等の申立てを希望する場合には、後々「こんなはずではなかった」と言われることのないように、きちんと制度の説明をしておくことが必要と思います。

　もし、当事者が成年後見人等の選任は申し立てないという結論を出した場合、遺産分割を進めることは困難となりますので、「棚ざらし」

の状態にせざるを得なくなるでしょう。ただ、時間が経っても、結局、別の相続人の認知機能が低下したり、二次相続が開始して相続人が増えたりする可能性もありますので、この問題は一筋縄では行かず、非常に悩ましいです。

Ⅱ 遺産分割の対象

1 はじめに

　普段、遺産分割の対象が何かという点を明確に意識している税理士は少ないのではないかと思います。一般的に、税理士が関与する場合、相続税の申告書に記載される相続財産をほぼ踏襲して遺産分割協議書の原案を作成することが多いかと思いますが、それ自体に問題があるわけではありません。

　ただ、遺産分割の場面で当事者間に争いがある場合、特に調停や審判の場面では、遺産分割の対象が何かというのが問題になることがあります。

2 遺産分割の対象となる財産

　問題となる具体的な事例については後述することとし、まずは遺産分割の対象となる遺産とはどのようなものかについて確認しておきます。

　この点、すべての相続財産が遺産分割の対象になるわけではなく、以下の要件を充足するものが、実務上、遺産分割の対象に含まれると解されています。

> ・プラスの財産であること
> ・相続開始時に存在すること
> ・遺産分割時にも存在すること

⑴　プラスの財産であること

　遺産分割の対象となる財産は、プラスの財産に限られます。債務と葬式費用等の費用は、遺産分割の対象には含まれません。

　この点、可分債務に関して最高裁は、「債務者が死亡し、相続人が数人ある場合に、被相続人の金銭債務その他の可分債務は、法律上当然に分割され、各共同相続人がその相続分に応じてこれを承継するものと解すべきである」と判示しています（最二小判昭和34年6月19日民集13巻6号757ページ）。

　ただ、話し合いの場面（調停を含みます。）においては、相続人の1人が遺産の多くを取得する代わりに、債務の全額を負担するという内容の遺産分割協議を成立させることがよくあります。この場合、当該債務の債権者が承諾しない限り、他の相続人は当該債権者に対して債務を免れたと主張することはできませんが、相続人間の内部の負担を定めるという限りにおいては上記のような遺産分割協議は意味があることになります。

　誤解の多いところなので、事例に基づいて説明しておきます。

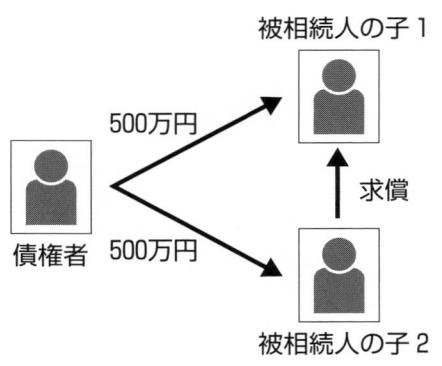

被相続人の子1

500万円

求償

債権者

500万円

被相続人の子2

　例えば、相続人が子2人というケースにおいて、そのうちの1人が遺産を全て取得する代わりに債務も全て負担するという遺産分割協議が成立したとしても、もう一方の相続人は、被相続人に対して1,000万円の貸金債権を有していた債権者から500万円の請求を受けた場合に、これを拒むことができません。ただし、債権者に500万円を支払った後、他方の相続人にその500万円を求償することができます（実際には、このような事態に陥っている時点で、回収が不能であることが多いでしょうが。）。その他、相続債務については、**第5章Ⅲ**を参照してください。

　また、葬式費用についても、当然に遺産分割の対象となるプラスの財産から控除できるわけではありません。実務上、調停やそれ以前の話し合いの中で、当事者間の合意により引かれることも多いですが、葬式費用については喪主負担説が有力とされていることから、喪主以外の相続人に弁護士がついた場合、喪主が負担すべきだと主張されてしまうこともあります。そのような場合は、遺産分割の中で、葬式費用を考慮することはできません。

⑵　相続開始時に存在すること

　次に、当然のことではありますが、遺産分割の対象となる財産は、相続開始時に存在していることが必要です。

　相続開始後に相続財産から生じた法定果実すなわち預金の利息や賃料は、そもそも遺産に含まれませんので、遺産分割の対象には含まれません（法定相続分に応じて各相続人が取得することになります。）。ただ、相続人全員が同意すれば、遺産分割の手続の中で、誰が取得するのかの取り決めをすることが可能です。

⑶　遺産分割時にも存在すること

　税務の取扱いとは異なるところですが、遺産分割の対象となる財産は、相続開始時のみならず、遺産分割の時点でも存在しなければなりません。

　例えば、相続開始時に預金として預けてあったものを、相続人の1人が相続開始後に引き出したという場合、調停や審判の場面では、引き出された分は、相続財産として扱わないのが原則です。「使途不明金」として当事者間でよく争いになるところです。この場合に、全員の同意が得られれば、現金又は引き出した相続人の先取得分として、遺産分割の対象に含めることができますが、同意が得られない場合には、地方裁判所に民事訴訟を提起して解決せざるを得ないというのが従前の実務でした（原告の相続分に基づき金額の損害賠償請求又は不当利得返還請求をすることになります。）。しかし、相続法改正により、一定の場合には、引き出した相続人の同意を得ずとも、遺産分割の対象に含められることになりました。詳細は、**第5章Ⅰ3⑶相続開始後の使途不明金**を参照してください。

3　可分債権についての問題点

　貸金債権、報酬債権、損害賠償債権等の可分債権は、各相続人が各人の法定相続分に基づいて当然に承継するものであるとされていました。そのため、遺産分割調停（審判）においても、全員の同意がない限り、遺産分割の対象には含めないという扱いがされてきました。この点、預貯金債権については、最大決平成28年12月19日（民集70巻8号2121ページ）により、これを可分債権としていた従前の判例が変更されて、不可分債権であり、当然分割の対象とはならないと解されることになりました。しかし、その他の可分債権については、最高裁でも何らの判断が示されておらず、当然分割とする最高裁の判例が維持されていると考えられます。

　しかし、実は、当然分割となると、困った事態が生じることがあります。

　被相続人Aが亡くなった。相続人は、Aの長女Bと次女Cの2人。相続財産の多くが貸金債権。Bは、生前にAから多額の贈与を受けていた。

　Cは、貸金債権を遺産分割の対象に含めることに同意しないと言っている。

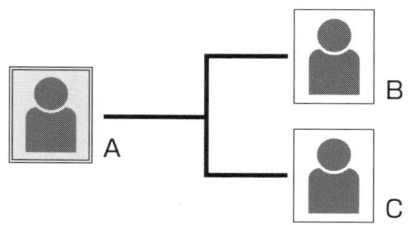

こういったケースでは、次のような問題が生じます。

上記の事例で、仮に、相続財産たる貸金債権が1,800万円、現金が200万円、Bが生前贈与を受けた金銭が1,000万円であったとします。

単純に計算して、BとCがAの相続により本来取得できる金額は、それぞれ以下のとおりになるはずです。

B　（1,800万円＋200万円＋1,000万円）×法定相続分１／２－1,000万円
　　＝500万円

C　（1,800万円＋200万円＋1,000万円）×法定相続分１／２＝1,500万円

しかし、Bは1,800万円の１／２の900万円については、債務者に直接請求してこれを取得することができます。

そして、上記の事例のようにBが遺産分割の対象に含めることに同意しないとなると、遺産分割の対象とできるのは200万円の現金のみです。この場合、Bの特別受益を考慮しても、Cが取得できるのは200万円分の財産のみとなってしまいます。

そうなると、Bが得た財産が1,000万円＋900万円の1,900万円であるのに対し、Cが取得できるのは200万円＋900万円の1,100万円に過ぎないこととなってしまいます。これだけでも不公平であることはお分かり頂けると思いますが、仮にCに寄与分が認められるべき事情があったとすると、不公平はさらに拡大します。

しかし、当然分割との考え方を採る限り、この問題は解決しません。預貯金債権が不可分債権として扱われることになり、こういった事態が生じることは珍しくなりましたが、可能性としては残っていますので、参考までにご紹介しておきます。

Ⅲ 遺産分割の方法

1 遺産分割

　遺産分割の方法には、①現物分割、②代償分割、③換価分割及び④共有分割があるとされます。

　遺産分割調停が不調となり、家事審判手続に移行して裁判所の判断を仰ぐこととなった場合、上記の方法は、①ないし④の順序に従って優先的に選択すべきと解されています（民法258②③、家事事件手続法195）。例えば、不動産の共有持分が相続財産に含まれる場合、①現物分割は難しいため、まずは②代償分割の可能性につき検討します。ただ、取得希望者がいない場合は難しいですし、いたとしても、代償金を支払い得る資力が証明できない場合、この方法は採用されません。続いて③競売分割が検討の対象となりますが、不動産の持分については、仮に一等地の収益ビルのように、競売で買い手がつくと見込める場合でも、家庭裁判所では、競売を選択することは通常はないようです。結果として、④共有分割によらざるを得ないことになります。ただ、このような順序によるべきと言われてはいるものの、各案件の実情に応じて、柔軟に判断されることもあるようです。

　これに対し、調停を含む話し合いの段階では、上記のような遺産分割の方法についての優先順位はありません。双方が納得しないといずれの方法も採り得ませんので、それぞれの希望に応じて、妥協点を探って行くことになります。

2 現物分割

　現物分割は、原則的な遺産分割の方法とされるもので（民法258②、家事事件手続法195）、自宅は長男、アパートは長女というように取得

させる場合のほか、１つの不動産を分筆して複数の相続人にそれぞれ取得させるような場合も含まれます。後者の場合、測量をして、どこで分筆するか決めなければいけませんので、相応の手間とコストがかかります。

　ただ、このように明快に分けられる例は、特に都市部では珍しいですので、多くの場合、現物分割と、次に述べる代償分割を併用するか、代償分割のみを選択することになります。例えば、不動産と預貯金がある場合に、不動産については代償分割、預貯金については現物分割することが考えられますし、同じ場合でも、預貯金を複数の相続人に取得させると端数の処理が面倒で金融機関にも嫌われるため、特定の相続人に全部取得させて、他の代償金を支払わせるという方法を選択することも多いです。

3　代償分割

　代償分割は、特定の相続人に遺産を現物で取得させ、当該相続人に、他の相続人に対する代償金債務を負担させる方法です。

　調停までの段階においては、代償金に関する条件も柔軟に定めることができます。例えば、支払の期限に猶予を与えたり、分割払いとしたりする場合のほか、代償金の支払に代えて、代償金債務を負う相続人固有の財産で支払うことを定める場合などがあります（なお、代償財産が不動産である場合には、時価により譲渡したものとして、譲渡所得税が課されます。）。

被相続人の遺産の大部分は自宅と隣接するアパートで、そのいずれも長男Aが取得し、長女Bには代償金を支払うことになった。ただ、Aが代償金の全額をすぐに支払うことが困難であったため、遺産分割時に一部を払った後、残余はアパートの収益から分割して支払うことになった。Bとしては、アパートが古く、Aには他の収入源もないので、確実に代償金を支払ってもらえるか不安に思っている。

　遺産分割協議の債務不履行解除を最高裁が否定しているため（最一小判平成元年2月9日民集43巻2号1ページ）、将来Bの不安が的中してアパートの経営が悪化し、Aが代償金を支払えなくなったとしても、Bは、代償金の不払いを理由として遺産分割を解除することができません。ですから、Aが確実に支払ってくれるかは、Bにとって重要な問題です。

　この点、事前に講じることができる手段として確実なのは、担保権の設定です。実際、遺産分割に際して、代償金債務の担保として抵当権を設定するケースもないわけではありません。ただ、Aが難色を示すのが通常で、抵当権を設定させるのは容易ではありません。

　そのため、代償金の支払いに不安があるときには、一時金の比率を高くする、分割払いの期間をできるだけ短くする等の条件を提示して行くというのが現実的でしょう。

　なお、家事審判になると、原則として代償金の分割払いは認められません。そのため、Bの立場に立つと、「仮に審判に移行すると、代償金を一括払いするしかなくなる。」とAに伝えて、これを1つの交渉材料とすることが考えられます。

4　換価分割

　換価分割は、遺産を売却してその売却代金を分割する方法で、(a)遺産分割協議の手続中に遺産を売却して、その換価代金を分割協議の対象に含めることを合意するか、あるいは、当該遺産を遺産分割の手続から分離し、その換価代金を相続人間で分配してしまう場合と（換価代金は遺産ではないため、相続人全員の合意がないと分割の対象に含めることはできません。）、(b)分割協議の中で、遺産を売却して換価代金を分配することを定める場合があります。

　(b)の方法を採ると、売却先や売却のタイミングで揉めてしまうことがあり得ますので、当事者間に対立がある場合には、(a)の方法によった方が無難です（(b)の方法を採ったとしても、売却に期限を設ける、当事者が持ち寄った中から一番高い価格を提示した希望先に売却することを予め約束しておく等の方法により、ある程度紛争を予防することは可能です。）。

　ただ、(a)の方法による場合、譲渡所得税への配慮が必要です。分割未了のうちに譲渡することになりますので、譲渡所得税は各人が法定相続分に応じて負担することになります。その後、換価代金を法定相続分と異なる割合で分配することが決まった場合、所得税の申告期限前であれば、各相続人がその取得割合に基づいて申告することが可能です（国税庁の質疑応答事例より）。しかし、一旦法定相続分に基づいて申告した後、現実に取得した割合が法定相続分未満になった相続人が更正の請求をしたとしても、このような請求は認められないようです。そのため、金額の大きさ等によっては、遺産分割協議の中での調整が必要になることもあるでしょう。

5 共有分割

　共有分割は、遺産の全部又は一部を、共有・準共有によって取得する分割方法ですが、よく言われるように、共有にするのは将来に禍根を残す方法であり、出来るだけ避けたいところです。

> 　父親が亡くなった。遺産分割により、父親が保有していた賃貸アパートは、長女Cが2/3、次女Dが1/3の割合で取得し共有することになった。それから数年が経ち、Dはアパートを売却したいと考えるようになったが、一室を住居としているCがこれを拒絶し、2人は決裂した。しばらくして、Dから共有持分を譲り受けたという業者が、Cに手紙を送ってきた。

　共有にするリスクとしては、売却が困難になることのほか、管理について揉める場合があること等が指摘されますが、その他に、実は、上記の事例のような事態に陥るリスクもあります。

　共有分割が行われた場合、以後、対象の遺産の共有状態は、民法に定める共有物分割の手続によって解消されることになります。

　民法上、各共有者はいつでも共有物の分割を請求することができ（民法256）、分割に関して共有者間の協議が整わないときは、裁判所に対して分割を請求することができると定められています（民法258①）。

　Cに十分なお金があれば、金銭を支払うことで業者と和解したり、あるいは、金額で折り合いがつかない等により和解がまとまらなかったとしても、裁判で資力を証明することによって、業者に持分相当の賠償をする代わりにCが全ての持分を取得する（全面的価額賠償）という判決を得られる可能性が高くなります（民法258②二）。

　しかし、お金がないとなると、そのいずれも困難ですので、業者と

の和解により持分を売却するか、価額賠償により業者に取得されてし
まうか、判決で競売を命じられるか、いずれにしても所有権は失うこ
ととなってしまいます（民法258条第 3 項は、共有物を現物分割でき
ない場合には裁判所が競売を命じる旨を定めています。）。

　不動産の持分を積極的に購入する不動産業者もおり、実際に上記の
ような事態に陥るケースもありますので、やはり共有分割は禍根を残
すものであると思うところです。

Ⅳ　遺産分割の効力

1　遡及効

　遺産分割の効力については、民法909条に規定があり、本文で、遺
産分割の効力は相続開始の時に遡ること、但書で、分割前に相続人が
有する共有持分について権利を取得した第三者（共同相続人から持分
を譲り受けたり差し押さえたりした者）の権利を害することはできな
いことが定められています。この但書の規定で保護されるためには、
第三者が対抗要件を備えていることが必要です。同様に、遺産分割に
より、個別の財産について法定相続分を超える権利を取得した相続人
は、対抗要件を具備しなければ、第三者にその権利を対抗することが
できません（民法899の 2 ）。

2　遺産分割協議の解除

　遺産分割協議によって代償金債務を負った相続人がこれを履行しな
かった場合、債権者である相続人が遺産分割協議を債務不履行解除
（民法541）できるかが問題になりますが、Ⅲの 3 でも述べたとおり、
判例はこれを否定しています（最一小判平成元年 2 月 9 日民集43巻 2

号1ページ）。また、遺産分割協議に際し、例えば、高齢の親の面倒を見ること等を解除条件とする合意があったような場合にも同様の問題が生じますが、そのような合意は法律関係を不安定にするものであり無効とした裁判例もあります（東京地判昭和59年3月1日家月38巻1号149ページ）。

これに対し、合意解除、すなわち、一旦成立した遺産分割協議を相続人全員の合意により解除することは、判例も認めるところです（最一小判平成2年9月27日民集44巻6号995ページ）。

しかし、遺産分割協議を合意解除して遺産分割のやり直しが行われた場合、民法上問題がないとしても、課税の問題は残ります。この点、税務上は遺産分割のやり直しは認められないと解するのが一般的です。遺産分割のやり直しをすると、一旦各相続人に帰属した財産が、贈与等により移転したものと解され、贈与税その他の課税が生じるものと思われます（配偶者の税額軽減について定めた相続税法基本通達19の2－8は、「分割のやり直しとして再分配した場合には、（中略）分割により取得したものとはならない」としています。）。この点、相続人Aから代償金が支払われず、他の相続人らがAの相続税に係る連帯納付義務の履行まで求められたため、当初の遺産分割協議を解除し、他の相続人らが何らの財産も取得しない遺産分割協議を改めて行った上で、解除を理由とする更正の請求をした事案につき、大阪地裁平成26年2月20日判決（税資264号順号12413）は、国税通則法施行令6条1項2号に定める「やむを得ない事情」がないとして、相続税の更正の請求を認めませんでしたので、やはり注意が必要です。なお、不動産取得税に関しては、最判昭和62年1月22日集民150号65ページが、合意解除後の再分割についても「相続に因る不動産の取得」に当たると判示していますが、この判例は相続税には妥当しないと言われています。

3　遺産分割協議の無効

遺産分割協議が無効となる例を、以下に幾つか挙げます。

---

① 当事者の意思表示に瑕疵があった

② 親権者が複数の子を代理した（利益相反）

③ 相続開始前の遺産分割

④ 一部の相続人を除外して遺産分割協議をした

⑤ 重要な遺産を脱漏してしまった

このうち、①の意思表示の瑕疵により遺産分割協議が無効となるのは、相続人の一部が錯誤（民法95）や詐欺・強迫（同法96）により意思表示をしたとしてこれを取り消し（錯誤の効果については、以前は無効とされていましたが、いわゆる債権法改正により、取消の対象とされることになりました。）、法律行為が無効とされる場合です（同法121）。具体的には、他の相続人から、早期に協議しなければ多額の無申告加算税を課される等と虚偽の説明を受け、本来の取得分の6分の1の財産を取得する内容の分割協議に応じてしまった相続人について、動機の錯誤があったとして協議が無効とされた事例（東京地判平成11年1月22日判時1685号51ページ）などがあります。これに対し、想定していなかった税負担が生じた場合に、遺産分割協議について錯誤があったとの主張が認められるかについては、議論のあるところです。この点、法定申告期限経過後の課税負担の錯誤による無効主張は許されないが、申告者が、税務調査で指摘を受ける前に「自ら誤信に気付いて更正の請求をし、更正請求期間内に、新たな遺産分割の合意による内容の変更をして、当初の遺産分割の経済的効果を完全に消失させて」いるなど申告納税制度の趣旨・構造及び租税法上の信義則に反す

るといえないと認めるべき特段の事情があるときは、例外的に遺産分割の錯誤の主張が許されるとした裁判例もありますが（東京地判平成21年2月27日判タ1355号123ページ）、「特段の事情」がどのような場合に認められるのかが判然としませんし、贈与税の負担まで考えるとリスクが大きいですので、実務上は慎重になるべきと考えます。

　また、②の利益相反の場合と③の相続開始前の分割については、後の追認があれば有効となります（ただ、相続開始前の遺産分割が追認されるのは、相続開始後においても相続人全員の同意を取り付けられる場合であり、そのような場合には、わざわざ追認という形式をとらずとも、再度遺産分割協議をまとめることが容易なはずです。）。④の遺産分割の当事者が欠けた場合については、本章Ⅰで記載したとおりです。

　⑤の財産の脱漏に関しても、重要な財産が含まれていなかった場合は、分割協議全体が無効となってしまいます（東京地判平成27年4月22日判時2269号27ページほか）。それに対し、重要でない財産が漏れていただけであれば、分割協議の効力は否定されず、未分割の財産についてのみ再度分割をすればよいことになります。

　次に、持ち回り方式による場合にも、効力を否定する裁判例が出ていますので、注意が必要です。この点、持ち回り方式によること自体が認められないわけではありません。しかし、分割内容が全員に提示されていないため、そもそも遺産分割協議が成立していないとされた例があるほか（仙台高判平成4年4月20日家月45巻9号37ページ）、分割内容と分割方法に不公平があったとして、信義則上の見地から無効と判断された事例もあります（大阪地判平成8年2月20日判タ947号263ページ）。専門家として遺産分割協議に関与する場合、後に無用な紛争に巻き込まれることのないよう、各相続人が協議の内容を真に

理解しているか慎重に見極めておく必要がありますが、とりわけ持ち回り方式の場合には、いつも以上に注意を払うべきでしょう。

　以下では、一部の相続人を除外して遺産分割協議をしたと認定され、遺産分割協議が無効と判断されてしまう例を紹介します。

　　Aが亡くなった。相続人は、妻B、長女C及び次女Dの３人。税理士事務所で遺産分割協議書に押印することになったが、Dから「行かれない」と連絡があり、Dから実印を預かっていたBが、Dに代わって遺産分割協議書に押印することになった。

　　後日、同居していたBとCの仲が険悪になり、Cに腹を立てて自宅を飛び出したBがDと暮らすようになったことをきっかけに、Dが「遺産分割協議は無効だ」と言い出し、Bも、「別の理由で預かっていた実印をDに無断で使った」などと、Dを援護する発言をするようになった。

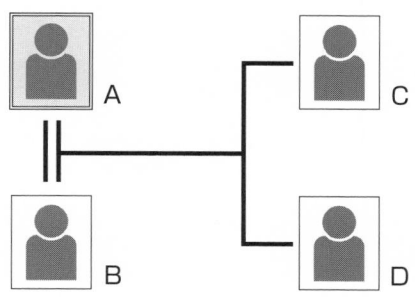

　文書に実印による印影がある場合、反証がない限り、その印影は名義人本人の意思に基づいて押印されたものと事実上推定され、民事訴訟法228条４項により、当該文書は真正に成立したものと推定されることになります（二段の推定）。そして、一般に、この推定を覆すこ

とは困難であるため、重要文書に実印による押印を求める慣行が存在しているのです。

　しかし、このような推定が覆ることもあります。1段目の推定（事実上の推定）は、印鑑が盗用された場合のほか、別の目的で預けた印鑑が悪用された場合などにも覆ります。また、2段目の推定（民訴法228④）は、他の書類と思い込ませて押印させた場合などに覆ります。

　上記の事例でも、Bが「別の理由で預かっていた実印をDに無断で使った」と言っていますので、1段目の推定が覆されてしまう可能性が濃厚です。

　そうなると、Bの実印による押印があったとしても、それはBの意思ではなかったことになりますので、結局、遺産分割協議書にはBの押印が無かったことになり、当該遺産分割協議は相続人の一部を除外してなされたとして、無効とされてしまうことになりそうです。

　　被相続人Eが亡くなった。相続人であるEの妻Fと子らは、Fが取得する取引相場のない株式を配当還元方式で評価することを前提として、遺産分割協議を行い、相続税の申告をした。しかし、株式の評価につき税理士の誤解があり、本来は類似業種比準価額方式で評価すべきであったことが判明したため、Fらは、改めて、配当還元方式を用いることができるように株数を調整して遺産分割協議をし直した。その上で、税務署長に対して、更正の請求の期間内に、相続税の更正の請求をした。

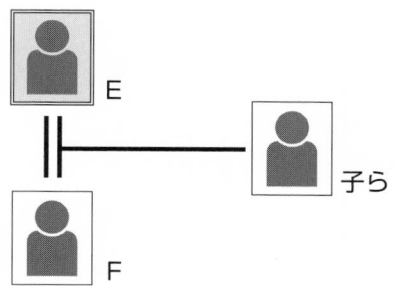

　想定外の税が課されることが後に判明するというのはあり得ること
ですが、税負担に関する錯誤無効の主張は認められないのが原則であ
ることは前述のとおりです（高松高判平成18年 2 月23日訟月52巻12号
3672ページほか参照）。というのも、納税義務の発生原因となる私法
上の法律行為に関する課税負担の錯誤の主張を認めていたのでは、申
告納税方式が成り立たないからです。

　しかし、例外的に、錯誤無効の主張を認めた下級審の裁判例として、
先ほど東京地裁平成21年 2 月27日判決をご紹介しましたが、それが上
記の例です。このケースで裁判所は、前述のとおり、Ｆらが、更正の
請求の期間内に、課税庁の指摘等によらず、自ら間違いに気付いて再
度の遺産分割協議と更正の請求をした点を捉え、「申告納税制度の趣
旨・構造及び租税法上の信義則に反するとはいえないと認めるべき特
段の事情がある場合」に該当するとして、Ｆらの錯誤無効の主張を認
めました。　相続税の負担額の差額が合計 5 億円余りであったといい
ますから、当事者はもちろん、税理士も胸を撫で下ろしたことでしょ
う。

　ただ、これはあくまで例外事例ですので、税負担に係る錯誤の主張
は認められないと思っていた方が安全かもしれません。

4　一部分割

　実務上、遺産の一部のみを対象とする分割協議が行われることがあります。例えば、相続税の納期限が迫っているため、納税資金に充てるために、一部の預金を分割して払戻しを受けるような場合です。ただ、このような一部分割が認められるのか、従前は法律上明らかにされていませんでした。そこで、相続法改正により、一部分割に関する規定が設けられ、どのような場合に一部分割をすることができるのかが明らかにされました（民法907）。具体的には、相続人間の協議により一部分割をすることが可能であることが明文化され（同条①）、また、一定の要件を充たす場合には、家庭裁判所に対して一部分割の請求をすることができるとされました（同条②）。実際によく行われるのは、相続人間の協議による一部分割の方です。

　一部分割を行う場合には、残余の遺産の分割に当って、一部分割による取得分を考慮するか否かについて、予め当事者間で合意しておくことが大切です。後に行う残余の遺産の分割に際して、予め行った一部分割の分を含めて考えるのかがはっきりせず、当事者間で揉める種となるからです。

　また、寄与分や特別受益が主張されていて、それが具体的相続分に大きく影響することが見込まれる場合には、そもそも、相続財産の多くを占める財産について一部分割してしまうことは避けた方が無難です。後の残余の相続財産の分割により取得した分を合わせても、具体的相続分に相当する財産を取得できない相続人が出てしまう可能性があり、そのような場合に、残余についての分割協議がまとまらなくなってしまう恐れがあるためです。

5　相続分なきことの証明書（特別受益証明書）

　遺産分割協議に関する紛争としては、遺産分割協議の効力が争われる場合の他に、遺産分割がそもそも存在したのかという点が争われる場合があります。

　具体的な場面として一つ想定されるのは、相続人の 1 人が遺産分割協議書を偽造したような場合ですが、その他に、相続分なきことの証明書（相続分不存在証明書又は特別受益証明書）を用いて相続登記を経た事例でも、遺産分割協議がそもそも成立していないと争われることがあります。

　相続分なきことの証明書は、相続分を超える特別受益を受けている相続人がいる場合に用いられるもので、そのような相続人が作成した相続分なきことの証明書を添付することにより、当該相続人を除外した簡易な方法による相続登記の申請が可能になります。現在でも長子相続の慣習が残っている地域で、よく用いられているなどと聞くこともあります。

　例えば、生前に1,000万円の金銭の贈与を受けていた相続人Aがいて、被相続人の相続財産が2,000万円で、法定相続人が 3 人の子（Aとその兄弟であるB及びC）であったという場合、Aの具体的相続分は、（1,000万円＋2,000万円）×1／3－1,000万円で零となり、相続財産からは分け前をもらえないことになります。そのような場合に、相続分なきことの証明書で処理することができるのです。

　しかし、このような相続分なきことの証明書が、事実に反する場合（すなわち、実際には生前贈与を受けておらず、「（具体的）相続分がない」という事実が虚偽であったような場合）として、後に争いが起きてしまう場合があります。

　この点、相続分なきことの証明書の作成経緯等から、実質的には、

他の相続人らへの相続分の贈与があった、あるいは、自己の取得分を零とする分割協議の意思表示があった等と認定する裁判例が出ています（東京高判昭和59年9月25日家月37巻10号83頁等）。ただ、遺産分割協議の成立を認めた家庭裁判所の審判に対する抗告審で、高等裁判所が、相続分なきことの証明書は、遺産の換地処分の必要から作成されたもので、遺産分割協議が成立したとは認められないと原審判を取り消した事例もあります（名古屋高金沢支決平成9年3月5日家月49巻11号134頁）ので、やはり注意が必要です。

　簡易な方法ではありますが、無用な紛争を招いてしまっては元も子もありませんので、相続分なきことの証明書を用いてよい事案かどうか、慎重に見極める必要があるように思います。

＊　なお、共同相続人である親権者が未成年者に代わって相続分なきことの証明書を作成しても、民法826条1項の利益相反行為には当たらないと扱われています（昭和28年12月18日付け民事95号回答）。そのこともあって利用されやすいのかもしれませんが、実態を伴わない場合にリスクがあることは上述のとおりです。

Ⅴ　遺産分割調停と審判

　税理士が調停や審判の手続に関わることは稀でしょうが、揉めてしまった場合に、どのような手続をとることになるかを簡単に確認しておきましょう。

　遺産分割については、まずは相続人間で話し合うのが基本です。しかし、話し合いがつかない場合、家庭裁判所に調停を申し立てることができます（なお、調停を経ずに、後述する審判の申立てをすることも可能ですが、実務上は、調停に回されてしまうのが一般的です。）。調停は、裁判所で行うものではありますが、裁判官が何かを一方的に

決めるということはなく、あくまで当事者間の話し合いをベースとして、調停の成立を目指します。ただ、もちろん、調停委員会（裁判官と調停委員 2 名で構成されますが、裁判官は必要なときだけ同席します。）によるサポートがありますので、当事者間のみでは難しかった手続がスムーズに進むこともあります。

　申し立てられるのは、相続人、包括受遺者と相続分の譲受人です。代理人となれるのは弁護士のみです（司法書士が書類の作成をサポートすることがありますが、調停に同席することはできません。）。代理人に全て任せて一度も裁判所に出頭しない当事者もいれば、代理人を付けず、全て当事者自らが進めるケースもあります。訴訟等に比べて、代理人を付けないケースは多いように思いますが、ただ、財産が多岐に渡っていたり、特別受益や寄与分が大きな争点になっていたりするケースでは、専門家に介入してもらった方が安心かもしれません。

　また、以前は、どの裁判所に申し立てるかの管轄も重要な意味を有しました。何度もその裁判所に出向く必要があり、移動の負担が大きいからです。しかしながら、最近は、ウェブ調停が普及してきており、以前に比べて、地理的な問題は少なくなってきているように思います。

　どの位の時間がかかるかについては、ケースバイケースですので何とも言えませんが、筆者が依頼者に説明するときには、ひと月から 1 か月半に 1 度、2 時間程度の調停期日が入り、期日の回数にして 7、8 回、期間としては 1 年程度で終わるというのを一つの目安にして欲しいとお話しています。

　調停で残念ながら話し合いがまとまらず、不成立となった場合は、審判の手続に移行することになります。審判では、当事者の話し合いではなく、裁判官の判断により、どのように遺産を分割するかが決められます（なお、審判に不服がある場合は高等裁判所に即時抗告がで

きます。)。ただ、調停の記録が引き継がれ、調停を担当したのと同じ裁判官が審判も担当することが多く（調停と審判で管轄が異なり、別の裁判所に係属することになる場合は別です。)、調停の記録も引き継がれますので、審判でまた手続が一から始まるというわけではありません。そのため、審判移行してから審判が出るまでの期間も短いです。

　調停では、当事者が合意すれば、ある程度柔軟な解決が可能ですが、審判となるとそうはいきません（例えば、調停であれば、代償金を分割で支払うことにする場合もありますし、遺産分割に付随する事項について話し合いの対象に含めることもありますが、審判ではこれらのことはできません。)。ですので、審判に移行する前に、調停の段階で解決してしまった方がよい場合も多いでしょう。

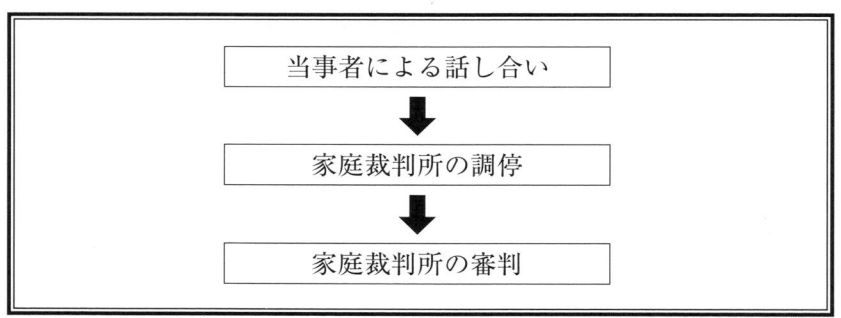

当事者による話し合い

↓

家庭裁判所の調停

↓

家庭裁判所の審判

第 **8** 章

相続人の不存在

相続人となるべき親族がまったくいないケースが増えていると聞きます。法定相続人が全員相続放棄をした場合にも、同じ状況になります。本章では、そのような場合の手続について解説しています。

1 相続人の不存在

　本章では、相続人が存在しない場合（全ての法定相続人が相続放棄した場合を含みます。）をテーマとして解説します。

　税理士が相続人不存在のケースに関わることはあまりないかもしれませんが、関与先が保有する債権の債務者が亡くなり、その債務者に相続人がいない等の場合も考えられます。ですので、相続人不存在の場合にどのような手続が必要になるのか、大まかなところだけでも把握しておくとよいでしょう。

2 相続財産法人と相続財産清算人

　相続人が不存在の場合、相続財産は法人となります（民法951）。相続財産法人の事務は、利害関係人の請求により家庭裁判所が選任した相続財産清算人が行います（民法952）。以前は、相続財産管理人と呼称していましたが、令和3年民法改正により、相続財産清算人と改められました。代わりに、家庭裁判所が相続財産の保存に必要な処分として選任する相続財産を管理する者が、「相続財産の管理人」とされていますので、少々紛らわしいところです（民法897の2①）。

　相続財産清算人は、被相続人の債権者等に対して被相続人の債務を支払うなどして清算を行い、清算後残った財産を国庫に帰属させることになります（民法959）。特別縁故者（被相続人と特別の縁故のあった者）からの財産分与の請求があり、裁判所がこれを認めた場合には、国庫への帰属に先立ち、特別縁故者への支払がなされます（同法958の2）。

　相続人不分明により行われる相続財産管理人（新法の相続財産清算人）の選任の申立件数は年々増加しており、平成28年に19,810件であったのが、令和3年には27,208件となっています。この間、亡くなる方の数も増えていますが（平成28年の約131万人から令和3年には約

144万人まで増加しています。)、割合で見ると、被相続人数が１割の増加に留まるのに対し、相続財産管理人選任等申立件数の方は３割超増加しています。相続件数の増加以上に、相続財産管理人選任申立件数の増加のペースが速いことが分かります。実務でも、相続人のいない相続に関する相談を受けることがありますが、そういうケースが着実に増えてきているように思います。

3　相続財産清算人の選任申立

　相続財産清算人の選任の申立ができる利害関係人として一般に想定されるのは、相続債権者、特定遺贈を受けた受遺者、特別縁故者として遺産の分与を申し立てる者等です。その他、稀ではありますが、遺産分割協議中に相続人の１人が亡くなり、その相続人に相続人がいないため、分割協議を進めるために相続財産清算人の選任が必要になるという場合もあります。

　相続財産清算人選任の申立に際しては、裁判所に数十万円から100万円程度の予納金を納める必要があります。また、東京家庭裁判所の場合、申立に際して相続財産管理人の候補者を立てたとしても、当該候補者ではなく、裁判所の管理する名簿に登載された弁護士等から選ばれるのが通常です。

4　相続財産清算人選任後の手続

　相続財産清算人が選任されると、以下の手続が進められて行くことになります。

　①　相続財産清算人選任・相続人捜索の公告

　②　相続債権者と受遺者に対する請求申出の公告

　③　相続財産清算人による相続財産の調査と管理

④　相続債権者と受遺者への弁済

⑤　特別縁故者への相続財産分与

⑥　相続財産清算人に対する報酬付与

⑦　残余財産の国庫帰属

⑧　管理終了の報告

　令和３年の改正以前は、３つの公告を順次行わなければならず、権利関係の確定に10か月以上を要していましたが、この点について合理化が図られ最長で６か月に短縮されました。

　⑥の特別縁故者への相続財産の分与に関しては、特別縁故者に当たると裁判所に認めてもらえたとしても、実際に分与を受けられる額は限られています。例えば、被相続人の従兄に、遺産総額約３億7,875万円のうちの300万円の分与を認めた事例（東京高決平成26年５月21日判時2271号44ページ）や、被相続人の身の回りの世話をした近隣の友人及び成年後見人であった親族にそれぞれ500万円の分与を認めた事例（大阪高決平成28年３月２日判時2310号85ページ）等があります。また、被相続人の従兄弟に各5,000万円の分与を認めた例もありますが（東京家審令和２年６月26日民商法雑誌158巻２号420ページ）、被相続人は４億円を超える預貯金のほか、複数の不動産等を保有している資産家だったようで、上記金額でも、相続財産全体に対する割合は大きくはなかったようです。

　一方、⑧により国庫に帰属となった正確な金額は不明ですが、令和３年度裁判所省庁別財務書類を見ると、同年度の「雑収入」のうち、「相続人不存在のため国庫帰属となった相続財産の収入金が主なもの」とされる「雑入」の金額が約696億円に上っており、相当な金額の相続財産が国庫に帰属するに至っていることが推測されます。

第9章

遺　言

個人の権利意識が高まり、相続紛争も以前にも増して紛糾しやすくなったと言われています。そのような時勢を受けて、遺言を残す人も増えています。遺言を作成する上で、税務の視点は不可欠ですし、細かい計算が必要となる遺言執行に関連する業務は、税理士向きと思われます。本章では、より多くの税理士の先生方に、遺言に関する知識を深めて頂きたいと思い、詳しく解説しました。

I 遺言を取り巻く現状

相続に関する関心が高まる昨今、遺言を残す人が増えています。この点、統計を見ると、平成7年から平成27年までの20年で、自筆証書遺言の検認件数（新受件数）は約2倍に、公正証書遺言の件数はそれ以上に増加していることが分かります。さらに、令和3年度の数字を見ると、公正証書遺言は平成27年と似たような件数で、言わば高止まりともいうべき状況である一方、検認件数はさらに増加しています。加えて、令和2年から始まった遺言書保管制度の申請件数も、検認に近い数字に及んでいます。

	検　認	公正証書遺言	遺言書の保管申請
平成7年（1995年）	8,065件	46,301件	－
平成17年（2005年）	12,347件	69,831件	－
平成27年（2015年）	16,888件	110,778件	－
令和3年（2021年）	19,576件	106,028件	17,002件

このような流れは今後も続き、税理士が関与先の社長等から相談を受ける場面も増えて行くかもしれません。

そもそも、遺言の作成には税務の知識が不可欠ですし、遺言執行は、相続税の申告に精通している税理士に適した業務とも思えます（但し、紛争性のある事案に関しては、やはり、普段から対立する当事者への対応に慣れている弁護士の方が適任でしょう。）。

残念ながら、現状では税理士が遺言に関与する例は多くはないようですが（以前、親しい公証人に聞いたところ、税理士を遺言執行者に指定する遺言は珍しいとの話でした。）、今後、資産税のみならず遺言の法務にも精通した税理士が、より多く遺言の作成や執行の業務に関わって行くと良いと思っています。

Ⅱ 遺言の種類

　遺言の種類には、大まかに分けて、自筆証書遺言等の「普通方式」と、伝染病で隔離されている場合等、普通方式による遺言を作成する余裕がない場合に認められる「特別方式」の2種類があります。

〔**普通方式（民法968～970）**〕
・自筆証書遺言
・公正証書遺言
・秘密証書遺言

〔**特別方式（民法976～980）**〕
・死亡危急者遺言
・船舶遭難者遺言
・伝染病隔離者遺言
・在船者遺言

1　自筆証書遺言

　自筆書証書遺言について、一般的に言われるメリット・デメリットは以下のとおりです。

■**メリット**
・いつでもすぐに1人で作れる。
・費用がかからない。
・秘密が守れる。

■**デメリット**
・方式不備等により無効となるリスクがある。
・紛失や偽造変造の恐れがある。

・家庭裁判所の検認が必要。

・自書ができない場合に利用できない。

　自筆証書遺言は、紙とペンと印鑑さえあればいつでも作れる簡便な方式ですが、一方で、方式不備により無効となったり、紛失してしまったり、そもそも相続人に発見してもらえなかったりといったリスクがあり、遺言者の遺志が実現しない恐れが大きいのが難点です（なお、自筆証書遺言の方式については、本章Ⅲで説明します。）。

　さらに、自筆証書遺言の場合、法的知識の十分でない遺言者が１人で作成することもままあるため、相続開始後、実際に遺言を執行しようという段階になって、解釈に疑義が生じてしまうということも珍しくありません。

　ですから、筆者が関与する場合、自筆証書遺言はあくまでも公正証書遺言を作成するまでの仮のものと考えるべきであり、「あくまで公正証書遺言を作るまでの一時的なものと考えて欲しい」と付け加えるようにしています。

　被相続人Aは、自宅不動産に関して、「B（妻）に住み続けてもらい、その必要が無くなったときに、C（先妻の子）が引き継いでください。」とする自筆証書遺言を残していた。

　いわゆる「後継ぎ遺贈」と呼ばれるもので、Aが意図していたであろうことは何となく分かります。しかし、上記のような遺言を、法的にどう解釈するかというのは極めて難しい問題で、BとCの間に争いが起きたら非常に厄介です。また、争いにならずとも、上記の遺言では、BもCも、登記を移転することすらできないでしょう。

　そもそも、「後継ぎ遺贈」について、民法に定めはありません。最判昭和58年3月18日（家月36巻3号143ページ）は、「後継ぎ遺贈」ととれる遺言に関して、複数の解釈が成り立つとして、有効と解する余地を残す判断を示しましたが、最高裁の示した解釈にも問題があるとされており、学説上は、後継ぎ遺贈の効力を否定する説が多数を占めています。

　このような紛争に繋がり得る厄介な遺言を、Aも、問題を認識していれば残さなかったでしょう。もし公証人（あるいは専門家）から助言を得られていれば、受益者連続型信託（本章Ⅵ6⑵参照）を用いる等、確実な方法を選択することができていたはずです。

> 　被相続人Dは自筆証書遺言を残しており、その中には、「家屋と借地権を自由に裁量処分することをE（妻）に委任する。」、「DがF（子）に貸し付けてある貸付金は相続の時基礎控除で差引くこと。」という記載があった。

　こちらは、東京高裁平成9年11月12日判決（判タ980号246ページ）で、実際に争われた事案です。F以外の子らが、上記の各条項が意味不明であるから無効であると主張して争いました。

　結果として、裁判所は、それぞれの条項をEへの単純遺贈及びFへの債務免除と解して遺言を有効としました。しかし、訴訟でどのような判断が出るかは分からず、Eらは不安定な立場に置かれることとなりましたし、勝訴したと言っても、訴訟を起こされて争わなければいけないということ自体大きな負担だったはずです。

　やはり、遺言は公正証書にするのが原則と考えておくべきでしょう。

ただ、実は、公正証書であっても、解釈について争われてしまう例がないわけではありません。名古屋地裁平成14年12月20日判決（判タ1133号191ページ）の事案では、「財産」に債務が含まれるかが争われました。この場合、法的知識の有無というよりは、遺言を作成する際に、プラスの財産だけでなくマイナスの債務にまで配慮が及んでいたかという点が問題だったと思われます。すなわち、相続税を常に意識する税理士が関与していれば、生じにくい問題であったと言えるでしょう。

　自筆証書遺言の難点としては、上記のとおり、解釈に疑義が生じるリスクが高い以外に、家庭裁判所の検認手続（民法1004①）を要するという点もあります。

　検認手続というと、裁判所に行ってスタンプを押してもらうだけというイメージを持たれる方もいるようですが、実際の手続は、家庭裁判所の審判廷において、裁判官により行われます。検認の申立てをすると、全ての法定相続人に通知が送られ、出席の機会が与えられますので、当日の審判では、対立当事者が向かい合う緊迫した空気の中、手続が進められるということもあります（なお、全員の出席が必要なわけではなく、欠席の相続人がいても手続は行われます。）。

　検認自体は遺言の効力に影響を及ぼすものではなく、検認を経ていない遺言も有効です（無効事由がある遺言の場合は、検認を経ても無効のままです。）。ただ、検認後に裁判所が作成する検認調書が無いと、登記を始めとする相続手続を行うことが出来ませんので、実務上は必須です。

　また、遺言の入った封書を裁判所外で開封してしまった場合も、遺言の効力に影響はありません（ただし、過料の制裁を課す旨の規定があります。）。しかし、裁判所外で開封してしまうと、偽造や変造を疑

われるリスクが高まりますから、やはり民法の規定に従い、裁判所で開封してもらうべきです（民法1004③）。

この点、遺言の所持者に知識がないこともままありますので、遺言を封入した封筒の外側に、以下の点を記載しておくと安心です。

(1) 開封してはならないこと

(2) そのまま家庭裁判所に提出して検認を受けるべきこと

なお、遺言を保管している相続人が相続開始後すぐに他の相続人らに遺言があることを知らせず、後に、遺言書の隠匿があったとして、相続欠格に当たると言われてしまうことがあります（**第2章Ⅲ1参照**）。このような無用な紛争を避けるためにも、早期に検認を経るよう促すことは有用です。

2 公正証書遺言

続いて、公正証書遺言について一般的に言われるメリットとデメリットを挙げておきます。

■メリット

・方式不備等の不安がない

・紛失や偽造変造の心配がない

・家庭裁判所の検認が不要

・自書ができない遺言者でも利用できる

■デメリット

・証人2名が必要で手間もかかる

・費用が発生する

・秘密が守れない

先ほどの自筆証書遺言のメリット・デメリットの裏返しですが、やはり手間がかかる一方、安全・確実というところが最大のメリットでしょう。

また、先ほど自筆証書遺言のところで述べたような解釈の不分明という問題も基本的には生じませんし、さらには、公正証書にした場合の方が、後に遺言能力が否定されるリスクが小さくなるということも言えます（ただ、公正証書にした場合でも、遺言能力が無かったとして遺言が無効と判断される例が無いわけではありません。遺言能力に関しては、本章Ⅸで触れます。）。

ただ、公正証書であれば公証人のチェックが入りますので、民法等の法律に違反する心配は少なくなりますが、公証人（裁判官や検察官の出身者のほか、最近は司法書士等の民間人も登用されているようです。）は税務に詳しいわけではありません。例えば、法人への遺贈の場合に譲渡所得税がかかる等の知識はないのが一般的ですので、税理士が関わることも重要と感じています。

3　秘密証書遺言

普通方式として3番目に掲げる秘密証書遺言は、遺言の内容を秘密にしつつ遺言の存在を明確にしておきたい場合に用いられる方式です。ただ、実際には、あまり利用されていません（全国的に見ても、年間100件程度の利用に留まるようです。）。

というのも、秘密証書遺言は、公正証書遺言のような確実さがない一方で、その作成の際には、煩雑な手続が求められます。そのため、ある程度の手間をかけるという場合には、どうしても遺言の内容を秘密にしたいというニーズがあるケースを除いて、公正証書遺言が選択されるのが通常であると思われます。

4　その他の遺言

　特別の事情により、3つの普通方式によって遺言をするのが困難あるいは不可能である場合に、特別方式によって遺言をすることが認められています。滅多に使われることがないものではありますが、特別方式の遺言のうち、死亡危急者遺言の要件を満たすか問題になることがありますので、簡単に解説しておきます。

　死亡危急者遺言は、疾病その他の事由によって死亡の危急に迫った者が遺言をしようとするときの特別の方式です。実際、筆者が相談を受けた中でも、亡くなる直前に本人の「遺言」を聞き取った人から、その有効性について質問されたケースがありました。そのような場合、考え得るのがこの死亡危急者遺言です。しかし、以下のような方式に沿う必要があり、事前に知識がないと、死亡危急者遺言として適法と認められる遺言を残すことは困難であると思われます。

　すなわち、死亡危急者遺言として有効性が認められるためには、証人3人（医師である必要はありません。）の立会いのもと、その1人に遺言の趣旨を口授し、口授を受けた者が、これを筆記して、遺言者と他の証人に読み聞かせ、各証人がその筆記の正確なことを承認した上で、これに署名・押印をする必要があります（民法976①）。本人の署名・押印は必要ありません。さらに、遺言の日から20日以内に、証人の1人又は利害関係人が、家庭裁判所に請求してその確認を得なければ効力を生じないとされています（同法976④）。

　ですから、証人が2人ではダメですし、本人が言うことを録音したという場合も、死亡危急者遺言としては認められません。ただ、事実関係によっては、遺言の方式を満たさずとも、死因贈与と認められる余地があるかもしれませんので、可能性がある場合は弁護士等の専門家に相談してみるといいでしょう（この点については、本章Ⅲ5で解

説しています。)）。

5　遺言書保管制度

　相続法改正により、自筆証書遺言を作成した者が、法務局に遺言書の原本の保管を委ねることができる制度が創設されました。具体的には、法務局における遺言書の保管等に関する法律（遺言書保管法）という新しくできた法律で定められています。

　前述のとおり、自筆証書遺言については、紛失や滅失、偽造や変造を理由とする紛争が起きるリスクがあります。こういったことを防止し、遺言者の意思を実現し、かつ、相続手続の円滑化を図るために、法務局が自筆証書遺言を保管する制度が新設されたのです。

　この保管制度を利用すると、自筆証書遺言の場合に通常必要となる検認の手続が不要になるというメリットもあります。また、公正証書遺言との違いとしては、証人が不要であるほか、保管の申請の際の手数料が3,900円と低廉な金額に抑えられており（法務局における遺言書の保管等に関する法律関係手数料令1条）、かかる費用が異なるという点も大きいでしょう。一方で、デメリットとしては、形式面についての審査はあるものの、内容の相談に乗ってくれるわけではないこと、公証人のように出張してくれる制度がなく、本人が法務局に出向く必要があること（遺言書保管法4⑥）等があげられます。管轄は、遺言者の住所地、本籍地又は不動産所在地です（同法4③）。追加の遺言書の保管を申請する場合、同じ法務局である必要があるので要注意です（同項カッコ書き）。

　遺言書保管制度を利用した場合と、通常の自筆証書遺言又は公正証書遺言を利用した場合の違いをまとめると、以下のとおりになります。それぞれのメリット・デメリットを把握した上で、いずれを利用する

のがよいかを慎重に検討する必要があるでしょう。

《各制度の比較》

	自筆証書遺言	保管制度を利用	公正証書遺言
メリット	・手軽 ・証人が不要 ・コストがかからない	・方式不備は稀 ・保管が安全 ・相続開始後に検索可能 ・本人確認あり ・検認が不要 ・証人が不要 ・コストが低い	・方式不備は稀 ・保管が安全 ・相続開始後に検索可能 ・本人確認あり ・検認が不要 ・どこの公証役場でもOK ・出張も可 ・内容について問題が生じにくい ・自書ができなくてもよい
デメリット	・方式不備等の可能性 ・紛失、隠匿や改ざんの恐れ ・筆跡について争いが生じやすい ・家裁の検認が必要 ・解釈に疑義が生じる恐れあり	・本人が法務局に出向く必要あり ・管轄に制限あり ・解釈に疑義が生じる恐れあり	・証人2人が必要 ・手間とコストがかかる

　続いて、遺言書保管制度を利用する際の手続も確認しておきましょう。大まかな流れとしては、以下のとおりになります。

　なお、自筆証書遺言としての方式を充たしている必要があることはもちろんですが、そのほかにこの制度を利用するための様式等もあります（遺言書保管法4②）。また、法務局に出向く前に予約も必要とされています。ですので、制度を利用する場合は、まずは法務局のホームページで詳細を確認してください。

《相続開始前》

遺言者：遺言書保管の申請（遺言書保管法４条１項）

遺言書保管官：日付及び遺言者の氏名の記載、押印の有無、本文部分が手書きで書かれているか否か等を確認

遺言書保管官：遺言書の原本とその画像データを保管（遺言書保管法６条）

（遺言者：遺言書の閲覧のほか、撤回や変更も可能）

《相続開始後》

相続人等：遺言書の閲覧・遺言書の写し交付請求が可能（遺言書保管法９条）

＊遺言書が保管されているか不明な場合、遺言書保管事実証明書の交付請求も可能

遺言書保管官：他の相続人にも遺言書が保管されていることを通知（遺言書保管法９条５項）

　なお、遺言書の保管に関する事務は、法務大臣が指定した法務局が担当することになっており、この法務大臣の指定する法務局を「遺言書保管所」と呼びます（遺言書保管法２①）。また、遺言所保管所における事務は、法務局又は地方法務局の長が指定する「遺言書保管官」（法務事務官）が取り扱うこととされています（遺言書保管法３）。令和５年５月29日からは、遺言書保管所の管轄が拡大され、例えば、東京法務局の各遺言書保管所の管轄区域が東京都全域に拡大されるなど、以前より使いやすい制度にするための改正が行われています（「税

のしるべ」令和 5 年 5 月22日号参照)。

Ⅲ　自筆証書遺言の方式

　自筆証書遺言は、誰でも、自分の手で作成できる遺言です。ただ、厳格な方式が定められており、それを守らないと、折角書いた遺言が無効になってしまうリスクがあります。ですから、そのような方式をきちんと理解した上で作成する必要がありますし、公正証書遺言を作成するまでの仮のものと位置付けるのが望ましいです。あるいは、善後の策として、前述の遺言書保管制度を利用すべきことも検討に値するでしょう。

> 　Aが亡くなった。自筆証書遺言が見つかったが、相続人から相談された税理士が見たところ、以下の事実が判明した。
> ・不動産登記事項証明書（登記簿謄本）の内容をタイプした目録が添付されていた。
> ・日付が「令和 5 年10月吉日」と記載されていた。
> ・封筒の封じ目に押印（認印による）がされていたが、本文には押印がなかった。

1　遺言書本文の自書

⑴　相続法改正

　いわゆる相続法改正以前の民法では、自筆証書遺言は、全文を遺言者自身が「自書」しなければならないとされていました。これは、偽造や変造を防止し、遺言が遺言者の真意に基づくものであることを担保するためと説明されていました。そのため、以前は、不動産目録の

みタイプするということも認められておらず（東高判昭和59年3月22日判時1115号103ページ）、上記の事例のようなケースでも、「自書」の要件を欠く不動産目録の部分が無効になると解されていました（ただ、自筆の部分で財産が特定されれば、遺言内容を実現できる可能性はありました。）。これに対し、相続法改正により、財産目録に関しては、この「自書」の要件を緩和することとされました。

　全文自書と言っても、例えば、「自宅を妻に相続させる」という一文を残すだけであれば、大した負担にはならないでしょう。しかし、そのような曖昧な記載では登記が通るか等、遺言の執行の際に問題が生じる可能性があり、それでは遺言を残した意味が減殺されてしまいます。さらに、自宅の敷地が遺言作成後に分筆されたような場合に、「自宅」がどこを指すのかの解釈をめぐって相続人間で紛争が生じる恐れもあります。そこで、対象となる財産を特定するため、不動産であれば地番や地積等、銀行口座であれば支店名や口座番号等を特定して記載するのが一般的です。ですが、特に遺言者が高齢者の場合には、それが大きな負担となります。

　そのため、上記のような負担を軽減し、自筆証書遺言の利用促進を図るため、現行法では、自筆証書遺言の方式が一部緩和されています。具体的には、自筆証書遺言に財産目録等を添付する場合に、その目録については「自書することを要しない」とされました（民法968②）。

> **民法968条（自筆証書遺言）**
> 1　自筆証書によって遺言をするには、遺言者が、その全文、日付及び氏名を自書し、これに印を押さなければならない。
> 2　前項の規定にかかわらず、自筆証書にこれと一体のものとして相続財産（略）の全部又は一部の目録を添付する場合には、その目録

については、<u>自書することを要しない。この場合において、遺言者</u><u>は、その目録の毎葉（自書によらない記載が両面にある場合にあっ</u><u>ては、その両面）に署名し、印を押さなければならない。</u>

3　自筆証書（前項の目録を含む。）中の加除その他の変更は、遺言者が、その場所を指示し、これを変更した旨を付記して特にこれに署名し、かつ、その変更の場所に印を押さなければ、その効力を生じない。

　　　　　　　　　　　　　　　　　　　　　　　　※下線が改正部分。

　つまり、例えばパソコンで作成した目録を添付することも認められるようになりました。その目録は遺言者本人が作成したものでなくて構いません。さらには、わざわざ目録を作らずとも、不動産の登記事項証明書や預貯金通帳のコピーをそのまま目録として添付することも可能とされています。

(2)　自書によらない財産目録の方式

　まず、財産目録の全てのページに遺言者が署名押印をする必要があります。両面に記載がある場合は、表面裏面の両方に署名押印をしなければなりません。これらの署名押印が欠けており、本文の記載のみでは目的物の特定が困難であると、せっかくの遺言が無効になってしまいますので、注意が必要です。これに対し、本文や他の目録と綴る際の契印は、法律上要求されていません。ただ、本文と目録の一体性を確保するために、契印をする、同一の封筒に封緘する、遺言書全体を編綴するといった方法のいずれかを行うことが望まれます。また、押印は実印による必要はありません。本文と同じ印鑑であることも要求はされていませんが、偽造等の疑いを持たれないためにも同じ印鑑にしておくのが無難です。

次に、目録が「添付」されるものである点にも注意が必要です。すなわち、目録が印字された用紙に自筆で本文を追加したような場合、目録を「添付」したとは言えなくなります。必ず、本文と目録は別の用紙にする必要があります（堂薗幹一郎ほか編著「概説改正相続法【第２版】－平成30年民法等改正、遺言書保管法制定－」85ページ参照）。

《緩和された方式に基づく目録を添付した自筆証書遺言》

1　遺言書本文（全て自書しなければならないものとする。）

遺　言　書

　1　私は、私の所有する別紙目録第1記載の不動産を、長男甲野一郎
　　（昭和○年○月○日生）に相続させる。

　2　私は、私の所有する別紙目録第2記載の預貯金を、次男甲野次郎
　　（昭和○年○月○日生）に相続させる。

　3　私は、上記1及び2の財産以外の預貯金、有価証券その他一切の
　　財産を、妻甲野花子（昭和○年○月○日生）に相続させる。

　4　私は、この遺言の遺言執行者として、次の者を指定する。
　　　住　　　所　　○○県○○市○○町○丁目○番地○
　　　職　　　業　　弁護士
　　　氏　　　名　　丙山　太郎
　　　生年月日　　昭和○年○月○日

　　平成31年2月1日

　　　　　住所　東京都千代田区霞が関1丁目1番1号

　　　　　　　　　　甲　野　太　郎　㊞

2　別紙目録（署名部分以外は自書でなくてもよいものとする。）

物 件 等 目 録

第1　不動産
　1　土地
　　　所　　　在　　○○市○○区○○町○丁目
　　　地　　　番　　○番○
　　　地　　　積　　○○平方メートル
　2　建物
　　　所　　　在　　○○市○○区○○町○丁目○番地○
　　　家屋番号　　○番○
　　　種　　　類　　居宅
　　　構　　　造　　木造瓦葺2階建
　　　床 面 積　　1階　○○平方メートル
　　　　　　　　　　　2階　○○平方メートル
　3　区分所有権
　　1棟の建物の表示
　　　　所　　　在　　○○市○○区○○町○丁目○番地○
　　　　建物の名称　　○○マンション
　　専有部分の建物の表示
　　　　家屋　番号　　○○市○○区○○町○丁目○番の○○
　　　　建物の番号　　○○
　　　　床 面 積　　○階部分　○○平方メートル
　　敷地権の目的たる土地の表示
　　　　土地の符号　　1
　　　　所在及び地番　　○○市○○区○○町○丁目○番○
　　　　地　　　目　　宅地
　　　　地　　　積　　○○平方メートル
　　敷地権の表示
　　　　土 地 の 符 号　　1
　　　　敷地権の種類　　所有権
　　　　敷地権の割合　　○○○○○分の○○○

第2　預貯金
　1　○○銀行○○支店　普通預金
　　　口座番号　○○○
　2　通常貯金
　　　記　　　号　○○○
　　　番　　　号　○○○

甲　野　太　郎　㊞

《不動産全部事項書を目録として利用する場合の例》

２　別紙（建物の全部事項証明書に署名押印したもの）

表　題　部 （主である建物の表示）	調製	余　白		不動産番号	０１００９８７６５４３２１

所在図番号	余　白

所　　在	千代田区霞が関一丁目　１番地	余　白

家屋番号	１番１	余　白

①　種　類	②　構　　造	③　床　面　積　㎡	原因及びその日付〔登記の日付〕
居宅	木造瓦葺２階建	1階　　88　63 2階　　47　32	平成４年７月８日新築 〔平成４年７月１５日〕
余　白	余　白	1階　110　55 　　　97　87	③平成１５年１１月２４日増築 〔平成１５年１２月１日〕

表　題　部 （附属建物の表示）			
符号	①種類	②　構　　造	③　床　面　積　㎡	原因及びその日付〔登記の日付〕
1	物置	木造瓦葺平家建	25　88	〔平成４年７月１５日〕
2	車庫	木造瓦葺平家建	22　67	平成１３年１２月１日新築 〔平成１３年１２月１４日〕

所　有　者	千代田区霞が関一丁目１番１号　甲　野　太　郎

権　利　部 （甲区） （所有権に関する事項）			
順位番号	登　記　の　目　的	受付年月日・受付番号	権　利　者　そ　の　他　の　事　項
1	所有権保存	平成４年７月２３日 第７２３０号	所有者　千代田区霞が関一丁目１番１号 　甲　野　太　郎

これは登記記録に記録されている事項の全部を証明した書面である。

平成２９年１月２３日

関東法務局特別出張所　　　　　登記官　　　　　　法　務　八　郎　公印

＊下線のあるものは抹消事項であることを示す。　　　　　整理番号＊＊＊＊＊＊＊＊

甲　野　太　郎　印

《預金通帳の写しを目録として利用する場合の例》

別紙二

<u>普通預金通帳</u>　　　　　　　　〇銀行
　　　　　　　　　　　　　　　　〇支店

お名前

　　法　務　五　郎　様

店番　　　　　　　　口座番号

　　〇〇　　　　　　　　〇〇〇

※　　通帳のコピー

法　務　五　郎　㊞

※　いずれも、法制審議会民法（相続関係）部会の参考資料を転載。

⑶ 財産目録の記載の加除訂正

　自筆証書遺言の加除訂正の方式について定めていた旧民法968条2項が改正され、目録の加除訂正についても適用されることになりました（民法968③）。ただ、万一、加除訂正の方式に不備があった場合、せっかくの遺言が無効とされてしまう恐れが生じます。ですので、書き損じ等があった場合には、加除訂正によるのではなく、新しく書き直すことを推奨しています（詳細は、本章Ⅴ1を参照してください。）。

⑷　実務での活用

　この改正は、弁護士以上に税理士が活用し得るのではないかというのが筆者の私見です。というのも、既に所得税の確定申告を受任していて財産債務調書を作成している場合、財産や債務の内容をある程度把握できているはずですので、自筆証書遺言に添付する財産目録を作成するのも容易と思われます。

　とすれば、目録の作成を提案し、それをきっかけとして、依頼者の遺言の作成に関与することが考えられます。そうなれば、将来相続が開始したときに、遺言の執行に加えて、所得税や相続税の申告といった業務の受任に繋がる可能性も出てきます。特に若い税理士であれば、遺言者との年齢が離れていることがプラスに働きますので、よりチャンスが広がるかもしれません。

　加えて、前述の自筆証書遺言の保管制度を利用すれば、依頼者の安心も増すでしょう（もちろん、公正証書遺言を作成するのがベストな方法ではありますが。）。

2　日付の自書

　自筆証書遺言では、本文に加えて、日付の「自書」も求められます。

日付の記載が求められるのは、遺言能力を判断する上で不可欠な情報であり、また、遺言の先後関係を明らかにするためにも欠かせない情報であるからです（民法1023条 1 項により、前の遺言と後の遺言が抵触するときは、前の遺言が撤回されたとみなされます。なお、前の遺言が公正証書遺言で、後の遺言が自筆証書遺言だったという場合も同様です。）。

　そして、記載する日付は、真実の作成日と同一である必要があります。この点、故意による不実記載を認定し、遺言を無効とした裁判例もあります（東京地判平成28年 3 月30日判時2328号71ページ）。これに対し、故意ではなく錯誤による不実記載の場合には、程度にもよりますが、救済される可能性がないわけではありません。しかし、どの程度なら救済されるのかにつき明確な基準があるわけでもありませんので、やはり正確な日付を記載しておくべきところです。

　また、日付は特定されている必要があります。冒頭の事例のような「令和 5 年10月吉日」という記載の仕方では、日付の自書があったとは認められず、遺言は無効となってしまいます（最一小判昭和54年 5 月31日民集33巻 4 号445ページ）。厳しいようにも思いますが、遺言の先後関係の判断に関わりますので、ここは厳格さが求められるところなのです。

3　署名・押印

　氏名も、遺言者自身の手で記載する必要があります。また、押印も必須です。この場合の押印は、実印であることは求められておらず、認印でも構いません。しかし、署名の横に、カタカナで押印の代わりのサインをした事例で有効性が否定されており（東地判平成25年10月24日判時2215号118頁）、花押が押印の要件を満たさないとした事例も

あります（最二小判平成28年6月3日民集70巻5号1263ページ）。

本人の印鑑かどうかで後に揉める可能性があることをも考えると、やはり実印にしておくのがいちばん安心でしょう。

さて、冒頭の事例についてです。認印による押印である点は法的には問題がないのですが、遺言書本体に押印がない点はどうでしょうか。

この点、実は救済判例が出ています。最二小判平成6年6月24日（家月47巻3号60ページ）は、遺言書本文に押印がなく、遺言書の入った封筒の封じ目に押印があった事例について、「押印」の要件を満たしていると判示しました。

したがって、冒頭の事例も「押印」の要件は満たすことになりそうですが、ただ、専門家としてアドバイスする場合には、遺言書本文への署名押印が必要と説明すべきことはもちろんです。

4　共同遺言の禁止

仲の良いご夫婦が、2人で一通の遺言を残したというと、何とも微笑ましいことのように思えます。しかし、このような遺言も無効です。民法975条が、「遺言は、二人以上の者が同一の証書ですることができない。」と定めているためです。

5　死因贈与による救済

> Bとその妻Cには子がなかった。Cから「ちゃんとしておいてほしい」と言われ、Bは全ての財産をCが取得するという遺言を書き、Cに渡した。ところが、Bが書いた遺言には、日付の記載がなく、押印もなかった。

　このような遺言は、残念ながら、日付の自書と押印の要件を欠き無効です。そうなると、Bが残した遺言が無駄になってしまいそうですが、実は、このような場合でも、遺言の記載のとおり、Cが全財産を取得できる可能性があります。それは、BとCの間に死因贈与契約が成立していたと認められる場合です。

　この点、上記の事例について、広島家裁昭和62年3月28日審判（家月39巻7号60ページ）は、「遺言としての法的効力はないとしても、前記認定事実に徴すると死因贈与契約の成立を証明する文書であることは明らかである」として、BとCの間に死因贈与契約があったと認定し、Cを救済しました。死因贈与については、遺言のような厳格な方式が要求されていないため、このような認定が可能なのです。

　ただ、死因贈与はあくまでも「契約」ですので、死因贈与の申込みとこれに対する承諾という要素の存在が必須です。すなわち、BがCの知らないところで遺言を書いて保管していたというような場合には、死因贈与による救済は困難なのです。

　もし無効な遺言に行き当たった場合には、当事者から遺言が作成された当時の事情を聴取し、死因贈与契約があったと認める余地がないか、是非検討してみてください。

　なお、広島家裁の事件は、Cが死因贈与の執行者の選任を求めたものでした。執行者が選任されれば、不動産の移転登記等が可能となります。しかし、執行者選任の審判は、前提となる死因贈与契約の有効性を認めるものではありませんので（東京高決平成9年3月17日家月49巻9号108ページ参照）、後に、死因贈与契約は成立していないと主張する他の相続人から民事訴訟を提起されて争われてしまう可能性は残ります。

Ⅳ　公正証書遺言の作成手順

　前項の自筆証書遺言に続き、ここでは公正証書遺言の作成手順について解説します。

1　どこの公証役場にするか

　遺言の内容が固まり、公証役場に依頼しようという段階まで来たら、まずはどの公証役場に依頼するかを考えます。家庭裁判所の手続のように遺言者の住所等による管轄はありませんので、例えば、北海道に住む遺言者が、沖縄の公証役場に出向いて遺言を作成してもらうことも可能です。筆者の場合、既にお願いしたことのある公証人に依頼した方が、手続がスムーズに進むため、遺言者の希望が特になければ、特定の公証人にお願いすることにしています。

　遺言者が入院中というように公証役場に出向くことが困難な場合は、公証人に、病院等まで出張してもらうことも可能です。ただ、その分手数料が増えてしまいますし（固定の出張費や交通費がかかるほか、病床で公正証書を作成した場合は、病床執務加算として、遺言加算を除いた目的価額に対する基本手数料が５割増しになります。）、病院で作成した場合の方が、後に遺言能力を問題にされるリスクも高まりますので、出来るならば公証役場に出向いて作成してもらった方がいいでしょう。

　なお、公証人は管轄外で職務を行うことができないため、例えば、東京都内の公証役場に所属する公証人に、横浜市内に出張してもらうというようなことはできません。

2　資料の準備

　どの公証役場に依頼するかを決め、遺言に関する依頼である旨を伝えると、揃えるべき書類について具体的な指示がもらえます。

　一般的には、以下の書類が必要となります。

【身分関係の書類】

> ・遺言者の印鑑証明書
> ・（財産をもらう人が相続人である場合）遺言者と相続人との関係が分かる戸籍謄本
> ・（財産をもらう人が相続人以外である場合）その人の住民票
> ・証人の住民票又は運転免許証等の写し

　なお、受遺者が第三者の場合は住所しか記載しないのが通常です。そのため、戸籍の提出は求められないわけですが、遺言を作成してから相当な年数が経ってしまうと、住所のみでは追跡が困難になってしまう例があったため、以前は、そのような懸念がある場合に、本籍地まで記載しておくことを推奨していました。しかし、令和元年６月20日以降、従前５年であった住民票の保存期間が150年間に延長されましたので（住民基本台帳法施行令34①）、そのような問題は解消されています。

　さらに、公正証書に記載する情報を提供するため、記載する財産に関する資料も提出する必要があります。これらは、公証人が手数料を計算する際の算定根拠ともなります。

【遺産に関する書類】

> **（不動産）登記簿謄本（全部事項証明書）と固定資産評価証明書**
>
> ＊　固定資産評価証明書に代えて固定資産税の納税通知でも足ります。
>
> **（預貯金）通帳**
>
> ＊　口座情報が記載された表紙の裏ページと残高が分かるページのコピーが必要です。
>
> **（有価証券）証券口座の取引報告書等**
>
> **（非上場株式）対象会社の登記簿謄本（全部事項証明書）と貸借対照表**
>
> ＊　非上場株式については、簿価純資産価額で評価した金額を基に手数料を計算するのが一般的です。

　なお、これらの書類は事前に原本を送る必要はなく、ファックスか電子メールに添付して送ることが可能です（当日原本を持参するのを求められることもあります。）。

3　遺言の文案

　弁護士が関与する場合、弁護士の方で文案を作成して公証役場に送付するのが通常ですが、これは必須ではありませんし、公証人によってはむしろ嫌がる場合もあります。

　ですから、税理士が関与して公正証書にする場合は、遺言の内容を箇条書きにしたメモを公証役場に送り、それを基に公証人に文案を作成してもらうのがよいかと思います。

　公証人にお願いすると文案を送ってくれますので、それにコメントを付けて返送し、完成版を作成してもらうようにします。

4 証人

　先ほど証人の住民票等を必要書類にあげましたが、当然ながら、その前に証人（2名）を誰に依頼するかを決めておく必要があります。

　その際、以下の場合は証人適格を欠くことになりますので注意が必要です（民法974）。

- ・未成年者
- ・推定相続人と受遺者
- ・推定相続人・受遺者の配偶者と直系血族
  - ＊　例えば、子が相続人である場合、その子供（孫）は推定相続人の直系血族であるため証人になれませんが、孫の配偶者ならば、遺言者の配偶者でも直系血族でもないため、証人になることができます（実務的には、そのような近い親戚を証人にすることはあまりありませんが。）。
- ・公証人の配偶者等

　税理士が関与する場合、税理士本人や事務所の職員を証人にすることが多いでしょうから、証人のなり手に困るということはあまりないかもしれません。ただ、どうしてもなり手が見つからないという場合には、公証役場で紹介してもらうことも可能です。

　また、証人に支払う謝礼については、決まりはありませんが、筆者の場合、遺言者の親族や友人に依頼して証人になってもらったときには、5,000円ないし1万円程度を包むのがよいのではないかと遺言者に助言しています。公証役場に証人を紹介してもらった場合には、公証役場が指定する金額の謝礼（現金）を当日お支払いします。

5 手数料

⑴ 手数料の計算

　公正証書にする場合の手数料については、「目的物の価額」に応じて以下のように定められています（公証人手数料令9条及び別表）。

目的財産の価額	手数料の額
100万円まで	5,000円
200万円まで	7,000円
500万円まで	11,000円
1,000万円まで	17,000円
3,000万円まで	23,000円
5,000万円まで	29,000円
1億円まで	43,000円

1億円を超える部分については
　1億円を超え3億円まで　（43,000円に）5,000万円毎に　13,000円
　3億円を超え10億円まで　（95,000円に）5,000万円毎に　11,000円
　10億円を超える部分　（249,000円に）5,000万円毎に　8,000円
がそれぞれ加算されます。

（日本公証人連合会ホームページより）

　遺言の目的財産の合計額が1億円以下の場合には、上記の表に基づいて算出される手数料（基本手数料）に、「遺言加算」として、1万1,000円が加算されます。

　ここで注意しなければならないのは、例えば同じ預金3,000万円でも、渡し方によって基本手数料が変わってくることです。具体的には、3,000万円を1人に遺贈するという内容であれば基本手数料は23,000円となりますが、1,000万円ずつ3人に遺贈するという内容の遺言の場合には、17,000円×3人で51,000円となり、後者の方が基本手数料は高くなります。

　また、公証人に出張してもらう場合には、上記の基本手数料が5割

加算されることがあり（病床執務加算の対象になる場合）、目的財産の価額が大きい場合には、想定外に高額となってしまうこともあります。その他、日当（1日2万円、4時間まで1万円）と交通費（実費）もかかります。

さらに、上記に加え、若干の謄本手数料等もかかります。加えて、祭祀主宰者の指定も一緒に行うと、別途手数料が加算されたり（目的物の価額が算定できない場合に当たり、目的物の価額が500万円とみなされるため、手数料は1万1,000円となります。）、補充条項を入れた場合にも金額が変わるなど、手数料の計算は意外に複雑です。

公証人に相談する前に計算しておいても、最終的に公証人から知らされる金額がこれと異なるということがままあるため、筆者が依頼を受けた場合は、その旨を事前に遺言者にお伝えしています。

なお、最終的な手数料の金額は、通常、公正証書の原稿を送ってもらう際に、公証人から教えてもらえます。

⑵　目的財産の価額

以上が公正証書遺言の手数料の概観ですが、預貯金の場合はともかく、不動産や取引相場のない株式の場合に「目的物の価額」がどう決まるのかと疑問に持たれた読者もいらっしゃるかもしれません。

これについては、相続税等に適用される財産評価基本通達のような精緻な計算基準があるわけではありません。

不動産については、固定資産税評価額で評価します。一方、取引相場のない株式については、対象会社の貸借対照表に基づき、簿価純資産価額で評価されるのが一般的なようです（ただ、配当還元価額が適用される少数株主のような場合には、相当な資料を提出すれば、簿価純資産価額以外による評価も恐らく認められるのではないかと思います。）。

また、評価基準時についても、公証人が証書の作成に着手した時（公証人手数料令10）と定められてはいますが、税の場面のように厳密さは求められていません。

6　当日の手続

全ての準備が調ったら、遺言者、証人及び公証人の都合を調整して日程を決め、公証役場（出張してもらう場合には病院等の出張先）に集まることになります。

そこでは、民法に定めた手続を進めて行くことになります。ここで手続違背があると、遺言の効力に影響しますので、非常に大切なところです（後の紛争の懸念があるような場合に、手続違背がなかったことを証明するため、ビデオに収めておくこともあります。）。ただ、当然ながら公証人は慣れていますので、流れ作業のように進められて行くことが多いです。

(1)　口授と筆記

民法上、遺言者が公証人に遺言の趣旨を伝え、公証人がその内容を筆記することになっています（民法969二、三）。

ただ、実務上は、原稿ができあがった状態で公証役場に行きますので、一から希望を述べることはありません。その代わりに遺言者が、「（原稿のとおりで）間違いありません」などと発言することになります（ただ、遺言者が頷いただけでは、「口授」を欠き、遺言が無効と判断された例（横浜地判平成元年9月7日判時1341号120ページ）もあります。）。

もし、遺言者が口のきけない方の場合には、筆談や、通訳人を通じて手話などで伝えることも可能になっています（民法969の2①）。

(2)　読み聞かせ又は閲覧

　続いて、公証人が原稿の内容を遺言者と証人に読み聞かせます（民法969三）。耳が聞こえない方の場合は、読み聞かせに代えて閲覧させる方法を採ることも可能であるほか（民法969三）、手話通訳を介することも可能となっています（同法969の2②）。

(3)　署名・押印

　遺言者と証人は、筆記が正確なことを承認した後、それぞれに署名押印をします（民法969四本文）。遺言者の手の機能に障害がある等の場合には、公証人がその旨を記載して署名に代えることができることになっています（同号但書）。また、印鑑については、遺言者については実印によることが求められますが、証人については認印で問題ありません。

　その後、公証人が、方式に従って作成された旨を付記して署名押印します（民法969五）。これで、当日の手続は終了です。

7　原本の保管と公正証書遺言の撤回

　公正証書遺言は、原本、正本及び謄本の3通が作成され、そのうち正本と謄本が遺言者に交付されます。原本は、遺言者の死亡後50年、証書作成後140年又は遺言者の生後170年間保存する取り扱いとされているようです（日本公証人連合会ホームページより）。

　加えて、遺言書を作成した事実が遺言検索システムに登録されますので、遺言者の生存中は遺言者本人が、遺言者死亡後は法定相続人等の利害関係人が、それぞれ遺言の有無を検索することが可能となっています。この遺言検索の申出は、日本全国どこの公証役場においても可能です。また、検索しても遺言が見つからなかった場合には、その

旨の書類も発行してもらえます。

　なお、自筆証書遺言の場合、遺言書の破棄によっても遺言を撤回することが可能ですが（民法1024）、公正証書遺言の場合は原本を公証役場で保管していますので、この方法によることができません。公正証書遺言を撤回するには、新たな遺言書をもって従前の遺言書を撤回するか、従前の遺言と異なる内容の遺言を改めてする必要があります（ただ、実務上は、解釈に疑義が生じることを避けるため、後者の場合も「従前の遺言を撤回」する旨も付記するのが通常です。）。

　このように一度作成した公正証書遺言の内容を変えようとすると、手間も費用もかかって面倒です。そのため、筆者は、例えば2つの銀行口座がある場合に、Aの口座を長男、Bの口座を次男というように定めておき、それぞれの口座の残高を変えることで、各相続人の取得額を変更できるようにしておくという方法もあると依頼者に紹介することがあります。

Ⅴ　遺言の訂正・変更・撤回

1　遺言の訂正・変更

　自筆証書遺言の場合、書き損じ等の場面が生じ得ます。そのようなときに、一から書き直すのは大変です。できれば一部を訂正して済ませたいところです。

　しかし、自筆証書遺言の加除・訂正に関しては、民法で厳格な方式が求められています。遺言の変造を防止するのがその趣旨です。

　具体的には、遺言者が、

　①　変更した場所を指示し、

　②　これを変更した旨を付記し、

③ 特にこれに署名し、

④ かつ、その変更した場所に印を押す

ことが必要になります（民法968③）。

このような方式に違背してしまった場合、「明らかな誤記の訂正」については遺言の効力に影響がないとした救済判例（最二小判昭和56年12月18日民集35巻9号1337ページ）もありますが、あくまでこれは例外であり、方式違背があると、遺言者の遺志を実現できなくなる可能性が高いものと考えておくべきです。

そのようなことから、筆者は、一字でも書き損じたときは最初から書き直すよう、遺言者に助言するようにしています。

実際のところ、遺言を全て自筆するというのは、想像以上に大変な作業であり、一から書き直すというのは結構な負担です。そのため、短い内容で済ませられないかと実際に相談されたこともあります。しかし、例えば遺言の目的物に不動産が含まれる場合に、「自宅を遺贈する」等と記載し、不動産の特定のための事項を記載しておかないと、相続開始後に移転登記に支障を来すことになりかねません。せっかく遺言を残すわけですから、そのような事態に陥るリスクは避けるべきでしょう。なお、財産目録等について、自書の要件を外す改正がなされており、現在ではパソコンで作成したもののほか、不動産登記簿謄本等のコピーでも足りることになっている点は、既に本章Ⅳで解説したとおりです。

2 遺言の撤回

遺言者は、いつでも、理由の如何を問わず、自らの遺言の全部又は一部を撤回することができます（民法1022）。この遺言の撤回権は放棄することができません（民法1026）。そのため、撤回をしない旨の

遺言の条項や第三者との合意があったとしても、当該条項や合意は無効になります。

　遺言の撤回をする場合、単にその旨の意思を表示するだけでは足りず、遺言の方式に従って行うことが必須となっています（民法1022）。ただ、撤回する際の「遺言の方式」が元の遺言と同じ方式である必要はありませんので、公正証書遺言を自筆証書遺言で撤回することも可能です。

　また、遺言で「前の遺言を撤回する」旨が明記された場合のほかに、以下の場合にも、遺言が撤回されたとみなされることになります（民法1023、1024）。

① 　前の遺言と後の遺言が抵触するとき（Aに遺贈するとしていた不動産をBに遺贈するとの遺言が後になされたような場合）

② 　遺言と遺言後の生前処分が抵触するとき（遺言者が遺言後に自らの意思で遺言の目的物を売却したような場合）

③ 　遺言者が自らの意思で遺言書の全部又は一部を破棄したとき

④ 　遺言者が故意に遺贈の目的物を破棄したとき

　このうち、①については、内容が抵触するかの判断で疑義が生じる恐れがあります。例えば、東京高裁平成14年8月29日判決（家月55巻10号54ページ）の事案では、妻に遺産を全て譲るとした第一遺言と、妻の存命中は土地家屋その他一切現状を維持し、その死後に土地家屋の処分代金を子供らに一定の割合で与える旨の第二遺言が抵触するかが争われました。この事案では、「第二遺言が第一遺言と矛盾抵触するとはいえない。」とされましたが、このような紛争が生じること自体を防ぐため、そもそも新しい遺言を作成する場合には、元の遺言を撤回するのか否かを名言しておくことが大事です（このような助言を的確に行えるよう、遺言の作成に関して相談を受けた際には、過去に

作成した遺言がないかどうか確認しておくことも重要です。）。

　次に②についてですが、自宅不動産等であれば簡単に売却することはないでしょうが、株式の場合、相続対策その他の理由で名義を動かすと、遺言が破棄されたとみなされてしまいますので、注意が必要です（同様に、株数が相続開始までに変化するということもあり得ますが、これについては、株数を記載するのではなく、「相続開始時に保有する全株式」等としておけば問題が生じません。）。

　また、③については、遺言者自身が破棄した場合に限られ、遺言者以外の第三者が破棄した場合に、遺言の撤回とみなされることはありません。実際には、遺言書が破棄されてしまうと、遺言の内容や、遺言が有効なものであったのかが不明となり、執行は困難となってしまうでしょうが、弁護士作成の原稿等から、自筆証書遺言の内容と適式性が推認された例もあります（東京高判平成9年12月15日判タ987号227ページ）。

　なお、③に関して、公正証書遺言の原本は公証役場に保管されているため、遺言者の手元にある公正証書遺言の正本を破棄しても、遺言書の破棄に当たらず、撤回の効果が生じないことは本章Ⅳで既に説明したとおりです。

3　負担付死因贈与契約の活用

　遺言の撤回が自由にできるというのは、遺言により得られる利益を期待している受遺者や推定相続人の立場からすると厄介です。そこで、後に撤回されることを防止するための手段として考えられるのが、負担付贈与の活用です。

　遺贈と同様、財産の所有者の死亡時に当該財産を第三者に承継させる手段として、死因贈与があります。死因贈与についても、その性質

に反しない限り、遺贈に関する規定を準用することとされており（民法554）、撤回が自由であることを定めた民法1022条も準用されます（最一小判昭和47年5月25日民集26巻4号805ページ）。しかし、負担付死因贈与契約で受贈者が負担を先履行した場合には、死因贈与契約の取消が制限されるため（最二小判昭和57年4月30日民集36巻4号763ページ）、負担付死因贈与契約を結んで負担を先履行しておけば、後に取り消されてしまう事態を回避することが可能となるのです。しかも、不動産を対象とする死因贈与契約の場合には、仮登記ができるというメリットもあります。

　ただ、負担付贈与契約でも例外的に取消が認められる場合があり、その判断は、負担の価値と贈与財産の価値との相関関係等に照らして行われることになりますので（負担の価値が贈与財産の価額に比して低廉である場合には、負担を先履行していても、取消が認められてしまいます。）、贈与財産との比較で相応の価値のある負担の内容にしておく等の工夫は必要になります。

（参考）負担付死因贈与契約の例

負担付死因贈与契約

第1条　贈与者○○（以下、甲という。）は、令和5年○月○日、その所有する○○を受贈者○○（以下、乙という。）に贈与する旨、もし甲の死亡以前に乙が死亡したときは乙の相続人に贈与する旨を約し、乙はこれを承諾した。

第2条　乙は甲に対して、本契約成立後、次の負担を履行することを約束する。

　　　①　甲の生存中毎月末日限り、生活費○万円を送金する。

　　　②　甲の療養看護につとめる。

第3条　第1条の贈与は、甲の死亡によって効力を生ずる。

第4条　甲は、本件死因贈与の執行者として、乙を指定する。

Ⅵ　遺言の内容

1　遺言で決められること

　遺言事項として法律上明示されているものとしては、以下のようなものがあります。

・遺産分割の方法の指定・指定の委託（民法908①）

・遺産分割の禁止（民法908②）

・相続分の指定・指定の委託（民法902①）

・遺贈（民法964）

・祖先の祭祀主宰者の指定（民法897①但書）

・財団法人設立のための寄附行為（一般社団法人及び一般財団法人に関する法律152②）

・信託の設定（信託法3二）

・生命保険受取人の指定・変更（保険法44①）

・認知（民法781②）

・未成年後見人・未成年後見監督人の指定（民法839①、848）

・遺言執行者の指定・指定の委託（民法1006①）

・受遺者が複数あるときの遺留分侵害額の負担割合（民法1047①二但書）

・特別受益の持戻しの免除（民法903③）

・推定相続人の廃除・取消し（民法893、894②）

・共同相続人の担保責任の減免・加重（民法914）

・著作物の実名登録の申請をなすべき者の指定（著作権法75②）

2　遺産分割の方法の指定・指定の委託

⑴　遺産分割方法の指定

　民法は、被相続人が遺言で遺産の分割の方法を指定することができる旨を定めています（民法908①）。遺産分割には、現物分割、代償分割、換価分割及び共有分割並びにこれらを組み合わせるという方法があり得ますが、このうちどの方法により分割するかを、被相続人が遺言で定めておくことができるのです。例えば、遺産の換価代金を分割すると指定する場合などが考えられます。

〔譲渡所得税への配慮のない遺言〕

> 　夫も子どももなく、相続人は亡くなった兄の子どもたちで、交流はない。財産は、両親の代から住んでいる都内の自宅のみだけれど、私が死んだら、これを換価して、代金のうちの一定金額をお世話になった人に渡してもらい、残りは甥っ子たちに渡したい。

　上記のとおり、遺産分割の方法を遺言で指定しておくことは可能ですから、このように換価した財産を分割すると指定することも民法上可能です。

　ただ、税理士であれば気付くところでしょうが、甥っ子らに、譲渡所得税分の現預金が残されたのかが気になります。遺産である不動産の譲渡に係る所得税は、法定相続人である甥っ子らが負担することになります（ただし、「お世話になった人」が包括受遺者と解釈される

ような内容の遺言であれば、こちらも申告・納税義務を負うことになる可能性があります。)。もし、甥っ子らが相続により取得した譲渡代金が譲渡所得税を下回れば、甥っ子らは自腹で所得税を負担しなければならないことになり、酷な結果となります。

遺言を作成する際には、譲渡所得税分を控除した残額を遺贈する旨の定めを置く等、税負担にも配慮をしておきたいところです。

(2)　相続させる遺言

ごく一般的に使われる「相続させる遺言」(特定財産承継遺言)、すなわち「妻に○○の土地を相続させる」という遺言も、この「遺産分割方法の指定」に当たると解されています。

この点、従来は、「相続させる遺言」を遺産分割方法の指定と解するか遺贈と解するかで、解釈上の争いがありました。しかし、最高裁判平成 3 年 4 月19日第三小法廷判決 (民集45巻 4 号477ページ) が、原則として遺産分割方法の指定と解すべきという判断を下し、現在は遺産分割方法の指定と解する実務が定着しています。

遺産分割方法の指定の場合、指定の仕方によっては、遺産分割協議又は家裁の審判を経る必要がある場合もあり得ます。しかし、上記最高裁判決は、「相続させる遺言」については、「何らの行為を要せずして、被相続人の死亡の時 (遺言の効力の生じた時) に直ちに当該遺産が当該相続人に相続により承継される」とし、「協議又は審判を経る余地はない」としました。したがって、「相続させる」遺言については、原則として、遺産分割協議が必要でないことになります。

また、上記のとおり、「相続させる」遺言の場合、指定された財産が指定された相続人に当然に承継されることになるため、当該相続人は、単独で相続登記を申請することができるとされています。そのた

め、不動産を相続させる遺言がある場合、遺言執行者には、登記の義務も権利もなく、「執行」をする余地がそもそも無いと解されていました（最一小判平成11年12月16日民集53巻9号1989ページ）。

　上記のような解釈がなされていたため、以前は遺言の作成に関与し、自らが遺言執行者として予定されている者が、遺言執行の対象に加えるため、敢えて「相続させる」遺言ではなく「遺贈する」遺言を作成させる場合もあったと聞き読んでいます（遺言執行の対象財産の多寡が、執行報酬の金額にも影響するためでしょう。）。しかし、この点については、相続法改正により見直しが図られ、特定財産承継遺言がされた場合でも、遺言執行者が、その遺言によって財産を承継する受益相続人のために対抗要件を具備する権限を有することが明確にされました（民法1014②）。これにより、受益相続人と遺言執行者のいずれもが単独で登記申請をすることが可能になりました（受益相続人が登記を備えることは、民法1013条1項の「遺言の執行を妨げるべき行為」に該当しないと考えられています。）。

　なお、従来、登録免許税の違いから、遺贈ではなく相続させる遺言を選択する場合が多かったのですが、現在では、相続人への遺贈である場合に限り、遺贈と相続で登録免許税に差異は無くなっています。また、遺贈の場合、登記も相続人との共同申請が必要でしたが、令和3年の不動産登記法の改正により、相続人への遺贈に限り、受遺者である相続人が単独で申請が可能なように改正されましたので（同法63③）、この点でも違いが無くなっています。結果、相続させる遺言と遺贈との違いは小さくなっており、賃借権を承継した際の賃貸人の承諾の要否（遺贈については必要）や、推定相続人の廃除の適用の有無（遺贈については、廃除された相続人でも取得が可能）等に留まっています（村松秀樹ほか編著「Q&A令和3年改正民法・改正不登法、

相続土地国庫帰属法」303ページ参照）。

　なお、登録免許税の違いから、公正証書遺言を作成する場合、特段の依頼をしないと、公証人が作成する遺言の原稿では、相続させる遺言を選択するのが一般的となっていました。この点は現在の実務も変わっていないようです。債務も負担することを明確にするため、あるいは、遺産分割で決めることを明確にするため、敢えて相続させる遺言ではなく、包括遺贈を選択したい場合もあります。そのような場合は、包括遺贈と記載したいことを、はっきりと公証役場に伝える必要があるでしょう。

⑶　「その他の一切の財産」を相続させる遺言

　実務上、「遺言者は、遺言者の有する預貯金その他一切の財産を、相続人A、B及びCに各3分の1ずつ相続させる」との遺言が作成されることはよくあります。このような遺言に関して、①割合的包括相続させる旨の遺言であるか、②特定物を相続させる旨の遺言の集合体であるかの解釈が問題となることがあります。

　①と②で結論が異ならないように思われるかもしれませんが、遺産分割の余地があるか否かという点が異なって来るため、問題となることがあるのです。

　この点、公証実務では特定財産承継遺言は全て遺産分割方法の指定と解しているようです。そうなると、前述のとおり、遺産分割方法の指定の場合、遺産分割協議は不要と解するのが判例ですから、遺産分割の余地はないことになります。

　これに対し、家裁の実務は、少し異なります。この点、遺言者の意思は、指定した割合による価値に相当する財産を取得させることにあると解されること、②のように解しても、個々の財産に共有関係が成

立したままでは遺言者の真意が実現されたとはいえないこと等から、特段の事情のない限り、①の趣旨と解することとされているのです（長秀之ほか「リーガル・プログレッシブ・シリーズ 遺産分割【改訂版】」青林書店276・277ページ）。

　預貯金や現金のみであればあまり問題にならないでしょうが、不動産や動産を含む場合、共有にするのではなく、最初から誰かの単独所有にしておきたいというニーズもあるでしょう。そのような場合は、遺産分割の対象となるような遺言の定め方ができないか、検討の余地があると思われます（ただし、遺言の文言や、遺言が作成された経緯等により、解釈が異なる場合があり得ますので、実務で実際に該当するケースに当たった場合には、弁護士等の専門家に相談することをお勧めします。）。

⑷　相続させる遺言と代襲相続人

> 　母親Aが長男Bに全ての財産を相続させるという遺言を残していた。ところが、Aより先にBが死亡してしまった。
> 　その後、Aも亡くなり、その相続人は長女Cと長男Bの子Dら2人である。

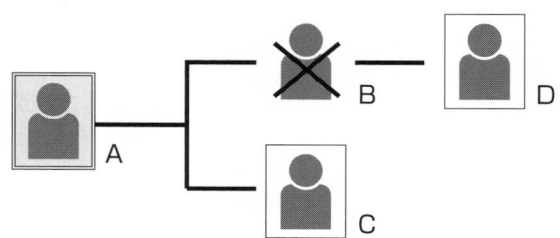

　遺贈の場合、受遺者が遺言者の死亡以前に亡くなった場合には効力を生じないことが明文で規定されており（民法994①）、受遺者の相続人が権利を承継することはありません。

　これに対し、上記の事例のような場合について、遺言の効力が代襲相続人である長男Bの子Dにまで及ぶのかについては、これを肯定する裁判例も出ていました。しかし、最高裁はこれを否定しました（最三小判平成23年2月22日民集65巻2号699ページ）。すなわち、被相続人が「長男が先に死亡した場合には遺産を孫に相続させる」という意思を有していたことが遺言書の記載等から明らかになるような特別な場合を除き、遺言は効力を有しないとしたのです。したがって、上記の事例では、法定相続分どおりに長女Cと長男Bの子Dが権利を取得することになります。

　一方で、「特別な事情」が認められる場合もあり得ます。この点、「相続させる」遺言ではなく相続分の指定が問題になったケースではありますが、東地判平成25年12月12日（戸籍時報738号25ページ）の事案で、Eが妻Fと長男G以外の子H及びIの相続分を指定する遺言を作成していたものの、FがEより先に死亡してしまい、Fの相続分を指定した部分の遺言の有効性が争点になりました。裁判所は、EがGを廃除する遺言を残していたこと等を考慮し、Fが先に死亡した場合には、Fの指定相続分はHとIに均等の割合で指定する旨の意思をEが有していたとみるべき特別な事情があると認め、遺言を有効としました。

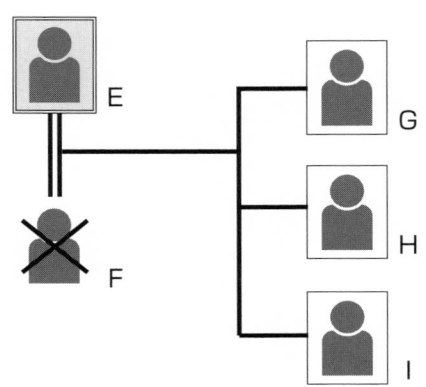

　特別な事情ありと認められるかは事案ごとの個別判断となり、相続開始後に相続人らを不安定な状態に置くことになりますから、そのような疑義が生じない遺言にしておくのが望まれるところです。

　具体的には、先ほどの事例で言えば、「ただし、長男Ｂが遺言者Ａの相続開始前に死亡したときは、長男Ｂの子Ｄに前記財産を相続させる。」などと入れておくことになります（ただ、配偶者であればともかく、相続人が子である場合には、遺言者に「あなたのお子さんが先に死ぬかもしれない」などとはなかなか言いにくいものですが。）。

⑸　遺産分割方法の指定の委託

　被相続人は、遺言で、分割方法の指定を第三者に委託することもできます（民法908①）。ただ、この場合の「第三者」は、相続人以外の者でなければなりません。跡取りの長男に指定を委託しておきたい等のニーズがあり得ますが、残念ながら、相続人の１人に対する遺言は無効と解されています（東高判昭和57年３月23日判タ471号125ページ）。

　相続人以外の第三者となると、例えば、税負担が最小になるような遺産分割の方法を考えてもらえるよう顧問税理士に委託する等という

遺言であれば有効になり得ます。しかし、委託される税理士にとって
荷が重く、あまり引き受けたくないというのが正直なところではない
でしょうか。

3　遺産分割の禁止

　民法は、遺言で、遺産分割を禁止することができる旨も定めていま
す（民法908①）。禁止できる期間は５年以内です。遺産全部について
だけでなく、一部についてのみ遺産分割を禁ずることも可能です。

　ただ、仮に５年間分割を禁止してしまうと、配偶者の税額軽減や小
規模宅地等の特例といった税法上の特典を使えるのかという問題が生
じてしまいます。実際、分割の禁止について定めた遺言を筆者も見た
ことがありませんし、遺言で分割の禁止を定める例は稀ではないかと
思います。

　なお、被相続人が遺言で定める場合のほか、遺産共有者である相続
人らが、５年以内の特定の期間を定めて、分割をしない旨の契約をす
ることも可能です（民法908②）。こちらも実務上あまり目にすること
のない制度ですが、遺産分割調停で、当事者の合意により一定期間、
特定の不動産等の遺産分割を禁止する例もあるようです。

4　相続分の指定と指定の委託

(1)　相続分の指定

　被相続人は、遺言で、相続分を指定することができます（民法902
①）。

　例えば、長女に３分の２、次女に３分の１と指定するような場合が
多いでしょうが、一部の相続人について定めることもできますし、相
続分を零と指定することも可能です。

そのため、特定の相続人の相続分を零とするというだけの遺言の作成も可能であり、実際、ある公証役場では、年に数件、配偶者に一切の財産を取得させたくないので遺言を作ってほしいと相談に来る人がいるそうで、そのようなときは、「配偶者の相続分を零にする」という遺言を作るそうです（もちろん、配偶者ですから遺留分があるわけですが、それを説明しても「構わない」と言う遺言者が多いそうです。）。

　また、「自宅を配偶者に相続させる」という遺言は、2(2)で説明したように、遺産分割方法の指定と解されています。ただ、自宅の価値が相続財産の総額に配偶者の相続分を乗じた金額を上回る場合は、遺産分割方法の指定のみならず、相続分の指定を含む趣旨と解されています。

　これに対し、問題となるのは、相続人に与えられた財産の価額が、その相続人の法定相続分に相当する額を下回る場合です。

> 　Ａの相続財産は、自宅を含む複数の不動産と金融資産。相続人は長女Ｂと長男Ｃ。Ａは「Ｂに自宅を相続させる」という遺言を残した。自宅の評価額は、相続財産の総額の2分の1に満たない。

　この事例では、「Ｂに自宅を相続させる」という遺言が、相続分の指定を伴う趣旨か否かの解釈が問題となり得ます。相続分の指定を伴うのであれば、Ｂは他の遺産から分配を受けることができませんが、相続分の指定を伴わないということであれば、自らの法定相続分に満つるまで、他の遺産についても権利を主張することができることになります。

　この点、上記の事例と同様に、法定相続分の額を下回る価額の特定の遺産を「相続させる」遺言が残されていたケースにつき、その遺言

の解釈を示した裁判例があります。具体的には、他の相続人に「その余の遺産すべてを相続させる」旨の記載が遺言に無かったこと等を理由に、相続分の指定を伴うものではないと判断したのですが（山口家萩支審平成6年3月28日家月47巻4号50ページ）、ただ、相続分の指定の趣旨を含むかは、結局遺言の解釈の問題によるところであり、遺言の文言や内容その他の事情を踏まえて、個別の事案ごとに判断されることになります。

　つまりは、当事者間で争いが生じてしまった場合、裁判所で最終的な判断が下されるまで不確定な状態が続くということですから、そのような疑義を残すようなことがないよう、遺言を作成する時点で、上記の事例であれば、自宅以外の財産についてはどう分けて欲しいのかについても、明確にしておくことが肝要です。

(2) 相続分の指定の委託

　相続分の指定の方法としては、遺言者自らが指定するほかに、第三者に指定の委託をする方法もあります（民法902①）。いずれの場合も遺言によることが必須です。

　「第三者」に相続人も含まれるかに関しては、これを否定的に解するのが多数説です。すなわち、配偶者や長男に指定を委託するという遺言を残しても、無効とされる可能性があります。

　そのため、使いにくい制度となっており、実際、相続分の指定を委託する遺言が作成されることはほとんど無いのではないかと思います。

(3) 相続分の指定と相続債務

　相続分の指定がなされた場合、相続債務も、指定相続分の割合で承継されることになります。しかし、これはあくまで相続人間の内部関

係に過ぎず、相続債権者に対して主張するためにはその同意が必要である（すなわち、同意のない限り、相続債権者に対しては法定相続分に従って債務を弁済する責を負う。）というのが民法の考え方です。一般の感覚とは異なりますので、注意が必要なところです。

これに対し、租税債務に関しては、指定相続分に従って承継することになっていますので（国税通則法5②）、債権者の同意といったことは問題になりません。また、相続税の申告の場面でも、相続債務は指定相続分に応じて負担することが前提とされています（相基通13−3）。

(4)　相続分の指定と遺留分

相続法改正前の民法では、相続分の指定は、遺留分に関する規定に違反することができないと定められていました（改正前民法902①但書）。

この規定の意味に関して、遺留分を侵害する限度において相続分の指定が無効になるとする考え方と、遺留分を侵害する相続分の指定は遺留分減殺請求の対象になるとする考え方ありましたが、いずれにしても、趣旨が明確でなかったため、平成30年の相続法改正により、この規定自体が削除されました。

改正後の民法では、遺留分権利者が受遺者等に対し遺留分侵害額に相当する金銭を請求すべきこととされるとともに、ここでいう「受遺者」について、「特定財産承継遺言により財産を承継し又は相続分の指定を受けた相続人を含む」として、相続分の指定を受けた相続人が相手方となることが明示されましたので（民法1046①）、相続分の指定を受けた相続人らが遺留分侵害額請求をされた場合、当該相続人らにおいて、指定された相続分に従って遺産を分割し、遺留分権者に対しては、遺留分侵害額相当の金銭を支払うことになります。

　なお、⑶で租税債務は指定相続分に従い承継されると述べましたが、相続分を零と指定された相続人が遺留分減殺請求をした場合に、被相続人の所得税の納税義務を遺留分割合に従って承継するかが争われた事案につき、これを否定する判決（東京地判平成25年10月18日税資263号（順号12313））が出ていますので、参考までにご紹介しておきます。

5　祭祀にまつわること

⑴　祭祀財産と祭祀承継者の指定

　相続人は、被相続人に属する全ての権利義務を承継しますが（民法896）、祭祀財産はこれに含めないこととされています（同法897）。ここでいう祭祀財産とは、系譜（家系図等）、祭具（仏壇、位牌等）及び墳墓（墓石、墓碑等）を指します。これらは相続財産には含まれませんので、承認や放棄の対象とはならず、また、遺留分や特別受益の問題も生じないことになります。

　祭祀承継者の指定に関して、民法897条１項本文は、慣習によって祭祀を主宰すべき者が承継すると定めていますが、同項但書は、被相続人により指定された者があるときには、その者が承継する旨を規定しています。この場合の指定は、生前行為と遺言のいずれでも可能ですし、文書に限らず、口頭による指定も有効と解されています。

　ただ、書類で祭祀承継者が指定されていないと、都立霊園等の墓地の承継に際して手続が面倒になることがありますので、遺言で指定しておくのが安心です。

　祭祀承継者は、相続財産の場合と異なり、単独で承継するのが原則とされていますので、指定する場合には１人にしておくのが無難です。また、祭祀承継者の資格には制限がなく、相続人である必要もありま

せん。

　なお、被相続人による指定がなく、慣習も明らかでないときは、家庭裁判所に申し立てて祭祀承継者を指定してもらうことが可能です（民法897②）。その場合、裁判所は、以下の点等を判断要素として、祭祀承継者を決定するようです（片岡武ほか編著「【第4版】家庭裁判所における遺産分割・遺留分の実務」89ページ）。

①　お墓を掃除しているのが誰か

②　仏壇、位牌は誰が持っているか

③　永代供養料は誰が支払ったか

④　お寺は誰を檀家、門徒と見ているか

　このように、民法上、祭祀承継者が定まらない場合には家庭裁判所が指定することとなっていますが（遺産分割とは別の審判事件になります。）、当事者間に争いがなければ、遺産分割の話し合いの中で、祭祀承継者を指定して祭祀財産を取得させるという解決も可能です（片岡武ほか前掲書89ページ）。

　なお、祭具や墳墓の相続における取り扱いについては、**第5章Ⅰ1(2)**で触れています。

(2)　お墓の承継者がいない場合

　上記のように、祭祀承継者をめぐって紛争が生じることがある一方で、近年増加しているのが、承継者のいない墓地です。承継者のないまま管理料等の滞納が続くと、そのお墓はいわゆる無縁墓とみなされ、一定の手続を経た後、墓地管理者によって改葬されることになります。

　このような事態を防ぐため、まずは祭祀承継者を指定しておくのが一番です。前述のとおり、祭祀承継者に制限は無く、遠い親戚や知人

を指定することも可能です。その際、指定する人が将来にわたってお墓を継いで行くわけでない場合は、一定期間維持した後に「墓じまい」してもらうことを前提に、その人が負担することになる管理料や「墓じまい」に要する費用に相当する現預金を、あわせて遺贈しておくことが望まれます。

　もしお墓を継いでくれる人も、信頼して託せる人もいないという場合は、墓地管理者に永代供養料を払って永代供養してもらうか、永代供養墓に改葬する等の「墓じまい」をすることも検討すべきことになるでしょう。

⑶　葬式費用の負担

　祭祀承継者に関連する事項として、葬式費用を誰が負担するかという問題があります。この点、葬式費用も、当然に各相続人が法定相続分に従って負担するものと考える当事者が多いですが、現在の実務では、必ずしもそのように解釈されていません。

　詳細は**第5章Ⅲ4**で触れましたが、万一相続開始後に揉めてしまうと厄介です。そのような紛争を防ぐために、遺言の中で、例えば預貯金を解約した中から葬式費用を除いた分を分配するというように、葬式費用の分担についても定めておくとよいかもしれません。

6　遺言信託と遺言代用信託

　本項では、遺言信託と遺言代用信託について解説します。ただ、信託に係る論点は多岐に渡り、それだけで一冊の本が出来てしまうような分野ですので、本書ではごく簡単な紹介に留めたいと思います。

　遺言により信託を設定することが可能です（信託法2②二、3二）。ただ、遺言信託は、通常の遺言と同様、遺言者において書き換えるこ

とが容易であるため受益者の権利が不安定になりやすいと言われます。また、相続開始により信託の効力が発生した後受託者が事務を開始するまでにタイムラグが生じるという問題もあります（さらには、受託者として指定された者が就任を拒否する恐れもあります。）。そのため、遺言信託に代わるものとして、いわゆる「遺言代用信託」が一般的に用いられています。

　遺言代用信託とは、委託者の生存中に、自らを受益者とする信託契約を締結してその効力を発生させた上で、委託者が死亡したときに、指定した者（相続人である場合が多いでしょうが、相続人に限りません。）に信託の受益権を承継させる仕組みです。遺言代用信託であれば、信託契約においてある程度の縛りをかけておくことができますので、受益者にとって確実性が増しますし（あくまで契約ですので、変更の途を完全に封じることは困難ですが。）、生前に受託者と契約を結びますので相続開始後にタイムラグが生じるという問題もありません。

　なお、信託銀行の商品で「遺言信託」というものがありますが、これは信託法上の信託ではありません。信託銀行が取り扱う遺言関連業務のことを単に「遺言信託」と呼称しているものです。

　以下では、遺言代用信託の活用場面を幾つかご紹介します。

(1)　高齢の配偶者や障がいを持つ子に財産を残す場合

　自分の亡き後、高齢の妻に可能な限り自宅に住まわせ、必要になったら自宅を処分して施設に入ってもらいたい。ただ、判断能力が衰えてきているので、妻に財産を相続させてしまうと、悪徳業者に騙されたりしないか心配だ。子供はいないものの、信頼できる甥っ子がいるので、その甥っ子に任せたい。

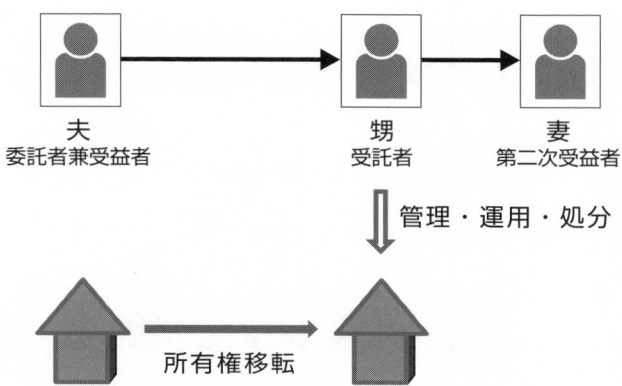

夫
委託者兼受益者

甥
受託者

妻
第二次受益者

管理・運用・処分

所有権移転

　上記のようなスキームは、自己を委託者兼受益者、甥っ子を受託者、妻を第二次受益者とする遺言代用信託を設定することで実現可能です。信託においては、信託の対象とされた財産の所有権は受託者に帰属し、上記の例で言えば受益者たる妻は自宅の所有権を有せず、これを処分することができません。そのため、妻が騙されて自宅を失うのではないかという心配は無くなります。この点において、信託の効力は非常に強力です。

　なお、上記の事例で、妻が成年後見制度を利用することも考えられますが、法定後見においては成年後見人等に取消権があるに過ぎませんし、任意後見においては任意後見人に取消権すらありません。また、成年後見制度は柔軟性に欠ける面があります。すなわち、成年後見人等が裁判所の監督のもと自らの判断で財産管理を行っていくことになりますので、夫の遺志が実現される保証はありませんし、一般的に裁判所はリスクを嫌いますので、新たな資産運用等もできません。

　ただ一方で、信託においては、受託者の権限が広大であり裁判所のような監督機関もないため（受託者が欠けた場合等に裁判所が関与することにはなりますが。）、受託者による権限濫用という大きなリスク

もあります。これに対する対策としては、信託契約を締結する際に、税理士等の専門家を信託監督人としておくこと等が考えられます。

(2) 後継ぎ遺贈に代わる受益者連続型信託

> 後妻との間には子供がいない。後妻に財産を残したいが、後妻が亡くなると後妻が取得した財産は後妻の兄弟が承継することになってしまう。後妻が亡くなった後は、私が残した財産は先妻との間の子に承継させることにしたい。

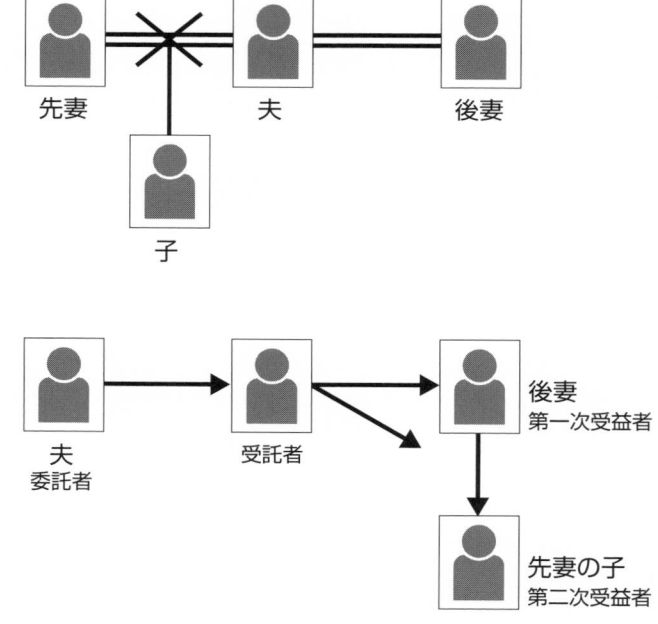

妻、続いて先妻の子に順次取得させたいという、いわゆる「後継ぎ遺贈」が必要となる場面です。後継ぎ遺贈については、民法の下でも、条件付き遺贈や負担付遺贈を用いることで設計自体は可能なようにも

思えるのですが（最二小判昭和58年 3 月18日家月36巻 3 号143ページもその可能性を示唆しているように読めます。）、民法の学説は、従前より後継ぎ遺贈の効力を否定的に解するのが通説となっています。また、仮に条件付き遺贈等を用いた後継ぎ遺贈が可能であったとしても、その確実性を担保する制度上の手当がなく、遺言者の遺志を本当に実現できるのかという問題もあります。

　そのような中、平成18年に大改正された信託法により受益者連続型信託（信託法91）の設定が可能となり、後継ぎ遺贈型信託として注目されるようになりました。信託を用いれば、上記の事例で、後妻を第一次受益者（正確には、遺言代用信託では委託者を第一次受益者とするでしょうが、複雑になるので、ここでは後妻を第一次受益者とします。）、先妻の子を第二次受益者とする信託契約を受託者と締結することで、委託者の遺志を実現することが可能です。

　なお、受益者連続型信託には「当該信託がされた時から三十年を経過した時以後に現に存する受益者が当該定めにより受益権を取得した場合であって当該受益者が死亡するまで又は当該受益権が消滅するまでの間、その効力を有する。」という期間の制限があります（信託法91）。すなわち、30年経過後は 1 回しか受益権を承継できないということです。そのため、信託法上は第三次受益者や第四次受益者を設定することが可能ですが、ある程度常識的な範囲に留めることが必要でしょう。

　また、遺留分についてもよく問題にされるところです。この点、後継ぎ遺贈型信託では遺留分の問題が生じないとする記述を見かけることがありますが、立法段階から遺留分の対象になると言われており、誤解を与えるような表現かと思います。

　ただ、第二次受益者が受益権を「承継」（信託法上、第二次受益者

は第一次受益者から受益権を承継するのではなく、自己の受益権を信託契約等に基づき直接取得すると解されますので、正確には、受益者間で承継するわけではありません。）したときには、遺留分の問題が生じないというのは一般的に言われているところです。すなわち、相続税が委託者及び第一次受益者（後妻）の相続開始時にその都度課されるのと異なり、遺留分については、委託者の相続開始時に、

① 第一次受益者（後妻）は自らの死亡時までの受益権を

② 第二次受益者（先妻の子）は第一次受益者の死亡時から信託終了時までの受益権を

それぞれ取得したと解し、委託者（夫）の相続人らが①と②のいずれについても、遺留分侵害額請求権を主張できると解されています。すなわち、②について、後妻の相続開始時に、後妻の相続人らが先妻の子に対して遺留分侵害額請求することはできないと解されているのです。

　なお、遺留分に関しては、作成された信託契約の一部が、「遺留分制度を潜脱する意図で信託制度を利用したものであって、公序良俗に反して無効」とされた裁判例も出ており（東京地判平成30年９月12日金法2104号78ページ）、設計に当たっては注意が必要です。

(3)　信託を扱う際の注意点

　上記のとおり、信託は様々な場面に対応できる素晴らしい制度なのですが、一方で、実際に信託を設定する際の障害もあります。

　いちばんは、受託者の適任者を確保するのが困難であるということです。この点、受託者に税理士等の専門家がなれればよいのですが、信託業法の規制により、免許を受けた信託銀行や信託会社でなければ信託を業として受託することができません（同法３）。そうなると、

身近な親族に適任者を求めることになりますが、少子化が進み親戚づきあいも希薄になる昨今、人材が不足しているというのが実際のところです。

　また、ある公証人の話によると、信託に係る公正証書の依頼は増えているそうで、信託の設定に関する実務は蓄積されつつあるようですが、信託法の大改正からある程度の年数が経ち、徐々に実務が形成されつつあるとは言え、未だ民事信託の継続・終了に関しては実務上不確実な部分も少なくないと思われます。そのため、もし既存の制度で代替可能なような場合には、安易に信託を用いず、既存の制度を利用することも一考に値するでしょう。

　一方で、前述のとおり、信託監督人として税理士等の専門家が関与していく余地はあると思われます。信託法上受託者の帳簿等の作成義務があるにもかかわらず（強行規定です。）、親族である受託者が全く作成していないという例も残念ながら多いようです。もし、税理士が信託監督人と関与していれば、単に受託者たる信託を監視するという役割を果たすのみならず、事実上受託者をサポートして、共に信託の目的を実現して行くという役割も期待できます。

　もちろん、従前どおり、信託の設定時に課税の面についてのアドバイスをするという役割も大いに期待されますから、時に弁護士や司法書士等の他士業と連携しつつ、より多くの税理士が信託に関わるようになっていくといいと思います。

　その他、信託の実務については、遠藤英嗣弁護士による「改訂 家族信託契約 遺言相続、後見に代替する信託の実務」が詳しいです。

7　遺言執行者の指定と指定の委託

(1)　遺言執行者の指定

　遺言者は、遺言で遺言執行者を指定することができます（民法1006
①)。

　遺言執行者として、相続人の１人（又は２人以上）を指定すること
も可能と解されています。そのため、跡取りの長子等、メインとなる
相続人を指定する例は多いと思われます。弁護士や司法書士等の専門
家や信託銀行に遺言の作成援助を依頼した場合には、当該専門職又は
銀行を指定することが多いでしょう。ある公証人の話によると、専門
職として税理士が登場することは稀だそうです。しかし、紛争性のな
い事案であれば、税の知識があり、数字に長けている税理士は、遺言
執行者として適任のように思います（実際、ある弁護士は、自らの遺
言を作成する際に、同業者の弁護士ではなく、知人の税理士を遺言執
行者に指定したそうです。）。

　遺言執行者を指定する場合、指定する者と遺言者の年齢差を考慮し
ておくことは大切です。年齢が近いと、遺言者より先に遺言執行者と
して指定された人が亡くなってしまったり、遺言者の相続開始時に高
齢になっていて就任することが困難になっていたりといった事態が生
じるリスクが高まります。そういったリスクを避けるには、最初から
年齢の離れた人を指定するほか、以下のような補充条項を入れて、第
二順位の遺言執行者を指定しておくという方法もあります。

> 「前項記載の遺言執行者が事故等により遺言執行者に就任するこ
> とが困難なときは、○○を遺言執行者に指定します。」

　相続人がおらず、あるいは相続人がいるけれども慈善団体等に全て

寄付するというような場合には、当該寄付先の団体の代表者等を指定しておくという方法もあります。ユニセフや赤十字等の著名な団体であれば、遺贈を受けることにも慣れていますので、比較的スムーズに進むと思われますが、いずれにしても、慈善団体等に大きな財産を寄付する場合は、遺言を作成する段階で、事前に確認をしておくのが無難です。というのも、不動産の遺贈の場合、管理や処分の手間が生じますので、一般に歓迎されない傾向がありますし、包括遺贈ですと、債務も承継することになりますので、受遺者である団体が戸惑う可能性も大いにあるためです。

　遺言執行者は複数でも構いません。その場合、任務の執行は過半数で決すると定められています（民法1017①）。実例として、仲の悪い２人の相続人のどちらを遺言執行者に指定しても任務の遂行が滞るだろうと懸念された事案で、その２人ともを遺言執行者に指定したところ、不本意ながらも協力し合って円滑に遺言の内容を実現できたというようなケースもあるようですが、一般的には、複数の遺言執行者の選任は手続が煩雑になりますので回避すべきと考えます。

⑵　遺言執行者の指定の委託

　遺言で「遺言執行者は○○とする」というように特定の人を指定するほか、「遺言執行者の指定を○○に委託する」というように、遺言執行者の指定を第三者に委託することも可能です（民法1006①）。実務上、遺言執行者の指定を委託する例は稀でしょうが、ある弁護士会の会長が遺言執行者の指定を委託され、実際に当該弁護士会所属の弁護士を指定したという例もあるそうです。

　なお、こういった指定の仕方をする場合、遺言執行者として指定された弁護士は、遺言者や遺産に関する情報を一切持っていないわけで

すので、遺言の内容を細かく記載したり、遺言とともに遺言に関する
ライフプランノートや財産関係の書類が渡るよう準備しておく等の対
策が必要になります。この点は、寄付先の代表者等を指定する場合も
同様です。

(3)　遺言執行者が指定されていないとき

　遺言執行者が指定されていないとき（又は欠けたとき）は、相続人
等の利害関係人は家庭裁判所に遺言執行者の選任を申立てることが可
能です（民法1010）。

　遺言執行者がいなくとも、相続人らにおいて遺言の内容を実現でき
る場合が多いですが、子の認知（民法781②）、推定相続人の廃除とそ
の取消し（民法893）、一般社団法人の設立（一般社団法人及び一般財
団法人に関する法律152②後段）のように遺言執行者による執行行為
が必須とされる場合もあります。

(4)　遺言執行者の報酬

　遺言者は、遺言の中で遺言執行者の報酬を定めておくことができま
す（民法1018①但書）。その定めがない場合、遺言者と相続人らで話
し合って定める必要が生じます。遺言執行者は、家庭裁判所に対して
遺言執行者の報酬を定める審判を申し立てることが可能ですので（同
項本文）、相続人らとの協議が調わない等の場合には、そのような審
判を申し立てることになります。そうなると遺言執行者に思わぬ負担
が生じてしまいますので、遺言執行者を指定する場合には、あわせて
執行報酬も定めておくべきでしょう。

　遺言執行者の報酬については、金100万円というように定額で定め
るほか、執行の対象となる財産の価額の何パーセントというように比

率で指定することも可能です。弁護士が遺言の作成段階から関わり、自らが遺言執行者の候補者になる場合には、「○○法律事務所の報酬規程に基づいて算出した額」等という定めを入れることが多いかと思います。

　また、遺言執行者の報酬をどの財産から支出するかを定めておくことも、相続人らと遺言執行者との間のトラブルを回避するためには肝要です。例えば、遺言執行者が預貯金を解約した中から執行者報酬や執行費用を控除し、残額を相続人に分配する等の規定を置いておくことが考えられます。

　なお、遺言執行者が報酬を受けられる時期は、原則として、執行事務を終了した後になります（民法1018条2項が準用する同法648条2項及び3項）。

8　その他

⑴　生命保険金の受取人の変更

　平成20年に保険法が成立し、それまで商法の中で定められていた保険に関する規律が、保険法という別の法律にまとめられました。その際、遺言による保険金受取人の変更も可能である旨が明文化されました（保険法44①）。

　このような遺言による保険金受取人の変更を行う際には、以下のような点に注意する必要があります。

　まず、保険法の定めにより、保険会社への通知が要求されている点です。遺言が効力を生じた後、遺言による変更があったことを通知しなければ、保険会社に対抗することができないとされています（保険法44②）。そのため、通知する前に元の受取人に保険金が支払われてしまうと、もはや保険金を保険会社に請求することはできなくなって

しまいますので早めの通知が肝要です（この場合、元の受取人との間で解決すべきことになりますが、紛争化する可能性もあります。）。

また、遺言による受取人の変更を認めた保険法の規定は任意規定と解されています。そのため、これと異なる定めを置くことが可能ですので、遺言による受取人の変更を制限する規定がないか、約款を確認しておくことは必須です。

さらに、保険法が施行されたのは平成22年４月１日で、遺言による受取人の変更を認める同法の規定は、施行日後に締結された保険契約に適用されます。したがって、契約日が同年３月31日以前である場合には、同法の適用がありませんので、注意が必要です。

最後に、保険金受取人の変更と遺留分の関係について確認します。この点、死亡保険金の受取人を変更した場合に、死亡保険金請求権は遺留分算定の基礎財産に算入されないし、遺留分減殺請求（現行法の遺留分侵害額請求）の対象にもならないとした判例（最一小判平成14年11月５日民集56巻８号2069ページ）があり、この判決の趣旨は、死亡受取人の変更が遺言によってなされた場合にも妥当すると解されています（蕪山嚴ほか「遺言法体系Ⅰ補訂版」175頁ページ）。ただ、遺言による保険金受取人の指定に関して、遺留分の侵害には当たらずとも、相続人間で軋轢が生じるリスクがある点には留意が必要です。ここに限りませんが、残される相続人の感情面への配慮は、相続紛争を防ぐためには重要なことと筆者も考えています。

(2)　認知

遺言によって、子の認知を行うことも可能です（民法781②）。この場合、戸籍の届出は遺言執行者が行うことになっていますので（戸籍法64）、遺言で認知をする場合には、あわせて遺言執行者も定めてお

くべきです（遺言執行者の選任を家庭裁判所に申し立てるとなると、手間と時間を要します。）。

認知に際して、原則として認知される子の意思は問いませんが、子が成年に達している場合はその承諾が必要となります（民法782）。また、あまりないでしょうが、胎児であれば、母親の承諾が必要です（同法783①）。

子が遺言者よりも先に死亡している場合についてですが、このような場合でも、その子に直系卑属（遺言者の孫）がいれば、認知は認められます（民法783②）。ただし、直系卑属が成年に達しているときは、その承諾が必要です。

(3)　未成年後見人・未成年後見監督人の指定

高齢化が進む昨今、筆者自身の実務経験から言っても、相続人に未成年者が含まれるというケースは、未成年の孫を養子にしているケースを除くと、そもそもかなり少数です（逆に、相続人が全て60代以上ということは珍しくありません。）。したがって、実際に利用されることは多くないと思われますが、未成年者に対して最後に親権を行う者（管理権を有しない場合は除きます。）は、遺言で未成年後見人と未成年後見監督人を定めることができるとされています（民法839①、848）。

「未成年者に対して最後に親権を行う者」として典型的なのは、父母の一方が死亡したのち単独で親権を行使する他方の親、認知されていない婚外子の母親等ですが、相続で出てくる場面としては、未成年の孫と養子縁組をした祖父母の場合があります。

未成年養子にとって養父母の両方が死亡した場合に、自動的に実親の親権が回復されるということはありません。遺言で未成年後見人の

指定もないまま養親が死亡してしまうと、親権者が不在の状態になってしまいます。そのような場合、家庭裁判所に申し立てて未成年後見人を選任してもらうか（民法840①）、死後離縁をする必要が生じます。死後離縁は、家庭裁判所に申し立てて許可を得た上で、市区町村役場に死後離縁の届出をして行います。死後離縁をしたとしても、既に生じた相続における相続人の地位には影響が及びませんので、亡くなった養親の相続人としての権利を失うことはありません。

Ⅶ 遺 贈

1 遺贈とは

遺贈とは、被相続人が遺言によって無償で自己の財産を他人に与える行為です（民法964）。遺産分割方法の指定や相続分の指定と並んで、遺言の主な内容となるものです。

⑴ 遺贈の対象財産

遺贈者の一身専属権を除き、遺贈者の全ての財産を遺贈の目的とすることができますが、受給権者が法律で定まっている死亡退職金支払請求権は遺贈の対象とならないとした判例があります（最二小判昭和58年10月14日集民140号115ページ）。遺贈者において処分し得ない財産であるためです。

同様に、生命保険金の一部を受取人以外の者に遺贈するということもできません。生命保険金請求権は、受取人固有の財産であり、被保険者・契約者といえども処分権を有しないためです（このような遺贈は、保険金受取人に対する負担付遺贈としても認められません。受取人は遺贈により保険金を取得したわけではなく、かつ、負担のみを課

す遺言は認められないためです。ただ、前述のとおり、遺言で保険金
受取人を変更することは、保険法上認められています。）。

　なお、相続開始時に相続財産に帰属しない財産であっても、例外的
に遺贈の対象と認められる場合があります（民法996但書）。例えば、
金銭で渡すと費消してしまう恐れのある相続人がいる場合に、遺産の
中の金銭を用いてマンションを購入し、それを遺贈するというような
遺言です。ただし、このような遺言は、受贈者の相続税の課税の場面
で、課税価格をマンションの購入金額と見るのか、マンションの相続
税評価額と見るのかの問題を惹起しそうです。

⑵　公序良俗違反の遺贈

　公序良俗（民法90）に反する遺言は無効です。この点、不倫の関係
にある者に対する遺贈が公序良俗に反するかが問題となることがあり
ます（最判昭和61年11月20日民集40巻７号1167ページ等）。ただ、不
倫関係であれば即無効となるわけではなく、例えば、遺贈ではなく死
因贈与の例ではありますが、東京地裁平成18年７月６日判決（判時
1967号96ページ）は、妻子らにも相応の財産が残されていること等を
理由に、長年夫婦同然の関係にあった女性に対する死因贈与を有効と
しています。

⑶　寄付先等の指定を委託する遺贈

　遺産の一部を公益的な団体に寄付したいが、特別な希望はないので、
寄付先や寄付額は第三者に任せたいというような場合があるかもしれ
ません。この点、遺産を「公共に寄与する」として受贈者の選定を遺
言執行者に委託した遺言を有効とした判例もありますが（最三小判平
成５年１月19日民集47巻１号１ページ）、受遺者や受贈額の決定を第

三者に一任するという遺言は、内容不確定として無効とされる恐れがあります。加えて、登記が通るかという問題もありますので、基本的にこのような遺言は避けるべきです。

2　遺言の種類

　遺贈には、以下のような種類があるとされます。このうち、①特定遺贈と②包括遺贈については、 3 で述べます。

①　特定遺贈

②　包括遺贈

③　条件付遺贈

④　期限付遺贈

⑤　補充遺贈

⑥　後継遺贈

⑦　裾分け遺贈

⑧　負担付遺贈

⑴　条件付遺贈・期限付遺贈

　遺贈には、停止条件や解除条件を付すことができます。また、期限付遺贈すなわち始期付遺贈や終期を定めた遺贈も可能です。条件付遺贈は、例えば「子が結婚をしたら」というような条件を付した遺贈で、期限付遺贈は、「孫が成人したとき」というような期限を付した遺贈です。

　条件付遺贈や期限付遺贈は、広く活用されているものではないと思われますが、利用される例もあるようです。ただ、あまり技巧に走ると、法律関係を複雑にしてしまいますし、当事者らの理解が及ばず、遺言者の遺志を実現し得なくなる恐れがありますので注意が必要です。

　この点、停止条件付遺贈があった場合、相続開始後に条件が成就したときは、その条件が成就した時を財産取得の時期とする旨の通達（相基通１の３、104共－８）及び、条件成就前に相続税の申告をするときは原則として、遺贈の目的物については、未分割として申告すべき旨の通達（同11の２－８）等はあるものの、課税関係が複雑になることは間違いないので、税務の面からも、慎重さが求められるところです。

⑵　補充遺贈

　「特定の財産をＡに遺贈するが、Ａが遺贈を放棄した場合には、Ｂに遺贈する」というような内容の遺言です。

　実際に、ある団体に寄付すると遺言したにもかかわらず、相続開始後にその団体が遺贈を放棄するという事態が生じることがあるようです（遺贈に慣れていないと思われる団体に、特に流動性の低い資産を遺贈する場合には、遺言を作成する段階で確認しておくのが無難でしょう。）。そのように遺贈の放棄をされてしまった場合、遺言に特段の指定がなければ、遺贈対象財産は相続人に帰属することになりますが（民法995）、それでは相続人間の紛争を防ぐために遺言を作成した意義が薄れてしまいます。そこで有効なのが、上記のような補充遺贈の条項を設けておくことです。

　また、受遺者が遺言者よりも先に亡くなった場合、受遺者の相続人が権利を承継することができません（民法994①）。そのような場面でも補充遺贈、すなわち、受遺者が先に亡くなった場合にはその子供に承継させるというような遺言が有効です。

(3) 後継ぎ遺贈

　相続開始時に自宅を妻に遺贈し、妻が死亡した場合にそれを長男に移転するというような遺言です。これについては、信託の項（本章Ⅵ6(2)）で解説しています。

(4) 裾分け遺贈

　「受遺者Aは、その受ける財産上の利益の一部を割いてBに与えよ」というような内容の遺贈を言います。法的には、負担付遺贈の一つと位置づけられるでしょう（蕪山嚴ほか「遺言法体系Ⅰ　補訂版」372ページ）。

　例えば、遺贈した収益不動産から得られる収益の一部を第三者に与えるというような遺言を残せるのは便利なようにも思いますが、これについても、課税関係がどうなるのかが気になるところです。

(5) 負担付遺贈

　受遺者に一定の行為を負担させることを内容とする遺贈です（民法1002）。

　住宅ローンが設定された不動産の遺贈に関して、そのローンを負担させる遺言等が考えられますが、負担の内容は、遺贈の目的物と無関係のものでも構いません。例えば、遺言者の配偶者を扶養することを負担とする遺言や、多くの財産を取得する相続人に、他の相続人が納付すべき相続税まで負担させるという遺言等が考えられます。

　このように、負担により利益を受けるのは相続人である場合が多いでしょうが、負担の履行により利益を受ける者に制限はなく、全くの第三者でも構いません。

　条件付遺贈と異なり、負担付遺贈は相続開始時に効力を生じ、負担

が履行されなくとも遺贈の効力が消滅することはありません。負担が履行されない場合、相続人又は遺言執行者が負担の履行を求めることができます。

　負担の額が遺贈される財産の額を上回るときは、受遺者はその対象財産の価額を限度として負担の履行義務を負います（民法1002①）。

　なお、相続税の課税において、負担付遺贈があった場合に受遺者が取得した財産の価額は、遺贈の目的である財産の価額から、負担額（遺贈のあった時において確実と認められる金額に限ります。）を控除した価額とされます（相基通11の2-7）。負担により利益を受けた者については、負担額に相当する金額を、遺贈によってその財産を取得したことになります（同9-11）。また、負担付遺贈が、相続人以外の者に対して行われた場合には、譲渡所得課税の対象となる可能性があるようですので、注意が必要です（関根稔編著「相続法改正対応!!税理士のための相続をめぐる民法と税法の理解」252ページ）。

3　包括遺贈と特定遺贈

(1)　意義

　包括遺贈とは、遺贈の目的の範囲を、遺贈者が自己の財産全体に対する割合をもって表示した遺贈をいいます。一方、特定遺贈とは、遺贈の目的を特定した遺贈をいいます。

　「全財産の2分の1を遺贈する」というような遺贈は包括遺贈であり、「自宅の土地建物を遺贈する」というような遺贈は特定遺贈です。このように説明するとその区分は明らかであるように思われますが、特定遺贈と包括遺贈のどちらに当たるかが問題になる例があります。

⑵　包括受遺者の権利義務

　包括受遺者は、相続人と同一の権利義務を有するとされます（民法990）。そのため、プラスの財産のみならず、マイナスの債務も承継することになります。

　相続放棄をする場合に、相続開始を知ったときから３か月以内に行わなければならないことも、相続人の場合と同様です（民法990、915①）。遺贈の放棄について、遺言者の死亡後いつでも可能である旨を定めた民法986条１項は、特定遺贈に係る規定であり、包括遺贈の場合には適用されません。

　また、被相続人が遺産全部を包括遺贈した場合には、遺産の全部が直ちに受遺者に帰属することになりますので、遺産分割の対象となることはありませんが、割合的包括遺贈の場合、遺産分割が必要になります。そして、第三者に割合的包括遺贈がなされた場合、当該第三者は、相続人らとともに、遺産分割を行うことになります。

　割合的包括遺贈を受けた第三者が被相続人の介護を行っていたというようなときに、寄与分が認められるかが問題になります。この点、遺贈がなされたのが受遺者の寄与に報いる趣旨であることが多いでしょうから、特別の寄与があったとはそもそも認められにくいと考えられますが、包括受遺者が民法990条により相続人と同視できること等を考慮し、寄与分の適格自体は肯定しつつ、民法904条の２第２項の「一切の事情」の解釈として、包括遺贈の割合、その趣旨、寄与の程度等の事情を総合して寄与分の有無、額を定めるのが相当とする考え方もあります（片岡武ほか編著「【第４版】家庭裁判所における遺産分割・遺留分の実務」295ページ）。また、包括受遺者が被相続人の親族であり、一定の寄与行為をしていた場合、相続法改正により新しく設けられた特別寄与料（民法1050）を請求することも考えられますが、

包括遺贈を受けていることが、「特別の寄与」があったか否かの判断に際して否定的に働くものと考えられます。

その他、包括受遺者と相続人には、以下のような違いがあります。

・　包括受遺者は法人でもよい。

・　包括受遺者には代襲制度はない（民法994①参照）。

・　包括受遺者には遺留分はない。

Aが亡くなったが、Aには相続人がいなかった。Aは生前に遺言を作成しており、その遺言には、金融資産の一部を親戚のBらに、自宅の土地建物とその他の全ての財産をC法人に寄付する旨が書かれていた。

この事例では、不動産（自宅の土地建物）を法人に遺贈しているため、みなし譲渡所得の申告・納税の問題が生じます。

本件のような相続人不存在の場合、相続財産は相続財産法人となり、家庭裁判所によって相続財産管理人が選任されれば、当該相続財産管理人が所得税の申告納税義務を負うことになります。

ただし、相続人がいなくても、包括受遺者が存在する場合には、「相続人のあることが明らかでないとき」にあたらないので相続財産管理人（現行法の相続財産清算人）の選任が必要ないとされ（最二小判平成9年9月12日民集51巻8号3887ページ）、相続人と同一の権利義務を有する包括受遺者が所得税の申告納税義務を負うことになります（所法2②、125①）。

そこで、C法人に対する「その他の全ての財産」の遺贈が特定遺贈か包括遺贈かが問題になります。

この点については、税務訴訟で争われた先例があり、特定の財産を

除く全ての財産の遺贈が、特定遺贈ではなく包括遺贈であり、受遺者は所得税の申告納税義務を負うとの判断が示されています（東地判平成10年6月26日訟月45巻3号742ページ）。

　したがって、上記事例の場合でも、Ｃ法人が準確定の所得税の申告を行うべきことになるでしょう（ただ、特定遺贈か包括遺贈かは、遺言の解釈の問題であり、個別の事案によっては異なる判断となる可能性があります。）。

　包括遺贈を受ける法人の立場からすると、所得税の確定申告の要否の判断を4か月という限られた時間内に行わなければならないこととなり、大きな負担となり得ます（対象財産の内容や負担する税金の額によっては放棄を検討することもあり得ますが、この場合の熟慮期間も原則として3か月という短期間です。）。

　やはり、相続が開始してから突然知らせるのではなく、遺言を作成する段階で相談しておくのが親切でしょう。

Ⅷ　遺言による遺留分対策

　遺言の中で、遺留分を主張されないため、あるいは遺留分を主張された場合に向けた工夫を施しておくことが可能です。

1　受遺者間・受贈者間の負担割合についての定め

　民法で定められているものとしては、受遺者間・受贈者間の負担割合について定めておく方法があります。民法1047条1項2号本文で、受遺者間及び同時になされた贈与の受贈者間では、それぞれ目的物の価額に応じて負担することが原則とされています。しかし、同号但書が、遺言で別段の定めておくことを認めていますので、特定の受遺

者・受贈者の負担を多くすることも可能です。

　ただ、遺留分を減らす効果があるものではなく、認知度も低い制度であるため、あまり利用されていないと考えられます。

2　遺留分相当額を残す遺言

　遺留分を侵害していなければ、当たり前ですが遺留分の問題は生じませんので、遺言で遺留分相当額を主要な相続人以外にも渡す内容の遺言を残しておくケースもあります。しかし、この場合、相続開始までの間に、相続財産の価値が変動する問題があります。遺言を作成した時点では遺留分相当額を満たしていても、その後の不動産や有価証券の価値の変動により、遺留分相当額を割り込んでしまう恐れがあります。そのため、より直接的に、遺留分相当額を渡しておく例もあります。ただ、この場合にも、「遺留分相当額」がいくらかについて疑義が生じる恐れがあり、これを回避するために、遺言の中で、相続財産の評価方法を定めておく例もあるようです。評価方法の定めの法的拘束力については、疑問のあるところではありますが、遺言に定められた評価額を若干修正して合意したケースについて聞き及んだこともありますので、一つの方法となり得るとは思います。

3　付言事項の活用

　遺留分対策として、付言事項を活用する方法もあります。例えば、「兄弟仲良くして欲しい」という親の願いを入れるような方法です。兄弟のいずれをも大切に思う気持ちが表現されており、かつ、それが真に遺言者の気持ちなのであれば、相続人らにも響いて、紛争を防ぐ場合もあると思います。ただ一方で、実際に遺言の解釈で紛争が生じた場合、付言事項の記載をとらえて、双方の代理人が自らの解釈の正

当性を訴えて泥沼化することもあるようです。ですので、使い方には慎重さが求められるように思います。

4　その他

　上記以外に、相続人以外（相続人の配偶者や子など）に遺贈する内容の遺言を残したり、あるいは、それなりの評価は付くけれど皆が欲しがらないような財産を、遺留分を主張しそうな相続人に取得させる内容の遺言を残すなどの方法もあり得ますし、実際に実務でそのような遺言を見かけることもあります。ただ、明らかに、遺言者自身が考えたものではなく、推定相続人の１人が専門家に依頼して遺留分対策をしたということが垣間見えると、かえって他の相続人の怒りを買い、遺言の有効性に関する争いを惹起するなどして、紛争が拡大する恐れもあります。ですので、相続税対策にも通じるところかもしれませんが、過度な対策には注意したいところです。

Ⅸ　遺言能力

1　争われやすい遺言能力

　遺言能力は遺言の効力でもっとも争われやすいところです。なぜ遺言能力が争われるのか、個々の事案によって事情は異なるでしょうが、１つには、遺言で不利益を受ける相続人が、そのような遺言を被相続人が作成したという事実を受け入れることができず、「被相続人がそのような遺言を書くわけがない。対立する相続人が書かせたに違いない。」と思うに至り、それを法律的に落とし込むと遺言能力の欠如という主張に繋がるというケースが相当数あるためではないかと思われてなりません（実際、被相続人自身の意思というよりは、相続人の一

部が強く促して遺言を書かせている'と思われるケースも少なくありません。）。

　いずれにしても、特にご高齢の方の遺言を作成する際には、後々遺言能力を巡って紛争化することがないように配慮しておくことが非常に重要となります。

2　遺言能力とは

　遺言は、行為能力（法律行為を単独で確定的に有効に行うことのできる能力）に関する制度の適用を受けません（民法962）。制限行為能力者である未成年者でも、15歳になれば遺言をすることができますし（同法961）、その他の制限行為能力者である成年被後見人、被保佐人、被補助人でも、遺言をすることができます（ただし、成年被後見人については、973条により医師の立会い等が必要になります。）。

　ただ、上記のような制限行為能力者かどうかにかかわらず、遺言者は、遺言をする時において、意思能力（行為の結果を判断するに足るだけの精神能力）を有していなければならないことはもちろんです（民法963）。

　成年被後見人等の遺言というのは実務上滅多に見られませんので、遺言能力が争いになる多くのケースというのは、遺言者が成年後見制度を利用していないケースです。

3　遺言能力の判断基準

　遺言能力が争われた場合に、裁判所は、以下のような諸事情を考慮して、総合的に意思能力の有無を判断することになります。
①　遺言時における遺言者の精神上の障害の存否・内容・程度
②　遺言内容の複雑性

③　遺言の動機・理由、遺言者と相続人（受遺者）との関係・交際状
　況、遺言に至る経緯等

　①が最も分かりやすいところかと思います。遺言時又はその前後の
医師の診断書等は、重要な判断材料となります。ただ、認知症という
診断書があれば直ちに意思能力なしとなるわけでもありません。実際
に裁判となった場合には、カルテの記載（なかでも、長谷川式スケー
ルの点数は重視されるようです。）や要介護認定された際の調査員の
調査結果等も踏まえ、病名よりは、その当時の症状の程度を元に、判
断されていくことになります。
　続いて②ですが、ここは見落としがちなところかもしれません。同
じ程度の判断能力があったとしても、「A土地を長男に、B土地を次
男に」というだけの遺言と、財産一つ一つが事細かに列挙され、内容
も多岐に渡るような長文の遺言とでは、前者の方が、遺言能力ありと
判断されやすいことになります。なぜなら、容易な内容の遺言であれ
ば、多少判断能力の衰えのある遺言者であっても、理解することが可
能であったと判断されやすいからです。
　専門家が関与すると、色々なリスクを回避するため、より複雑な内
容の遺言にしてしまう傾向があるように思います。しかし、それが仇
となって、遺言能力を否定される方向に働いてしまうかもしれないと
いうことです。遺言の文案を作成する段階で、遺言者が真にその内容
を理解し、それを望んでいるといえるのか、一度立ち返って検討して
みることが重要と思われます。
　③については、遺言者が残した日記やメモ、関係者の供述等を材料
に判断されます。日記は、当時の人間関係等が浮かび上がる点で重要
ですし、文字の体裁や分量等から、どの程度遺言者の能力が維持され

ているのかを知る重要な資料にもなります。

　以上の説明で分かるように、遺言能力に関して一旦紛争になると、診断書があればそれで決まるというわけではなく、双方から大量の資料や証言が出て、それを審理していくという大変な作業が必要となります。それは、当事者にとってかなりの負担です。加えて、税理士が専門家として関与し、公正証書遺言の証人となっていたような場合、依頼者からの要請で民事訴訟の証人として出廷せざるを得なくなる事態も考えられます。あまり慎重になりすぎても、遺言を残そうという依頼者の意思の実現を阻害してしまうことになるでしょうが、やはり、関係者が無用の紛争に巻き込まれないようにという慎重さも必要なように思います。

4　遺言能力を争われないために

　上記で述べたとおり、遺言能力を巡って裁判になると、相当な負担を求められることになります。ですから、そのような争いが起きないよう、また、万一起きてしまってもきちんと資料を揃えられるよう、遺言作成時から準備しておくことが肝要です。

(1)　遺言の種類と遺言能力

　公証人が関与する分、自筆証書遺言に比べて、公正証書遺言の方が、遺言能力を否定されにくい傾向にあることは間違いありません。ただ、過去の裁判例でも、公正証書遺言であっても遺言能力を否定された例もあり、公正証書であれば絶対に大丈夫というわけではありません。

　また、同じ公正証書遺言でも、遺言者が公証役場に出向いた場合と、遺言者が入院中の病院に公証人に出向いてもらった場合であれば、前者の方が、より遺言者の能力が高いと判断され得るのではないかと思

います。

⑵　診断書

　遺言者が入院中であるような場合、後に遺言能力を問題にされるリスクが高まります。判断能力に影響しにくい病気で入院しているのならば、それが分かる診断書は残しておいた方がいいでしょう。この点、診断書自体は、後からでも出してもらうことが可能ですから、実は、証拠として保全しておく必要性は高くはありません。ただ、遺言の作成に関する専門家としても、遺言能力について問題がないか判断することは必要ですから、遺言書作成の段階で、診断書の内容を把握しておくことは大切であると考えます。

⑶　写真やビデオの活用

　遺言の有効無効を争われることを避けるため、遺言作成時の様子をカメラやビデオカメラで撮影しておくというのは以前からよく行われていることです。

　遺言の方式を満たしていたか否かに関してはそれである程度証明できるでしょう。しかし、公正証書遺言を作成する当日に、遺言者の話をゆっくり聞くということはありません。遺言者がきちんと遺言の内容を理解し、かつ、その内容を望んでいたことまで証拠化して残しておくという意味では、事前に遺言者の話を聞く機会を設け、その際の様子を記録しておくことも一考に値します。

X　遺言の効力

1　遺言の無効

　遺言書があったとしても、その遺言が無効だとして紛争が生じるケースは珍しくありません。その際に、無効原因としてあげられるのが以下のようなものです。

① 　遺言能力

② 　偽造

③ 　民法総則規定による無効

④ 　方式違背

⑤ 　遺言の撤回・撤回擬制

⑥ 　遺言者の死亡以前の相続人・受遺者の死亡

⑦ 　相続人・受遺者の欠格事由

　このうち、最も争いになるのは①ですが、これについては本章Ⅸで述べたとおりです。また、④の遺言の方式、⑤の遺言の撤回と撤回擬制についても、本章ⅢないしⅤで既に触れています。

　以下では、②③⑥及び⑦の無効原因について解説します。

　なお、条件付の遺言についても、相続開始時又はその後に遺言が無効と解される場合があります。すなわち、停止条件付遺言の条件の不成就が確定した場合には、条件に係る内容につき無効の遺言となり（民法131②）、また、解除条件付遺言の条件が遺言者死亡の時既に成就していれば、無効の遺言となり（同法131①）、死亡後に条件が成就すれば、その時から遺言は効力を失うこととされています（同法127②）。

2 偽造

　遺言書が偽造された否かが争われた事例として、布製かばんメーカーのオーナー一族の紛争が有名になりましたが、この事案でも話題になった筆跡鑑定というのは極めて曖昧なものです。訴訟で筆跡が本人のものかが争われた場合、裁判所も、筆跡鑑定の結果のみで判断することはなく、遺言者の自書能力、遺言書の体裁や内容、保管状況等を総合考慮して偽造か否かの判断を下します。つまり、裁判官の「さじ加減」で180度判断が変わる可能性を元々内包しており、結論を予測するのが困難な類の事件なのです。

　そうであるからこそ、そもそも紛争事態を回避するため、公正証書にしておくべきことは前にも述べたとおりです。

3 民法総則規定による無効

　民法総則規定により無効となるのは、公序良俗違反（90条）のほか、錯誤（95条）や詐欺強迫（96条）により取り消された場合（121条）です。

　不倫相手に対する遺贈が公序良俗に違反するか否かについては、これを肯定した事例（東京地判昭和63年11月14日判時1318号78ページ）がある一方、妻との婚姻の実態がある程度失われていたことや、法定相続人である妻子も3分の1を取得することとされていた等の事情を考慮し、公序良俗に違反しないとされた事例（最一小判昭和61年11月20日民集40巻7号1167ページ）もあります。結局は、個別事案ごとの事情によって判断されることになります。

4 遺言者の死亡以前の相続人・受遺者の死亡

遺言者の死亡以前の受遺者の死亡に関しては、民法に明文があります。民法994条1項は、遺言者が死亡する以前に受遺者が死亡したときは、遺贈が効力を生じない旨を規定しています。

これに対し、遺言で遺産分割の方法の指定がなされた後、遺言者の相続が開始する前に相続人が死亡してしまった場合に、当該遺言の効力が代襲相続人にまで及ぶかについては、明文の定めがありません。

この点、遺言で全ての財産を相続させると指定されていた長男Bが、遺言者である母Aより先に亡くなった場合に、その遺言の効力が長男の子C（孫）に及ぶかが争われた事例について、最高裁平成23年2月22日第三小法廷判決（民集65巻2号699ページ）はこれを否定し、ただ、遺言者が代襲相続人等に相続させる意思を有していたとみるべき特段の事情があれば、例外的に効力を生じるとしました。

詳細は、本章Ⅵ2(4)を参照してください。

5 相続人・受遺者の欠格事由

民法891条に定める欠格事由に該当する者は、相続人となることができません。この規定は、受遺者についても準用されています（民法965）。

欠格事由のうち、故意に被相続人を死亡するに至らせる等して刑に処せられた者（民法891一）等は、滅多に問題とされることがないでしょうが、実務上で争いが生じることがあるのが、遺言書の偽造又は隠匿（同条五）です。詳細は、**第2章Ⅲ1**を参照してください。

XI 遺言の執行

1 遺言の執行

　遺言が残された場合、その遺言の内容を実現するために必要な事務が生じます。そのような事務を行うことを「遺言の執行」と呼びます。遺言の内容によっては、遺言の執行を要しない場合もありますが（遺言の撤回や特定の相続人の相続分を零とする遺言など）、全く執行を要しない遺言というのは稀で、通常は、何らかの遺言執行行為を要するはずです。

　相続法改正前は、遺産分割方法の指定（いわゆる「相続させる遺言」を含みます。）があった場合、遺言の効力発生時にそれらの効果が生じることから、遺言執行者による執行の余地はないと解されていました。しかし、相続させる遺言（特定財産承継遺言）に関しても、民法899条の2第1項により対抗要件主義が採用されたことに伴い（以前は、対抗要件なくして第三者に対抗できるとされていた点が改正されました。）、対抗要件の具備が遺言執行の対象に含められることになりました（民法1014②）。そのため、不動産について、相続人自ら登記の申請をすることも可能ですが、遺言執行者が自らの権限に基づいて登記申請することも可能となっています。また、遺贈については、遺言執行者がいる場合には、「遺贈の履行は、遺言執行者のみが行うことができる。」（民法1012②）とされ、特定遺贈と包括遺贈を区別することなく、遺言執行者のみが遺贈義務者となることが明文化されました（堂園幹一郎ほか編著「一問一答 新しい相続法【第2版】－平成30年民法等（相続法）改正、遺言書保管法の解説」114ページ）。

　このように、遺言執行者の職務の範囲は、以前より拡大しています。

2　遺言執行者

遺言執行者は、遺言者が遺言で指定することが可能です。

この点については、本章Ⅵ7を参照してください。

遺言執行者が選任されていない場合や遺言執行者に指定された者が就任を拒んだ場合等には、相続人らが協力して執行に当たることもできますが、候補者を立てて、家庭裁判所に遺言執行者の選任を申し立てることも可能です（民法1010）。

3　遺言執行者の職務

以下では、遺言執行者の職務を概観しておきます。

遺言執行者として指定された者が自ら遺言書を保管している場合には、家庭裁判所に検認を申し立てる必要があります（民法1004）。公正証書遺言や、法務局で保管してもらっている場合には検認は不要です。遺言が開封され、その内容を見られるようになったら、以下の点の検討が必要となります。

・　遺言が民法所定の方式に沿って作成されているか。

・　その他、遺言の効力に疑義を生じるような事情がないか。

・　遺言の解釈が一義的に明らかであるか。異議を唱える相続人がいないか。

問題がなければ、遺言の内容のうち、執行行為を要するものを整理していきます。

これらと並行して、相続人や受遺者の調査も必要です。それらの人たちの生存、所在を確認した上で、遺言執行者に就任した旨の通知を送ることになります（逆に、就任を望まない場合は、就任を辞退する旨の通知書を送ります。）。その際、受遺者については、遺贈を放棄す

る可能性もありますので、その意思についても確認します。また、以前はなかった規定なのですが、遺言執行者は任務開始後遅滞なく遺言の内容を相続人に通知しなければならないことになっていますので（民法1007②）、遺言のコピーを送るなどして、その内容を相続人に知らせる必要もあります。

　遺言執行者としての任務に着手したら、財産の調査も早期に進めなければなりません。あわせて、遺言執行まで相続財産を管理することになりますので、管理行為に着手する必要もあります。遺言執行者は遅滞なく財産の目録を作成することが求められていますので、ある程度調査が進んだ段階で、財産目録を作成して相続人らに送付することになります（民法1011①）。

　その上で、遺言に基づいて受遺者らに財産を引き渡したり、移転登記手続をとったりという執行行為を進めて行くことになります。執行に要する費用については、遺言に換価代金から控除する旨指定されていればそのようにしますし、そのような指定がなければ、相続人らの承諾を得た上で、随時相続財産あるいは相続人らから預かったお金から精算していくことになるでしょう。執行にはある程度の時間を要しますので、実務では、随時、執行状況を相続人らに報告するのが通常です。

　執行が全て完了したら、遺言執行者の報酬について精算し（遺言に指定がない場合は、相続人らと協議して金額を定めます。協議が整わない場合は、家庭裁判所に報酬付与の審判を申し立てる必要がありますので、早い段階で報酬について取り決めておいた方がよいでしょう。）、保管している資料等を引き渡し、相続人らに執行が完了したことを通知した上で、執行行為の顛末についても報告することになります。

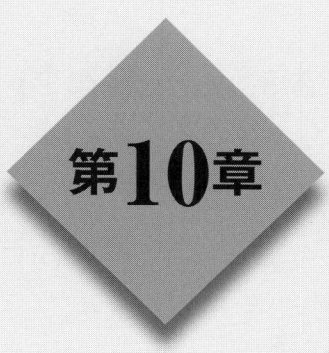

遺留分

　事業承継に関わる税理士の先生方から、遺留分について質問を受ける機会は多く、その際に「正直なところよく分からない」などの声も聞きます。本書では、紛争実務で必要となるような細かい知識は割愛し、基本的な事項に限って解説するようにしました。皆さんの理解の一助となれば幸いです。

I 遺留分の基礎

1 遺留分とは

　遺留分とは、被相続人の財産の中で、法律上その取得が一定の相続人に留保されていて、被相続人による自由な処分に制限が加えられている持分的利益をいうとされます（潮見佳男「詳解相続法【第2版】634ページ」）。遺留分を侵害された者すなわち遺留分権者は、受遺者、受贈者、特定財産承継遺言により財産を取得した相続人又は相続分の指定を受けた相続人に対し、遺留分侵害額請求をすることができます（民法1046①）。遺留分侵害額請求は、その旨の意思表示をすることによって行使することができ、内容証明郵便を送付して意思表示をするのが一般的です。

　実務上問題になることが多いのは、特定の相続人が多くの相続財産を承継する内容の遺言が残されていて、相続開始後にその遺言の存在を知った他の相続人が、当該相続人に対して遺留分侵害額請求をするようなケースです。ただ、今後は、法人版事業承継税制を用いて生前後継者に株式を贈与したケースについて、後継者以外の相続人らが遺留分を主張する場面も出てくるかもしれません。

　近年、被相続人及び相続人のいずれも高齢化が進んでおり、60代の兄弟らが、80代、90代の親の相続を巡って争う場面が、遺留分を巡る紛争の中でも相当数を占めるようになっています。そうなると、遺留分制度の意義はどこにあるのかと疑問視する声も上がるわけですが、少なくとも筆者の知る限り、この制度を廃止しようという議論は特段持ち上がってはいないようです。

　なお、遺留分と特別受益が混同されている場面が見られますが、この点については、**第4章Ⅳ6**でその違いについて解説しています。

2　遺留分権利者と遺留分の割合

　遺留分権利者と、遺留分権利者が有する遺留分の割合は以下のとおりです。

　例えば、法定相続人が配偶者と 2 人の子である場合、配偶者の個別的遺留分率は 1 / 4 であり、子の個別的遺留分率は 1 / 4 × 1 / 2 の 1 / 8 となります。

　兄弟姉妹あるいはその代襲相続人である甥姪には遺留分がありません。したがって、そのような相続人に関しては、遺言を残しておけば、遺留分の問題は生じないことになります（遺言の無効等が争われる可能性はあります。）。そのため、子供がいないご夫婦の場合、遺言を残すことを特に強くおすすめしています。

　また、遺留分は法定相続分の 1 / 2 であると覚えている人がいますが、配偶者と兄弟姉妹（甥姪）が法定相続人である場合、配偶者の遺留分は 3 / 4 × 1 / 2 の 3 / 8 ではなく、1 / 2 となりますので注意してください。

法定相続人		総体的遺留分率	法定相続分	個別的遺留分率
配偶者と子（孫）	配偶者	1/2	1/2	1/4
	子孫		1/2	1/4
配偶者と父母（祖父母）	配偶者	1/2	2/3	1/3
	父母（祖父母）		1/3	1/6
配偶者と兄弟姉妹（姪甥）	配偶者	1/2	3/4	1/2
	兄弟姉妹（姪甥）	なし	1/4	なし
配偶者のみ・子（孫）のみ		1/2	全部	1/2
父母（祖父母）のみ		1/3	全部	1/3
兄弟姉妹（姪甥）のみ		なし	全部	なし

上記のとおり、兄弟姉妹以外の相続人が遺留分権を有し、胎児については、生きて生まれれば、遺留分権者となります（民法886）。一方、包括受遺者は遺留分権を有しませんし、兄弟姉妹以外の相続人であっても、相続欠格、廃除、相続放棄により相続権を失った者には遺留分がありません。ただ、相続欠格や廃除は代襲原因となりますので、それらの者の直系卑属らが遺留分権者となり得ます。

3　遺留分算定の基礎財産

(1)　遺留分額の計算と遺留分算定の基礎財産

遺留分額は、以下の計算式により決まります。

> **遺留分額 ＝ 遺留分算定の基礎財産 × 個別的遺留分率**

そして、ここでいう遺留分算定の基礎財産は、以下のように決まります。

相続開始時の積極財産 （遺贈財産を含む）	相続人の特別受益 （原則10年以内）	第三者に対する生前贈与 （原則１年以内）
被相続人の債務	遺留分算定の基礎財産	

←←遺留分額→→

すなわち、相続開始時の積極財産（遺贈対象財産を含みます。）に相続人の特別受益と第三者に対する生前贈与を加算した金額から、被相続人の債務を控除したものが、遺留分算定の基礎財産となるのです（民法1043、1044）。

ここで注意すべきは、特別受益が加算される一方で、寄与分は控除の対象とされていない点です。遺留分侵害額請求をされた相続人らが、遺留分の額を少しでも減らすため、寄与分の主張を希望することがあるのですが、寄与の内容や程度に関わらず、そのような主張は法律上

認められていないのです。その趣旨については、寄与分が、被相続人の処分によるものではない等の説明がなされています（**第4章Ⅴ3(6)**参照）。

(2)　被相続人の特別受益と第三者に対する生前贈与

このうち、相続人の特別受益について、以前は時的限界がなく、古いものでも加算すると解されていたのですが、相続法改正により、相続開始前の10年間のものに限り、遺留分算定の基礎財産の額に算入することとされました（民法1044③）。特別受益は、「婚姻若しくは養子縁組のため又は生計の資本として受けた贈与」を意味し、この後述べる第三者への贈与に比して、対象は狭くなっています。どのようなものが特別受益とされるのかについては、**第4章Ⅳ1**を参照してください。

なお、特別受益の持戻しの免除の意思表示がなされている場合でも、遺留分には影響が及びません（最一小決平成24年1月26日家月64巻7号100ページ参照）。

次に、第三者への生前贈与についてですが、この場合の贈与（民法1044①）は、すべての無償処分を指し、財団法人への財産拠出、信託の設定、無償での債務免除等を含みます。相続人の特別受益の場合のような限定はなく、理論上は、どのような小さな金額の贈与でも加算対象に含まれることになります（当事者がそれを主張するかは別の問題です。）。ただし、期間は相続人の場合よりも短く、相続開始前の1年間になされた贈与のみが対象となるのが原則です（民法1044①前段）。

相続人の特別受益及び第三者への贈与のいずれについても、上記のとおり、原則は1年あるいは10年の期間制限がありますが、遺留分権利者に「損害を加えることを知って」された贈与（民法1044①後段）

に関しては、それより古いものでも、遺留分算定の基礎財産に算入されます。ここで問題となるのが、「損害を加えることを知って」いたとされてしまうのがどのような場合かという点です。これについては、贈与の時点で遺留分を侵害しており、かつ、それを知っていたというだけで、直ちに害意ありと判断されるわけではなく、それに加えて、将来も財産が増加せず、相続開始時にも遺留分を侵害することを予見していたことを要すると解されています（田村洋三ほか編著【第3版】「実務 相続関係訴訟 遺産分割の前提問題等に係る民事訴訟実務マニュアル」385ページ）。したがって、例えば、80代の収入のない贈与者が、保有する財産の多くを占める財産を贈与した場合と、50代で優良な会社の経営者である贈与者が、遺留分を僅かに上回る程度の財産を贈与した場合とでは、判断は異なることになると思われます。

(3)　負担付贈与と不相当な対価をもってした有償行為

負担付贈与は、遺留分算定の基礎財産に算入する額について、民法が規定を置いており、「目的の価額から負担の価額を控除した額とする」と定められています（民法1045①）。

また、不相当な対価でなされた有償行為の場合については、当事者双方が遺留分権利者に損害を加えることを知ってしたものに限り加算の対象とされます（民法1045②）。その場合に加算される額は、目的の価額から対価の価額を控除した価額となります（同法1045①、②）。ただ、低額譲渡あるいは高額譲渡が頻繁に問題にされる税務の世界とは異なり、司法の世界では、対価の相当性が注目される場面は限られており（詐害行為取消権等では問題になり得ます。）、遺留分に係る紛争において、この不相当な対価でなされた有償行為に該当するか否かも、滅多にお目にかかる論点ではありません。

⑷　債務

　相続財産に、前述の相続人の特別受益及び第三者への贈与を加算した価額から、相続債務の全額を控除したものが、遺留分算定の基礎財産とされます（民法1043①）。相続債務である必要がありますので、葬式費用等は含みません。保証債務については、主債務者が無資力で、求償権の行使による填補の実効性がない場合に限り控除が可能となります（東京高判平成8年11月7日判時1637号31ページ）。

⑸　評価の基準時

　遺留分算定の基礎財産の価額については、相続開始時を基準に評価をします。贈与財産についても、贈与時ではなく、相続開始時を基準としますので、例えば贈与対象財産が不動産であり、贈与後に値上がりしたような場合には、その値上がり分も評価額に含まれることになります。また、金銭の場合、相続開始時の貨幣価値に換算することとされていますが（最一小判昭和51年3月18日民集30巻2号111ページ）、近年は、貨幣価値に大きな変動がないため、金銭について贈与された価額から評価替えをするようなことは行われていません。

　なお、受贈者の行為によって、目的物が滅失し、又はその価格の増減があったときであっても、相続開始のときになお原状のままであるものとみなして評価すべきこととされています（民法1044②、904）。

4　遺留分侵害額

　このように算定された遺留分算定の基礎財産に、個別的遺留分率を乗じて遺留分額を算定することは前述のとおりです。遺留分額のうち、それに相当する財産を受け取ることができない場合の不足額が遺留分侵害額であり、遺留分権利者は、これを他の相続人や受遺者・受贈者

に請求することができます。

遺留分侵害額は、以下の算式により求められます。

遺留分侵害額

= 遺留分の額 − 遺留分権利者 − （遺産分割の対象財 ＋ 遺留分権利
　　　　　　　が受けた遺贈・　産がある場合）遺留　者が負担す
　　　　　　　特別受益の額　　分権利者の具体的相　る債務の額
　　　　　　　　　　　　　　　続分に相当する額

ここで注意すべきは、上記の算式において減算の対象となる遺留分権利者の特別受益については、10年という期間制限が設けられていない点です。一見公平を失するようにも思えますが、相続法改正の議論の過程で、これを控除しないと、遺留分を請求された第三者の負担が改正前よりも増えてしまう場合があることが問題視され、控除の対象に加えられることになりました（法制審議会民法（相続関係）部会第20回会議（平成29年4月25日開催）の資料である「部会資料20」47ページ参照）。したがって、たとえ20年前の贈与であっても、特別受益の額に含められることになります。

また、相続債務は各相続人が法定相続分で承継するのが原則ですが、相続人の1人に全財産を「相続させる」という遺言がなされた場合は、相続分の指定があったと解され、当該相続人が債務の全額を負担することになります（他の相続人らが債務を負わないことを債権者に対抗できるかは、また別の問題です。）。その場合、遺留分権利者である他の相続人は、法定相続分に応じた債務の加算をすることはできないとした判例があり（最三小判平成21年3月24日民集63巻3号427ページ）、相続法改正後の民法では、この判例の考え方が明文化されました（民法1046②三）。

以下では、具体的な例をあげて、遺留分侵害額の計算をしてみます。

Aが亡くなった。法定相続人は子のB及びCの2人。相続開始時の財産は、自宅（評価額2,000万円）と金融資産5,000万円で、相続債務は400万円あった。

Aは、2人の子に、以下のとおり生前贈与をしていた。また、遺言で、自宅と金融資産1,000万円は内縁の配偶者D（重婚的でない）に、残りの金融資産（4,000万円）はBに相続させると残していた。債務については記載がなかった。

[生前贈与]

・相続開始の12年前　Bに自社株式3,000万円　Cに現金500万円

・相続開始の9年前　Cに現金1,000万円

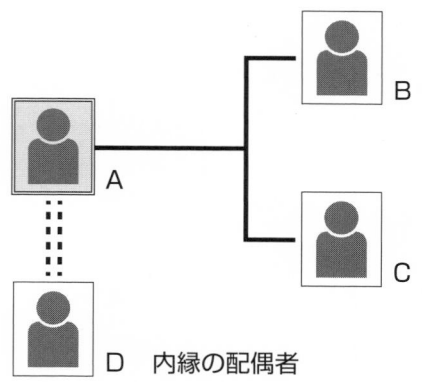

B

A

C

D　内縁の配偶者

・**遺留分算定の基礎財産**

$$= （\underset{\text{相続開始時の積極財産}}{2,000万円+5,000万円}）+ \underset{\text{特別受益}}{1,000万円} - \underset{\text{債務}}{400万円} = 7,600万円$$

＊　20年前の贈与は加算されません。

・**Cの遺留分額** $= 7,600万円 × 1/2 × \underset{\text{個別的遺留分率}}{1/2} = 1900万円$

・Cの遺留分侵害額＝1,900万円−（500万円＋1,000万円）＋400万円

　　　　　　　　　　　　　　遺留分権利者の特別受益　　負担する債務

　　×1／2＝600万円

　　＊　ここでは20年前の贈与も加算します。また、債務は法定相続分どお
　　　りに負担することとしました。

5　遺留分侵害額請求の相手方とその負担

　遺留分侵害額請求の相手方となるのは、遺留分を侵害する遺贈又は
贈与を受けた者です（民法1046①）。遺贈を受けた者すなわち「受遺
者」には、特定財産承継遺言（いわゆる相続させる遺言）により財産
を承継した者と、相続分の指定を受けた相続人を含みます（同項かっ
こ書き）。受遺者や受贈者が死亡したときは、その包括承継人である
相続人が相手方となります。

　遺留分を請求された側について、負担の上限額が定められています
（民法1047①柱書）。具体的には、第三者である受遺者と受贈者につい
ては、自らが受けた遺贈・贈与の価額が限度となり、相続人について
は、当該相続人が受けた遺贈・贈与の額から、自らの遺留分の額を控
除した額が限度となります。

　また、遺留分侵害額請求をされる順序についても、法に定めがあり
ます（民法1047①一・二）。受遺者と受贈者では、受遺者が優先しま
す。複数の受遺者がいる場合には、遺贈の目的の価額に応じて負担す
ることになり、受贈者間においては、新しい贈与を受けた人から負担
していくことになります（同時の場合は、遺贈と同様に、目的物の価
額に応じて負担します。）。死因贈与については、遺贈と同順位と解す
る説（遺贈説）もありますが、いちばん新しい贈与と考え、順序は、
贈与と生前贈与の間になると解する最終贈与説が、過去の裁判例（東
京高判平成12年3月8日判タ1039号294ページ）で採用されています。

以下、具体的な事例に従って、確認してみましょう。

> 　Eが亡くなった。相続人は夫Fと3人の子G、H、Iであり、相続財産の総額は1億円2,000万円であった。Eの遺言により、Fらがそれぞれ以下の価額の相続財産を取得することになった。子Iは遺留分の請求をしたいと考えている。なお、特別受益はないものとする。
>
> 　夫F　　　6,000万円
> 　子G　　　3,000万円
> 　子H　　　2,500万円
> 　子I　　　　500万円

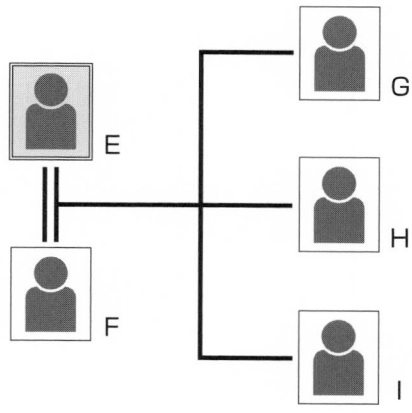

まず、子Ⅰの遺留分侵害額を計算すると、以下のとおり500万円になります。

・遺留分算定の基礎財産　　1億2,000円

・子Ⅰの遺留分額　　1億円2,000万円×1／2×1／6＝1,000万円

・子Ⅰの遺留分侵害額　　1,000万円－500万円＝<u>500万円</u>

　次に、これを幾らずつ他の相続人らが負担することになるかを確認しましょう。

〔夫Ｆと子Ｇ及びＨの各侵害額〕

　Ｆらは、遺贈の目的物の価額から、自らの遺留分を控除した額を限度として責任を負うことになりますので、それぞれの侵害額は次のとおりになります。

・Ｆの遺留分額　　1億2,000万円×1／2×1／2＝3,000万円

・Ｆの侵害額　　　6,000万円－3,000万円＝3,000万円

・Ｇ及びＨの各遺留分額

　　　　　　　　1億2,000万円×1／2×1／6＝1,000万円

・Ｇの侵害額　　　3,000万円－1,000万円＝2,000万円

・Ｈの侵害額　　　2,500万円－1,000万円＝1,500万円

〔夫Ｆと子Ｇ及びＨの各負担額〕

　複数の遺贈がある場合、目的物の価額（相続人の場合は、遺留分額を超過する部分に限る。）の割合で、子Ⅰの遺留分侵害額を負担することになります。Ｆ、Ｇ及びＨの負担額はそれぞれ次のとおりになります。

・Fの負担額

500万円×3,000万円／（3,000万円＋2,000万円＋1,500万円）≒<u>231万円</u>

・Gの負担額

500万円×2,000万円／（3,000万円＋2,000万円＋1,500万円）≒<u>154万円</u>

・Hの負担額

500万円×1,500万円／（3,000万円＋2,000万円＋1,500万円）≒<u>115万円</u>

＊　見やすい数字にするため、便宜的に１万円未満の端数を四捨五入しています。

＊　なお、受遺者等が無資力で金銭債権の支払が受けられなかった場合、その損失は、遺留分権利者の負担となります（民法1047④）。例えば、子Gが既に相続財産を費消してしまっていた上、めぼしい固有の財産も無く、子Ｉが154万円の支払を受けられなかったという場合に、その損失分は子Ｉにおいて負担しなければならず、これを夫Fや子Hに請求することはできません。

　　Ｊが亡くなった。法定相続人は子のＫとＬの２人。相続開始時の財産は、自宅（評価2,000万円）と金融資産2,000万円であり、債務は800万円あった。

　　Ｊは、相続開始の半年前に、内縁の配偶者Ｍ（重婚的でない）と世話になった従兄弟Ｎに各3,000万円を生前贈与していた。また、遺言により、Ｍに対して自宅を遺贈した。ＫとＬは遺産分割により、それぞれ金融資産1,000万円を取得した。

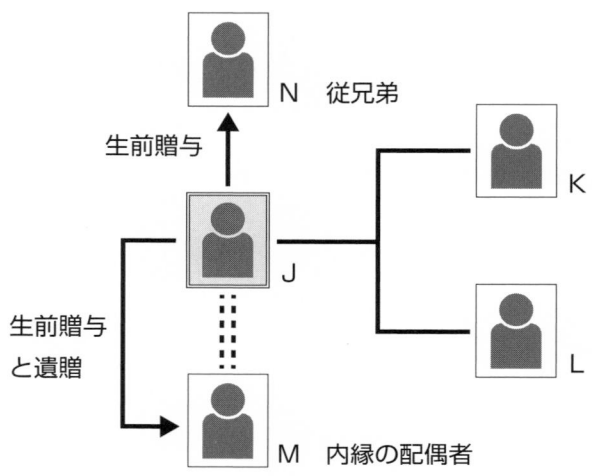

まず、子Kと Lの遺留分侵害額を計算してみましょう。

〔遺留分算定の基礎財産〕

・相続開始時の財産

　不動産2,000万円＋金融資産2,000万円＝4,000万円

・第三者への贈与財産

　3,000万円＋3,000万円＝6,000万円

・遺留分算定の基礎財産

　4,000万円＋6,000万円－相続債務800万円＝9,200万円

〔子Kと子Lの遺留分額〕

・K　9,200万円×1／2×1／2＝2,300万円

・L　9,200万円×1／2×1／2＝2,300万円

〔子Kと子Lの遺留分侵害額〕

・K　2,300万円 − 金融資産1,000万円 + 債務800万円 × 1 / 2 = <u>1,700万円</u>

・L　2,300万円 − 金融資産1,000万円 + 債務800万円 × 1 / 2 = <u>1,700万円</u>

　　この遺留分侵害額について、まずは受贈者が負担することになりますので、内縁の配偶者Mが遺贈を受けた2,000万円がその対象になります。しかし、子KとLの遺留分侵害額を合計すると3,400万円となりますので、差額1,400万円分がまだ足りません。そのため、日付の新しい贈与から順に、生前贈与の受贈者がこれを負担していくことになります。この点、Mと従兄弟Nは同時に贈与を受けていますので、贈与の目的物の価額の割合に応じて、遺留分侵害額を負担することになります。具体的な計算式は次のとおりです。

〔内縁の配偶者Mと従兄弟Nの負担額（生前贈与分）〕

・Mの負担額

　1,400万円 × 3,000万円／（3,000万円 + 3,000万円）= 700万円

・Nの負担額

　1,400万円 × 3,000万円／（3,000万円 + 3,000万円）= 700万円

　　結局、内縁の配偶者Mと従兄弟Nの最終的な負担額は、以下のとおりとなり、KとLはそれぞれ、Mに対して1,350万円、Nに対しては350万円を請求できることになります。

・Mの負担額　2,000万円 + 700万円 = <u>2,700万円</u>

・Nの負担額　<u>700万円</u>

相続法改正

1　相続法改正による金銭債権化

　平成30年の相続法改正により、遺留分についても大きな改正があり、かつて「遺留分減殺請求権」と呼ばれていた権利が、「遺留分侵害額請求権」と呼称されることになりました。内容についていちばん大きく変わったのは、遺留分減殺請求権を行使すると、物権的な権利を取得するとされていたのに対し、遺留分侵害額請求権を行使した場合、金銭を請求する債権を取得すると改正された点でしょう。

　旧法のもとでは、現物返還が原則であり、遺留分減殺請求権を行使した者は、直ちに所有権等を取得し、相続財産に含まれる不動産や不可分債権については、直ちに共有あるいは準共有の状態になると解されていました。実務上は、金銭で解決する場合も多かったですが、法律上金銭で解決できるのは、遺留分減殺請求をされた側が、価額弁償の抗弁を出したときのみでした。これに対し、現行法では、一律金銭により解決することとされたのです（当事者間の合意があれば、代物弁済として相続財産の現物を渡すことも可能ですが、そのようなことをする例は限定的でしょう。）。

　この改正の趣旨については、（当然に物権的効果が生じ共有状態となるとの帰結が）「遺贈等の目的財産が事業用財産であった場合には円滑な事業承継を困難にするものであり、また、共有関係の解消をめぐって新たな紛争を生じさせる」等の指摘がされていたことから、旧法の規律を見直すこととしたと、立案担当者が説明しています（堂薗幹一郎＝野口宣大編著「一問一答 新しい相続法【第2版】－平成30年民法等（相続法）改正、遺言書保管法の解説」122頁）。

◆ 旧法の「遺留分減殺請求権」

① 遺留分減殺請求権を行使。
② ①の行使により物権的な権利を取得。
　⇒不動産や不可分債権等の相続財産は、共有・準共有状態になる。

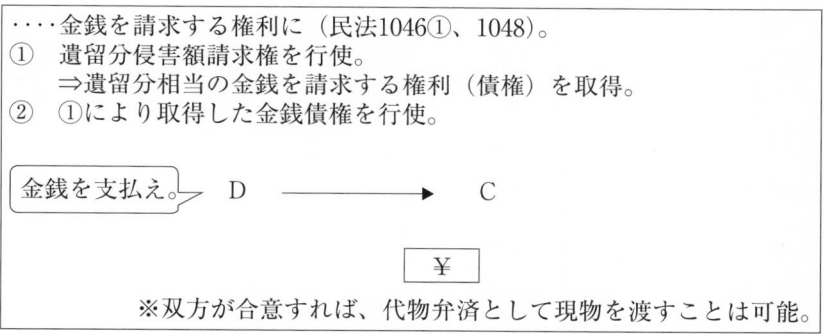

◆ 現行法における「遺留分侵害額請求権」

・・・・金銭を請求する権利に（民法1046①、1048）。
① 遺留分侵害額請求権を行使。
　⇒遺留分相当の金銭を請求する権利（債権）を取得。
② ①により取得した金銭債権を行使。

金銭を支払え。 D ⟶ C

¥

※双方が合意すれば、代物弁済として現物を渡すことは可能。

2　現行法と旧法の違い

⑴　消滅時効

　前述のとおり、遺留分侵害額請求により取得する権利は金銭債権とされました。金銭債権である以上、一定の期間が過ぎれば時効により消滅することになります（民法166①）。

　一方、遺留分侵害額請求権は、旧法の遺留分減殺請求権と同様、形成権と解されており、こちらについては、1年以内に行使する必要があるされている点も、旧法と変わりません（民法1048）。

(2)　遅延損害金

　遺留侵害額請求により生じる金銭債権は期限の定めのない債務と解され、遺留分権利者が受遺者等に対して具体的な金額を示してその履行を請求したときから履行遅滞に陥り（堂薗幹一郎「一問一答新しい相続法【第2版】－平成30年民法等（相続法）改正、遺言書保管法の解説－」124ページ）、その請求の意思表示が到達した日の翌日から遅延損害金が発生します。遅延損害金の利率は、民事法定利率（民法404）により定まり、現在の利率は3％です（同法②）。

　旧法でも、価額弁償がなされるときがあったわけですが、旧法の価額弁償よりも一般的に起算点が早くなるため、遅延損害金が発生する期間が長く、遺留分の価額が大きい場合には遅延損害金の負担も大きくなります。

　この点、相続法改正により新しく設けられた「期限の許与」により期限が猶予されると、遅延損害金の発生するタイミングも遅くなりますが、これについては後述します。

(3)　評価時点

　現行法でも旧法でも、遺留分の価額を算定する際に、相続開始時を基準として財産を評価する点に変わりはありません（民法1043、改正前民法1029）。

　しかし、金銭で解決する際に、受贈者らが支払うべき額の算定の基準時については、異なることとなりました。相続開始時の株価が1株500円であり、紛争が解決する頃に1株1,000円に上昇していた場合について考えてみましょう。

　旧法においては、遺留分減殺請求権を行使すると、目的物上の権利は当然に遺留分権利者に復帰し、株式であれば準共有状態となりまし

た。そして、訴訟に発展し、受遺者らが価額弁償の抗弁を出して金銭により解決することとなった場合に、遺留分権利者の共有持分を、いつを基準として金銭評価するかが問題となったのです。

　この点については、判例により事実審の口頭弁論終結時を基準とすることとされていたため（最二小判例昭和51年8月30日民集30巻7号768ページ）、上記の例で言うと、1株1,000円で評価することになったのです。これに対し、現行法では、遺留分権利者は金銭債権を取得するにすぎず、その後の相続財産の評価額の変動は問題になりません。そのため、1株500万円という評価で固定され、その後その価額が上下するということはないわけです。

> 相続開始時1株500円　⇒　紛争が解決する頃に1,000円上昇
> 《旧法》（弁償すべき価額の算定にあたり）1,000円で評価
> 《現行法》　相続開始時の500円で固定
> ＊　評価が下がることもあり、どちらに有利かは一概に言えない。

（参考）相続の場面で登場する財産の評価時点

場　　　　面	評　価　時　点
遺留分減殺請求（旧法）に対する価額弁償	口頭弁論終結時
遺留分侵害額	相続開始時
遺産分割	遺産分割時
特別受益・寄与分	相続開始時
相続税	財産の取得時（相続開始時）

⑷　現行法と旧法の違い（まとめ）

　以上述べてきた旧法と現行法の違いを表にまとめると、次のとおりとなります。

	遺留分減殺請求権 （旧法）	遺留分侵害額請求権 （現行法）
行使により取得する権利	所有権 ⇒現物の返還を求めることになる（価額弁償の抗弁はあり）	金銭債権 ⇒消滅時効にかかる 　遅延損害金が発生する
株式が基礎財産である場合の権利関係	準共有になる	影響なし （金銭を請求できるのみ）
金銭で解決する場合の評価時点	口頭弁論終結時	相続開始時
遺留分の価額を算定する際の基準時	相続開始時	相続開始時
対象となる特別受益の範囲	限定なし	10年以内に限定 （害意がある場合を除く）

3　改正法の施行日

　改正法は既に施行されており、令和元年7月1日以降に開始した相続について適用されます。ですので、今後問題になるケースの多くでは、新法が適用されることになります。ただし、ごく稀に、相続開始後10年近く経ってから遺留分が主張される場合もあり、そのようなケースが出てくると、今後も旧法が適用される可能性があります。

　離婚したAは、子Bを元夫の元に残してCと再婚し、子Dを設けた。Aは、財産をCとDに相続させる遺言を残して亡くなった。AとBは、生前、一切の交流がなく、CとDは、Aが亡くなったことは、Aの死後しばらく経ってから伝えたものの、遺言の存在は伝えなかった。Aが亡くなってから9年後に、Bは公証役場で調べて遺言の存在を知り、CとDに対し遺留分減殺請求権を行使してきた。

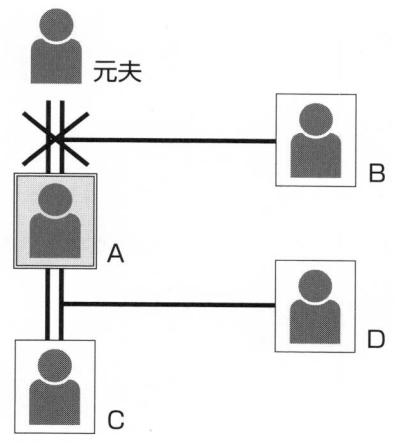

　遺留分減殺請求権の消滅時効は、相続の開始と遺留分を侵害する贈与・遺贈があったことを知ってから１年とされ、仮に被相続人が亡くなったことを知らされていなかったり、遺言が残されていたことを知らない相続人がいたりすると、相続開始後１年以上経ってから消滅時効が成立する場合もあります。ただし、10年の除斥期間もありますので、相続開始から10年を超えると、遺留分を主張されることはなくなります（改正前民法1042条。なお、現行民法1048条後段も同旨）。

　設例のケースでも、10年の除斥期間の経過前であり、かつ、Ｂが、遺言の存在を知ってから１年以内に遺留分減殺請求権を行使したということであれば、１年の消滅時効にもかかっていないことになります。このようなケースについては、Ａの相続開始が令和元年７月１日より前である限り、旧法が適用されることになるのです。

III 遺留分に係る紛争の実情

1 手続

　　甲社（非上場）の創業者であるAは、甲社を大きく成長させた。そのため、Aの保有財産のほとんどを占める甲社の株価は相当なものになっていた。

　　Aは、後継者Cに甲社の株式を生前贈与した上で、遺言により、自宅は配偶者Bに、金融資産は、経営に関わっていなかった子Dに相続させることとした。

　　事業承継対策に関わった税理士は「遺留分でもめたら大変ですよ。」とアドバイスしたが、Aは、「我が家はもめたりしない。」と聞く耳を持たなかった。しかし、Aの相続が開始すると、Dが自分がもらえる分が少なすぎるのではないかと言い出した。

　　なお、Bが取得した自宅の評価額は、Bの遺留分の額より低く、DがBに対して遺留分を請求することはできないものとする。

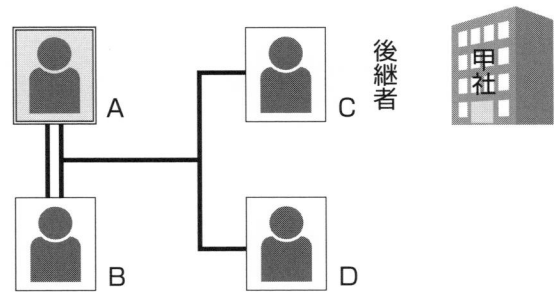

　上記の設例に基づいて、遺留分侵害額請求がされた場合の一般的な手続について確認していきましょう。

　まず、DがCに対して、遺留分侵害額請求の意思表示をします（内容証明郵便を用いるのが一般的です。）。その上で、「○○円を支払え」という金銭債権の支払いを請求する意思表示をします。この点、請求の段階では相続財産の全貌が明らかでなく、実務上、「相当額を支払え」との請求がされることも多いようですが、そのような場合、具体的な金額を明示しが履行の請求とは言えないため、請求の相手方は履行遅滞に陥らず、遅延損害金は発生しないと思われます。なお、金銭の支払いを求める意思表示は、遺留分侵害額請求と同時でも構いません。

　DがCに対して遺留分の請求をした後、CとDの話し合いにより解決できれば良いのですが、それが難しい場合、Dが家庭裁判所に調停を申し立てることになるでしょう（調停前置　家事事件手続法257、244）。遺産分割調停では、調停が不成立になると、家庭裁判所の審判に移行することになりますが、遺留分侵害額請求は審判事項ではないため、調停がまとまらなければ、Dが地方裁判所に訴訟を提起することになります。

　調停は、当事者の話し合いをベースにするため、訴訟におけるよりも柔軟な解決が可能となります。ただ、遺産分割調停等と比べて、遺留分侵害額請求の調停の場合、双方に代理人弁護士がつく確率が高く、当初から対立が激しく、訴訟を見据えた議論がなされることが多いように感じます。ですので、当事者（設例の場合はC）が一般的に望むような、自らに都合のよい解決というのは望めないと考えておいた方が良いでしょう。

2　評価の問題

　相続に係る紛争では、不動産の評価が争われるケースが非常に多く

あります。それに比して、非上場株式の評価が問題となる例は決して多くはありませんが、設例のような場合は、甲社の株式（非上場株式）の評価が最大の争点となり得るでしょう。

　調停で財産評価が問題とされた場合、まずは当事者間での調整を試みます。非上場株式が相続財産に含まれる場合、相続財産に占める比率が低ければ、相続税評価額で当事者双方が合意する場合も多いです。しかし、設例のような場合に、非上場株式の評価が争点となり、双方の折り合いもつかないとなると、裁判所が選任した鑑定人（公認会計士等）の鑑定に付されることになるでしょう。そのような場合、株式の時価純資産価額を算出するために、発行会社が保有する個々の不動産についても鑑定評価が必要になって、特に不動産を多数保有する会社の場合に、鑑定費用が高額になる可能性があります。また、最終的な株式の評価についても、どのような評価方式が用いられるか（また、複数の評価方式が併用されるか。）はケースバイケースであり、一概には言えませんが、ただ、相続税評価額が用いられることはまず考えられません。したがって、相続税評価額をベースにシミュレーションをしていた後継者からすると、思わぬ高額の評価額が出てしまうことも考えられます。

　このように、いざ遺留分侵害額請求権を行使されてしまうと、請求された側の受遺者・受贈者は、かなり厳しい立場に追い込まれるということは理解しておいた方が良いでしょう。

3　支払時期の問題（期限の許与）

　改正により、期限の許与が認められるようになりました。すなわち、受遺者らの請求により、裁判所が、金銭債権の全部又は一部の支払いにつき相当の期限を許与することが可能となったのです（民法1047

⑤）。そして、裁判所が期限を許与した場合、弁済期が裁判所の定めた期限に変更され、遡って履行遅滞に陥っていなかったことになります。

　したがって、例えば、金銭債権の支払の催告が到達したのが令和5年9月8日であり、その翌日の同月9日から遅延損害金が生じていたケースについて、後に裁判所が令和7年7月31日まで期限を許与したとすると、遅延損害金が発生するのは、期限の翌日である同年8月1日からとなり、令和5年9月9日から令和7年7月31日までの分の遅延損害金については支払い免れることになります。

　なぜこのような制度が新設されたのでしょうか。相続や贈与により取得した財産が、流動性の低い財産ばかりであったり、あるいは、流動性の高い財産が含まれていても、相続税の納付や債務の支払いに充ててしまっている場合もあり得ます。そういった場合、遺留分侵害額請求により金銭の支払いを請求されても、すぐに準備できない恐れがあります。そういった場合の受遺者らに、金銭請求を受けた時点から発生する遅延損害金債務を当然に負担させるのは酷です。そのような配慮から、期限の許与の制度が設けられたのです。

　このような制度趣旨からして、長期間の期限の許与は認めらにくいと考えます。基本的には、財産の換価に要すると通常思われる期間でしょうから、保有する不動産から生じる賃料や株式の配当金等を何年もかけて積み立てて支払いに充てるというようなことは困難でしょう。

Ⅳ 　遺留分対策

　ここまで述べた遺留分について、取り得る対策を以下ご紹介していきます。なお、生前贈与のみでも遺留分を侵害してしまう場合以外は、そもそも遺言がなければ、後述の遺留分の事前放棄等をしても意味がありません。したがって、多くの場合、遺言を作成することが不可欠となります。そして、遺言でできる工夫については、**第9章Ⅷ**で既に解説していますので、そちらも参照してください。

1　経営承継円滑化法の「遺留分に関する民法の特例」

　遺留分の問題に対処するため、経営承継円滑化法は、「遺留分に関する民法の特例」（以下「民法特例」といいます。）を規定し、除外合意と固定合意を認めています。具体的には、後継者を含めた先代経営者の推定相続人（以下、推定相続人を含む趣旨で「相続人」という言葉を使います。）全員の合意の上で、先代経営者から後継者に贈与等された自社株式について、

a)　遺留分算定基礎財産から除外すること。

b)　遺留分算定基礎財産に算入する価額を合意時の時価に固定すること。

を認めています（個人事業主については、事業用資産について、民法特例の適用を受けることが可能ですが、この点については本書では割愛します。）。そして、a)の合意を除外合意、b)の合意を固定合意と言います。

　このうち、固定合意については、合意の時における相当な価額であることを専門家に証明してもらう必要があるなどの手間があるため、本書では、主に除外合意を想定して説明します。

　上記の民法特例を利用するためには、まず、以下の要件を充たす必要があります。

---

① **会社**
・中小企業者であること。
・合意時点において３年以上継続して事業を行っている非上場企業であること。
② **先代経営者**
・過去又は合意時点において会社の代表者であること。
③ **後継者**
・合意時点において会社の代表者であること。
・先代経営者からの贈与等により株式を取得したことにより、会社の議決権の過半数を保有していること。

　その上で、先代経営者の相続人全員（遺留分を有する者に限ります。）及び後継者で合意をし、合意書を作成することが必要となります。

　その際、自社株式について除外合意を結ぶのに併せて、後継者が贈与等により取得した自社株式以外の財産についても、遺留分算定の基礎財産の価額に算入しない旨を合意したり（経営承継円滑化法５）、衡平を図るための措置として、後継者以外の相続人が被相続人から贈与された財産を、遺留分算定の基礎財産の価額に算入しない旨等を定めたりすることが可能です（同法６）。

　また、後継者が自社株を処分してしまった場合や代表者でなくなった場合等に後継者以外の者がとれる措置として、金銭を請求したり、合意を解除したりすることができる旨を定めておくことが必要とされ

ています（経営承継円滑化法4④）。他の相続人からすると、後継者が会社を継ぐから遺留分に関する合意に応じたわけですので、その前提が崩れた場合に一定の権利を行使することができるようにしておくことで、同人らの安心を担保することができるのです。

　続いて、民法特例の適用を受けるための手続について確認しておきます。大まかな流れは以下のとおりです（経営承継円滑化法7、8）。経済産業大臣への申請や家庭裁判所への申立を、後継者が単独でできるところがポイントです。

《民法特例の適用を受けるための手続の流れ》

┌─────────────────────────────┐
│　合意書 を締結   │
│　　　↓　　1か月以内   │
│　経済産業大臣の確認の申請   │
│　　　後継者が単独で行う。   │
│　　　↓   │
│　経済産業大臣の確認   │
│　　　↓　　1か月以内   │
│　家庭裁判所の許可の申立て   │
│　　　後継者が単独で行う。   │
│　　　↓   │
│　家庭裁判所の許可 の審判   │
│　　　合意の効力が発生する。   │
└─────────────────────────────┘

　続いて、民法特例のメリット・デメリットについても確認しておきましょう。ここは色々な考え方があり得るでしょうが、筆者の考える

メリット・デメリットは以下のとおりです。

《民法特例のメリット・デメリット》
■メリット
・　自社株以外の財産については、後継者以外の相続人に権利が残る
　上に、後継者が代表者でなくなった場合等に後継者以外の者がとれ
　る措置が必須とされるほか、相続人間の公平を図るための措置（後
　継者以外の相続人に対する生前贈与も遺留分の基礎財産から除外す
　る旨の合意等）も定めることができるため、後継者以外の相続人の
　納得が得られやすい。
・　合意は相続人全員及び後継者で行う必要があるが、その後の手続
　は後継者が単独でできる。
■デメリット
・　所定の要件を充たした場合にしか使えない。
・　相続人全員の合意が必要であり、１人でも非協力的な相続人がい
　ると使えない。
・　経済産業大臣の確認と家庭裁判所の許可が必要であり、手続が煩
　雑である。
・　合意解除の条項を入れること等が可能であり、後述する遺留分の
　事前放棄ほどの絶対的な効果はなく、後継者からすると不安定。

　上記のようなメリットのある制度であるにもかかわらず、民法特例
は、実はあまり利用されていません。令和３年度中に、全国の家庭裁
判所に対して、許可の申立てが新たになされた件数は、全国でわずか
40件に過ぎません（令和３年度司法統計年報（家事編）より）。利用
が進まない要因ははっきりしませんが、適用場面が限られることのほ

か、一般の人から見た制度内容の分かりにくさや、手続の煩雑さが影響しているのかもしれません。

2　遺留分の放棄

　遺留分を有する相続人は、これを放棄することが認められています。ただし、被相続人の生前に遺留分を放棄するためには、家庭裁判所の許可を得る必要があります（民法1049①）。この点、共同相続人間で、相続開始後に遺留分を主張しないというような念書を取っておいても無効ですので、注意してください。

＊　遺留分に限らず、遺産分割に関しても、被相続人の生前に相続人間で何らかの取り決めをしておくケースがあるようですが、それも無効です。確実な方法で、相続開始前に財産の配分を決めておくためには、遺言、死因贈与、生前贈与を活用するほかありません。

　家庭裁判所の許可を得るに当たっては、遺留分を有する相続人本人が申立てをする必要があります。ですので、遺留分を放棄する相続人本人の協力は不可欠です。ただ、手続自体は弁護士が代理人となって行うことができますし、筆者が過去に関わったケースでは全て郵便のやりとりのみで手続が完結していますので、多くの場合、裁判所に出向いてもらう必要はないものと思われます（ただし、ケースによっては、裁判所で審尋が行われる可能性もあります。）。ですから、一般に思われているほど、手続は面倒ではありません。

　以下、裁判所の許可を得るまでの手続の流れを簡単に記載します。

《遺留分の放棄の許可を得るまでの一般的な手続の流れ》

・家庭裁判所に 申立

　「遺留分の放棄許可申立書」を家庭裁判所に送付します。その際、被相続人の財産が分かる目録等を添付します。

＊　この場合の財産の目録では、税務申告書の別表等のように、財産を一つ一つ特定したり、各財産の評価額を細かく記載したりする必要はありません。裁判所が、被相続人の財産の概要を知るに足る情報を記載すれば足ります。

・家庭裁判所からの 照会

　家庭裁判所から申立人に対して照会書が送付されます（被相続人宛にも照会書を送る裁判所もあります。）。照会事項は、裁判所によって異なりますが、概ね以下のような内容です。

・遺留分の放棄の手続の内容を理解しているか
・遺留分の放棄をする理由
・被相続人が遺言を作っているか
・被相続人から生前贈与を受けているか
・被相続人の財産の内容

・照会への 回答

・家庭裁判所による許可の 審判

　申立てをしてから審判が出るまで、通常１か月程度かかりますが、照会への回答が早ければ、その分早く審判が出ますし、逆に、裁判所

が立て込んでいるタイミングであったり、書類に不備があったりすると、通常より多く時間がかかってしまうでしょう。

　遺留分の放棄をしてもらうに当たっては、裁判所の許可が出やすくなるように、遺留分を放棄することになる相続人に対して、金銭や不動産等の財産を贈与することが多いです。ただ、贈与の目的物は、遺留分に匹敵する額の財産であることまでは必要ありません。裁判所は、申立人に放棄するだけの理由があるか、また、遺留分の放棄によって申立人の生活の安定が害されることがないかといった視点から見ているようです。ですから、生前贈与の有無やその内容だけでなく、申立人の年齢や職業等も考慮して、総合的に判断されることになります。

　続いて、遺留分の事前放棄のメリット・デメリットについて確認します。筆者が考えるメリット・デメリットは、それぞれ以下のとおりです。

《遺留分の事前放棄のメリット・デメリット》

■メリット

・　遺留分を有する相続人の協力さえ得られれば、手続自体は簡単。

・　遺留分を放棄した相続人は、一切遺留分を主張できなくなるので、後継者からすると安心。

・　事業承継の場面に限定されないので、自社株式が対象にならない場合にも使える。

■デメリット

・　遺留分を有する相続人にはメリットがないのに協力してもらう必要があるため、説得に困難を生じる場合がある。

・　条件を付したりすることが出来ないため、遺留分を放棄する側か

らすると、融通が利かない。

　なお、遺留分の事前放棄については、複数の相続人がいる場合にそ
れぞれが申立てを行うため、家庭裁判所による許可・不許可の判断が
バラバラになる可能性があるとの指摘もありますが、遺留分の事前放
棄許可の申立てについては、認容率が90％を超えていますし（平成3
年度の司法統計を見ると、既済件数784件のうち、認容は739件で、認
容率は約94％に及んでいます。）、各相続人が申立てをすると言っても、
実務上は専門家が関わってまとめて行うことになるでしょうから、バ
ラバラの判断が出るリスクというのはかなり小さいと思われます。

3　その他の遺留分対策

　1の民法特例にしても、2の遺留分の放棄にしても、遺留分を主張
しそうな推定相続人の協力が必要不可欠です。しかしながら、その協
力を得られない場合も少なくありません。そのような場合に、遺留分
を完全に封じることは難しいでしょうが、遺留分侵害額を減らすため
の方策は幾つか考えられますので、以下ご紹介します。

　なお、信託の活用が遺留分対策として検討されることもあるかと思
いますが、信託と遺留分の関係については**第9章Ⅵ6(2)**の「後継ぎ遺
贈に代わる受益者連続型信託」のところで触れています。

(1)　生命保険等のみなし相続財産の活用

　まず、生命保険金が相続財産ではなく、原則として、特別受益にも
当たらないことは、**第4章Ⅳ4及び第5章Ⅰ1(3)**で述べたとおりです。
そのため、財産を残したい推定相続人を受取人とする生命保険を活用
すると、遺留分対策となり得ます。ただ、既述のとおり、例外的に、

特別受益に準じて持戻しの対象とされる場合もありますので、やり過ぎは禁物です。

　みなし相続財産の活用としては、会社の死亡退職金を使うことも考えられます。予め死亡退職金規程を作っておき、受け取る親族を決めておけば（例えば、第1順位を配偶者とするなど。）、その者の固有の権利となるので、相続財産にも特別受益にも含まれないことになります。

(2)　早めの生前贈与

　次に、早めの生前贈与も、相続税対策のみならず、遺留分対策にもなり得ます。というのも、本章 I 3(2)で述べたとおり、相続法改正により、遺留分算定の基礎財産に加算される特別受益について、10年という制限が加わったためです。特に収益性の高い資産を推定相続人に移しておけば、収益の部分も特定の相続人に移転できることができ、それが遺留分として支払う金銭を準備することにもつながります（税務の面でも、令和5年税制改正により、生前贈与加算の期間が、順次7年に伸長されることが決まっていますので、早めの生前贈与は、相続税対策として贈与を用いる場合にも有効でしょう。）。

(3)　法定相続人以外への贈与

　法定相続人の特別受益について、遺留分算定の基礎財産に加算されなくなるまでには、贈与から10年の歳月が必要ですが、第三者であれば、1年で足ります（民法1044条1項前段は、原則として、相続開始前1年間になされた贈与のみを加算の対象とする旨を定めています。）。ただ、例えば、孫への贈与であっても、実質的に親への贈与（特別受益）と言われてしまう可能性もありますので（**第4章IV2**参照）、そ

の点は注意が必要です。

⑷　養子縁組

　相続税法上、基礎控除の額の算定等に当たって、法定相続人に算入できる養子の数には制限あるのに対し、民法上の遺留分の計算に際しては、養子の数に制限はありません。ですから、例えば、Aの子Bが、弟Cの遺留分を減らしたいと考えた場合に、Bの子（Aの孫）3人とAを養子縁組させれば、Cの遺留分を、1/2×1/2の1/4から、1/2×1/5の1/10まで減らすことができます（養子縁組前の法定相続人がBとCの2人のみであることを前提としています。）。

　ただし、相続開始後に、遺留分を減らすことだけを目的とした養子縁組には縁組意思がなく無効だと争われてしまうリスクがあります。この点、東京地裁令和3年8月4日判決（令和2年(ワ)第19953号）は、被相続人が生前に、実子の1人Yの妻子と養子縁組をしていた事案について、「養親となる者が特定の法定相続人の遺留分を抑制するという結果を企図した場合であっても、そのことだけで直ちに縁組意思を欠くものとはいえない。」、「余生におけるより一層の安心感を得たいという心情や同居するYら家族とより親密な家族関係を築きたいという心情を有していたと認めるのが相当である。」として、養子縁組の有効性を認めましたが、一方で、養親となる者の認知機能に問題があった場合等に無効とされた例もあります。そもそも、訴訟で結果的に勝訴できたとしても、そこに至るまでに大きな物理的、心理的、金銭的な負担が生じます。ですから、露骨な遺留分対策の養子縁組については、慎重になるべきと考えます。

　以上、遺留分の主張をできなくする方法、そして、遺留分権利者か

ら請求される金額を出来るだけ少なくするための方法をご紹介してきました。ただ、それらの対策を講じるに前に、まずは、遺留分を主張された場合に、どの位の金銭が必要になるのかをシミュレーションするのが肝要です（その際、対象となる財産は、相続税評価額ではなく、実勢価格で評価する必要があります。）。その上で、これまで述べてきたような遺留分対策をとるか否かを検討し、当事者の希望等によりそれらの対策をとらないということであれば、遺留分を主張された場合に支払うための資金を用意するか、あるいは、遺留分を主張する可能性のある推定相続人にも、生前贈与や遺言により一定の財産を渡すようにするか等、それぞれのご家庭の事情に応じた選択を採っていくことになるでしょう。

第11章

配偶者等の保護

平成30年の相続法改正により、被相続人の配偶者の保護を目的
として、配偶者居住権と特別受益の持戻し免除の意思表示の推定
規定が新設されました。本章では、その2つのほか、相続人以外
の親族の貢献に報いるために設けられた特別寄与料の制度につい
ても解説します。

I 相続法改正と配偶者等の保護

　平成30年の相続法改正のきっかけとなったのは、平成25年9月4日の最高裁大法廷決定です。非嫡出子の相続分を嫡出子の2分の1とする民法900条4号但書前段の規定を違憲とする判断を最高裁が示したもので、同年12月には、民法改正により当該規定が削除されました。その際、自民党内の保守派議員が反発し、配偶者保護の観点からの相続法改正の議論につながっていきました。そして、約40年ぶりの民法相続編の改正法案が、平成30年7月に可決成立したのです。

　配偶者の保護のための改正という点は報道でも流れ、それに期待する一般の方も多かったのではないかと推測しますが、具体的にどのような点が改正されたのでしょうか。

　実は、中間試案の段階では、配偶者の法定相続分を一定の条件のもとに上げることが提案されていました。しかし、パブリックコメントによる反発が強く、早々に改正事項から外されました。その代わりに、中間試案の翌年に出された追加試案で提案され、改正法にも取り込まれたのが、持戻し免除の意思表示の推定規定です。これは、相続税法21条の6（贈与税の配偶者控除）の規定を参考に新設されたもので、婚姻期間が20年以上の夫婦間で、居住用不動産の遺贈又は贈与がされたときは、特別受益の持戻しの免除の意思表示があったものと推定するという内容の規定です。

　また、税理士の間でも関心の高い配偶者居住権も、配偶者居住権（長期居住権と言われていたものです。）と配偶者短期居住権という2つの制度として、改正法に盛り込まれました。

　もう一つ、被相続人の配偶者を保護するものではありませんが、被相続人の介護を担った親族の貢献に報いるための制度として特別寄与

料の制度も設けられました。これについても、本章で触れたいと思います。

Ⅱ　配偶者居住権

1　配偶者居住権と短期配偶者居住権

　Ⅰで述べたとおり、相続法改正により、配偶者の居住権を確保するための方策として、以下の2つの制度が新設されました。

①　配偶者短期居住権

②　配偶者居住権

　このうちの配偶者短期居住権は、被相続人の生前に被相続人所有の建物に居住していた配偶者の居住権を、相続開始後の短期間に限り保護しようとする制度です。

　配偶者短期居住権のような制度がなくとも、従前も判例により、被相続人所有の建物に住んでいた相続人（ここは配偶者に限られません。）の保護は図られていました。すなわち、被相続人とその相続人との間で遺産分割が終了するまでの間は、当該相続人が無償で居住を続けることを認める内容の使用貸借契約が成立していたと裁判所が推認し、救済が図られていました（最三小判平成8年12月17日民集50巻10号2778ページ）。

　しかしながら、この判例理論は当事者の合理的意思解釈に基づくため、被相続人が反対の意思を表示していた場合（例えば、被相続人が当該建物を第三者に遺贈していたような場合）には適用されないことになります。

　そこで、配偶者の保護の観点から、配偶者に限って、被相続人の意

思にかかわらず、相続開始後の短期間従前の住居に住める権利を認めることとしたのです（民法1037）。

　ただ、配偶者短期居住権の評価額は零であり、課税にも影響がありません。したがって、税理士の実務にもあまり関係しないところかと思いますので、本書では詳細な説明を割愛します。

2　配偶者居住権の概要

　被相続人の建物について配偶者居住権が設定された場合、建物の完全な居住権が、建物の使用収益権（配偶者居住権）と配偶者居住権の負担付の所有権に分かれることになります。同様に建物の敷地についても、配偶者の敷地利用権とその負担の付いた所有権に分離することになります。

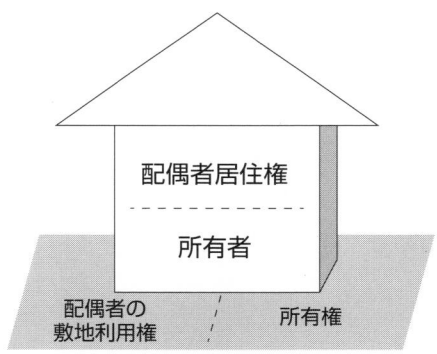

　このように配偶者が取得する権利を限定的な権利とすることで、自宅の完全な所有権を取得する場合に比べ、配偶者が取得する権利の評価額が下がり、その結果、自宅以外の遺産からも配偶者が分配を受けられる可能性が高まります。

(1)　後妻の生活を守るための配偶者居住権

　被相続人Aが亡くなった。相続人は先妻の子Bと後妻のC。相続財産は自宅土地建物（5,000万円）と預金3,000万円。Cとしては、何としても自宅を確保したいが、一方で老後の生活資金にも不安がある。

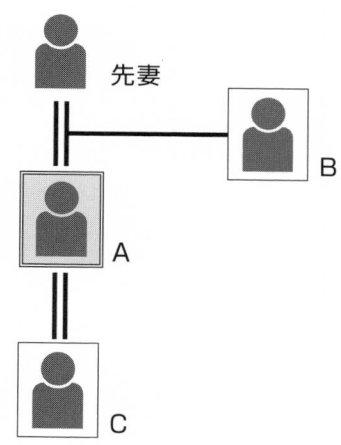

先妻

B

A

C

　この事例で、Cが自宅を取得しようとすると、預金全額をBに取得させたとしても、以下のとおり、1,000万円の代償金をBに支払う必要が生じます。

Bの相続分＝（5,000万円＋3,000万円）×法定相続分１／２＝4,000万円
　　　　　4,000万円－3,000万円＝1,000万円

　しかし、Cに1,000万円の自己資金があるか問題ですし、仮にあったとしても、自己資金が減る分その後の生活が苦しくなってしまうでしょう。

　この場合に、仮にCが配偶者居住権を取得し、その配偶者居住権

（と敷地利用権）の評価額が2,500万円であるとするとどうでしょう。以下のとおり、配偶者居住権を取得したとしても、相続分が1,500万円残ります。したがって、預金から1,500万円の配分を受けられることになります。

　　4,000万円－2,500万円＝1,500万円

　そうなれば、自宅は確保できたもののお金がなく老後の生活に困ってしまうという事態を避け得ることになりそうです（この場合、Ｂは配偶者居住権の負担付きの自宅2,500万円と預金1,500万円を取得することになります。）。

　ただ、実際には、上記のような先妻の子と後妻が相続人という「教科書的」な事例において、遺産分割により配偶者居住権を設定できる事例は出て来づらいと感じています（後述のとおり、被相続人が遺言により配偶者居住権を遺贈しておくことは考えられます。）。というのも、先妻の子Ｂの方から見ると、配偶者Ｃがどの程度長生きするかは分からず、自分が完全な所有権を取得できるとしても、それは30年、40年後になるかもしれないのです。加えて、その時点では不動産の価値が暴落しているかもしれません。そのため、Ｂの立場であれば、遺産分割の時点で不動産を売却し、その売却代金を受け取ることを希望する人も多く、協議がまとまるケースが多くないのではないかと推測できるのです（上記の例であれば、不動産を売却すれば、その代金5,000万円の半額2,500万円と預金1,500万円の合計4,000万円をＢが取得できることになります。）。しかも、当事者間の反対がある場合でも、家庭裁判所の審判で配偶者居住権を設定することは法律上可能ですが、「居住建物の所有者の受ける不利益の程度を考慮してもなお配偶者の生活を維持するために特に必要があると認めるとき」（民法1029二）

という要件が課されており、この認定に家庭裁判所は恐らくかなり慎重になるでしょうから、実際に認められるケースは限定的と思われます。

　このように配偶者と他の相続人が対立する場面では必ずしも使い勝手が良くないように思われる配偶者居住権ですが、実は後継ぎ遺贈のような使い方も可能と言われており、そちらの方が利用頻度は高くなるかもしれません。

⑵　後継ぎ遺贈目的の配偶者居住権

　DとEの夫婦には子供がいない。自宅の不動産はDが親から継いだものである。Dは自分の死後もEが自宅に住み続けるようにしてあげたいと思う一方、Eの死後は甥のFが権利を承継してほしいと思っている。

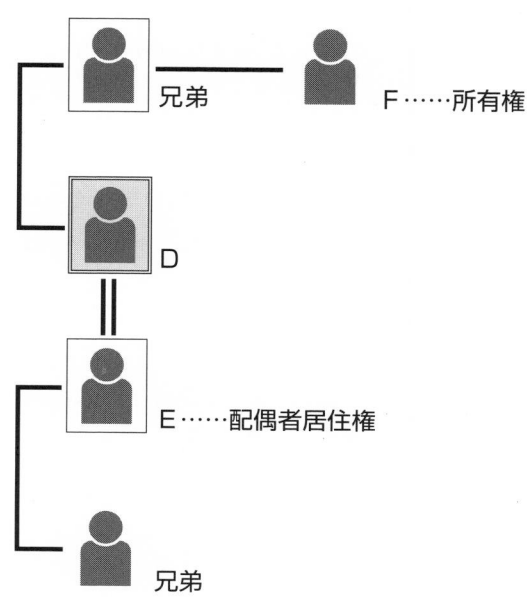

上記のケースで、仮にDが先に亡くなり、Eが自宅を相続すると、Eの相続の際には、Dの兄弟や甥姪ではなく、Eの兄弟の方に相続の権利が行ってしまうことになります。そこで、Eの後は甥に相続させると予め決めておきたいというニーズが生じ得ます。いわゆる後継ぎ遺贈の場面です。

　このような後継ぎ遺贈は、従前の民法では実現困難と言われていました（**第9章Ⅵ6(2)参照**）。ですが、上記のケースでEに配偶者居住権、Fに所有権を遺贈しておけば、同じ効果を生じさせることができそうです。

　この点、信託法上の受益者連続型信託を用いるという選択肢もあり得ます。信託は、柔軟な設計が可能である等の利点がある一方、一般の方には理解のしづらい仕組みです。受益者が交代する際に受益権に対する相続税の課税が生じるという問題もあります。これに対し、配偶者居住権の方がシンプルですし、Eの死亡時に相続税が課税されることもありません。したがって、配偶者居住権を用いた後継ぎ遺贈も一考に値すると思われます。

　ただ、配偶者居住権の場合にも、所有者となるFが固定資産税を納税する必要がありますし（通常の必要費（民法1034①）としてEに求償できますが、それも手間です。）、所有者としての責任も生じ得ますので、専門家として相談を受けた際にはそういったマイナスの面の説明も必要でしょう。

　なお、先ほど(1)で述べた先妻の子と後妻のケースでも、夫が生前に遺言を残しておく方法は考えられます。遺言で決められてしまえば、後妻が配偶者居住権を取得することを受け入れざるを得ず、先妻の子も所有権を取得するので遺留分の問題も生じにくくなります。ただ、両者の関係が悪い場合、同じ建物（及びその敷地）に対して利害を有

する関係が何十年も続くことになる配偶者居住権は、双方にとってストレスにもトラブルの種にもなるでしょうからあまりお勧めはできません。

(3)　節税のための配偶者居住権

> 　Gが亡くなった。相続人は配偶者H、長女Iと次女J。相続財産は自宅不動産と、Jが居住しているマンション。Hは借家住まいのIに将来的には自宅を承継させたいと思っている。

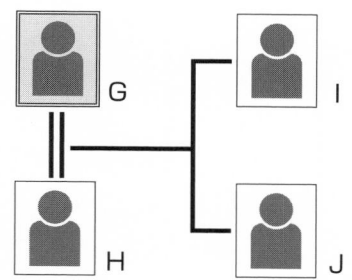

　この事例で、Hが自宅を取得し、Hの相続時にIに相続させるということももちろん可能です。しかし、自宅の評価額が高かったり、その他の資産もあると、二次相続すなわちHの相続時に相続税が課税される可能性があります。これに対し、Gの相続時にHが配偶者居住権、Iが配偶者居住権付きの所有権を取得するように遺産分割すれば、配偶者の死亡により配偶者居住権が消滅した場合には課税がないとされているため、二次相続時の課税が無くなります。そのため、配偶者居住権を用いた節税が可能と思われるのです（ただし、配偶者Hの取得分が減るため、一次相続時の相続税は増える可能性がありますので、2度の相続を通じたシミュレーションが必要と思われます。）。

また、配偶者居住権を用いる方法には他のメリットもあります。仮に、Ｈが所有権を取得し、Ｈの死後Ｉに承継させるためＩに相続させる旨の遺言を残していたとしても、ＩがＪから遺留分の請求をされてしまう可能性があり、Ｈが自宅を手放さざるを得ない状況に陥る可能性もあります。これに対し、Ｈの配偶者居住権を設定すると、Ｈの死亡によりＩが建物の所有者が完全な所有権を取得した場合でも、相続による取得ではないため、遺留分の問題は生じないと考えます。ただ、仮にＨの生前にＨが配偶者居住権を放棄し、Ｉがその対価を得ていない場合、その時点の配偶者居住権の価額をもってＩの特別受益があったと認定される可能性はあります。

　さらに、Ｇの相続時にＨではなくＩが自宅不動産を取得し、Ｈに住まわせるという方法も考えられますが、そのような方法をとると、配偶者の税額軽減の特典を享受できなくなったり、小規模宅地等の特例の対象外となったりする恐れがあります。加えて、たとえ子供との関係が良好な場合であっても、「子供の名義の家に住まわせてもらうのは嫌だ。自分の名義にしておきたい。」と思う配偶者も実は少なくありません。最初から子Ｉに相続させてしまうと、そのような配偶者Ｈの思いに反してしまうことにもなりかねません。

3　配偶者居住権とは

　配偶者居住権がどのような権利かを確認します。

(1)　法的性質

　配偶者居住権は、賃借権類似の法定の債権とされます。その債権者は配偶者であり、債務者は居住建物の所有者です。

(2)　基本的な権利の内容

　　配偶者居住権の債権者たる配偶者は、「無償」で居住建物の「全部」
を「使用収益」することができます。

①　まず、「無償」という点についてですが、配偶者が一切の金銭的
　　負担を負わなくてよいという意味ではありません。民法上の使用貸
　　借における借主と同様、通常の必要費は負担しなければならず（民
　　法1034①）、具体的には、居住建物の保存に必要な修繕費のほか、
　　居住建物および敷地の固定資産税相当額を負担すべきことになりま
　　す。

②　次に、配偶者居住権は居住建物「全部」に及ぶ権利とされます。
　　相続開始時に配偶者が居住に使用していたのが居住建物の一部であ
　　ったとしても、配偶者居住権の効力は居住建物全てに及ぶのです。
　　この点、配偶者と居住建物所有者の特約によっても、効力の及ぶ範
　　囲を一部に限定することはできないと考えます。居住建物の一部に
　　ついてのみ対抗要件を具備するということができないためです。

　　　また、配偶者は、居住建物のほか、その敷地についても、居住建
　　物の使用収益に必要な限度で利用することができます。

　　　上記のとおり配偶者居住権は建物全部に効力が及ぶことを前提と
　　する権利ですが、相続開始時にその一部が賃貸に供されている居住
　　建物についても、配偶者居住権を設定することは可能です。その場
　　合に問題となるのが、賃貸部分について得られる賃料が、配偶者と
　　所有者のどちらに帰属するかという点です。

　　　まず、賃貸人たる地位は、居住建物の所有者が承継すると思われ
　　ます（いわゆる「賃貸人たる地位の移転」の話です。）。したがって、
　　貸主は所有者ということになります。ただ、そうであるからと言っ
　　て、賃料を当然に所有者が収受してよいということにはなりません。

所有者が取得したのは配偶者居住権の制限が付された所有権であり、前述のとおり、配偶者居住権の効力は居住建物全部に及ぶからです。となると、法律論からすると、所有者は配偶者に対し、借主から受領した賃料を交付すべき債務を負うとの解釈が導かれそうです（この点、相続開始時の一部賃貸部分を配偶者居住権の評価対象から外している相続法施行令5条の8第1項の問題を指摘したものとして、坂田真吾「配偶者居住権のすべてがわかる！民法（相続法）改正のファイナルチェック」税務弘報2020年2月号80ページがあります。）。

　ただ、仮に上記のような解釈が正しいとしても、賃料は所有者が受領すべきものと当事者が当初から想定していたケースも多々あり得（賃貸部分を除いて配偶者居住権を評価して遺産分割を行ったようなケース）、そのような場合、いちいち賃料を所有者から配偶者に交付しなければならないというのは実態に反します。そのような場合には、所有者と配偶者との間で、所有者が上記の債務を負わないとの黙示の同意があったと解する余地があるように思います。

　いずれにしても、この辺りについては解釈が未だはっきりせず、今後の実務の集積が待たれるところです。

③　最後に、「使用収益」とは、文字通り、配偶者自身が使用するほか、居住建物の一部で店舗を経営したり、居住建物を賃貸して賃料を得たりすることができるという意味です。ただし、相続開始前に居住の用に供されていた部分を、後から配偶者が営業の用に供することは、用法遵守義務違反（民法1032①）に当たり許されませんし（逆の用法変更は可能です。）、居住建物を第三者に賃貸するためには、居住建物所有者の同意が必要ですので（同条③）、配偶者が実際に居住建物から収益を得られる場面は限定されることになりそうです。

(3)　存続期間

　配偶者居住権の存続期間についての定めがないとき、その存続期間は配偶者の終身の間とされます（民法1030本文）。ただし、実務上あまりないかもしれませんが、遺産分割や遺言の中で終身ではない一定の期間を定めることも可能です（同条但書）。

　存続期間の長さ（終身の場合は配偶者の平均余命までの年数）は、後述する配偶者居住権の評価額に大きな影響を及ぼします。配偶者の年齢が若く、存続期間が長期にわたる場合、配偶者居住権の評価額が思いのほか高額になってしまい、わざわざ所有権ではなく配偶者居住権を選択する意味がなくなってしまうことも考えられます。そのため、設定時に、存続期間を何年とするかというのは、非常に大きな問題となるはずです。

　なお、終身以外の期間を定めた場合、終了時に未だ配偶者が居住建物を必要としている可能性もあるわけですが、この場合でも期間の延長や更新は認められないと解されています（堂薗幹一郎ほか編著「概説改正相続法【第2版】―平成30年民法等改正、遺言書保管法制定―」15ページで、配偶者居住権の財産評価を適切に行うことが困難になるためと説明されています。）。ただ、存続期間が終了した時点で、新たに所有者と配偶者との間で使用貸借契約や賃貸借契約を締結すれば、配偶者は居住建物に住み続けることは可能です。

(4)　対抗要件

　配偶者居住権は登記することができます。登記したときは、その後に居住建物の所有権を取得した第三者や居住建物を差し押さえた債権者等に対抗できることになります（民法1031②）。

　配偶者居住権の登記は、配偶者と所有者が共同して申請する必要が

あり（不動産登記法60）、所有者は配偶者に登記を備えさせる義務を負っています（民法1031①）。所有者がこの義務を履行しないときは訴えを起こすことが可能です。

4　配偶者居住権の成立

　配偶者居住権は、被相続人が生前、配偶者に遺贈する内容の遺言を残していた場合や配偶者と死因贈与契約を締結していた場合のほか、共同相続人間の遺産分割により設定することができます。その成立要件は以下のとおりです（民法1028①）。

① 　配偶者が、相続開始の時に、遺産である居住建物に居住していたこと。

② 　その居住建物が、被相続人の単独所有あるいは配偶者と2人の共有にかかるものであること。

③ 　その居住建物について、配偶者に配偶者居住権を取得せる内容の遺産分割又は遺贈（死因贈与を含む）がされたこと。

　①について「配偶者」は、法律婚の場合に限定され、内縁の配偶者が配偶者居住権を取得することはできません。

　また、「居住していた」とは、配偶者が当該建物を生活の本拠としていたことを意味します。相続開始時に配偶者が一時的に施設に入っていたとしても、生活の本拠としての実態を失っていなければ「居住していた」と認められます。また、面白いのが、生活の本拠が複数あった場合には複数の建物について、また、2棟の建物を一体として居住の用に供していた場合には2棟の建物について、それぞれ配偶者居住権が成立し得ると解されているところです（堂薗ほか前掲書12ページ）。このあたりの発想は、税理士の方にはないところではないでし

ょうか。

　②について被相続人と配偶者以外の者が建物を共有していた場合には、配偶者居住権は成立しません（民法1028①但書）。

> 　Aが亡くなった。相続人は、Aと先妻Bの子であるCと、Bが亡くなった後に再婚したD。AとDが住んでいた自宅の建物は、AとBの共有名義のままとなっている。自宅以外にめぼしい資産はなく、Dに代償金の支払能力もないため、Dは配偶者居住権の取得を希望している。しかし、Cは早く自宅を売ってお金にしたいと言っている。

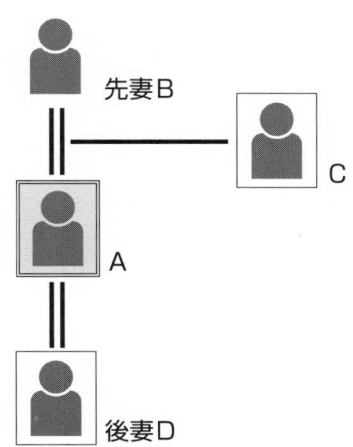

　この事案で、Dが配偶者居住権を取得するためには、Bの相続に関する遺産分割協議で、Bの持分全部をAが取得する必要があります。仮にCが持分を取得すると、AとCの共有であったことになり、②の要件を欠くことになってしまうからです。そのためには、Cの協力が不可欠です。しかし、そもそも配偶者居住権の設定に反対しているC

が協力するわけがありません。

　したがって、この事案で、Ｄが配偶者居住権を取得することは非常に困難です。

　なお、Ａの相続とＢの相続に関して遺産分割協議が調わず家裁の審判に移行した場合に、不動産以外にＢの財産があれば、Ｂの遺産分割でＢの建物持分をＡが承継し、Ａの遺産分割でＤの配偶者居住権が認められるという余地も全くないわけではありませんが、そのハードルは極めて高いです。

　③について配偶者居住権は、あらかじめ被相続人が遺言で定めておいた場合のほか、遺産分割により設定することも可能なことは前述のとおりです。遺産分割調停で協議がまとまらず、審判に移行した場合に、裁判官の判断により配偶者居住権の取得が認められることもあり得ます（民法1029）。ただ、反対する相続人がいる場合に審判で配偶者居住権の取得を認めるには法律上厳しい要件が課されており、裁判官も配偶者居住権を認めるのにはかなり慎重であることは前述のとおりです。

　注意が必要なのは遺言で設定する場合です。「遺贈」はよいのですが、いわゆる「相続させる」遺言により取得させることが法律上認められていない点は要注意です。なぜ相続させる遺言が認められなかったのでしょう。これについては、仮に配偶者が配偶者居住権はいらないと考えたときに、遺贈であればそれを放棄した上で配偶者において遺産分割協議に参加することが可能ですが、相続させる遺言の場合、配偶者居住権の取得を免れるためには相続自体を放棄するほかなく、事実上配偶者居住権を取得しないという選択ができなくなるためと説明されています。

しかし、公証実務も含め、相続人に取得させる場合「遺贈する」ではなく「相続させる」と記載する実務が広く定着しています。上記の点について知識がないと、書式集等のとおりに「相続させる」と記載してしまいかねないので、注意が必要なのです（実務的には、「相続させる」と書かれていても、遺贈の趣旨と解して救済することが多くなるとは言われています。ただ、確実とは言えませんし、手続の手間もありますので、やはり初めから「遺贈する」としておくべきです。）。

5　配偶者居住権の評価

　配偶者居住権については、未だ家事紛争で争われる事例自体が少なく、実務がさほど蓄積しているとは言えません。ただ、筆者の知る限りにおいては、法制審議会（相続関係）部会の議論の過程で示された簡易な評価方法が用いられることが多いようです。その内容は、以下のようなものです。

配偶者居住権の価値評価について（簡易な評価方法）

簡易な評価方法の考え方　　法制審議会民法（相続関係）部会において事務当局が示した考え方（注1）
※平成29年3月28日第19回部会会議資料より

建物敷地の現在価値 － 負担付所有権の価値（注2） ＝ 配偶者居住権の価値

（注1）相続人間で，簡易な評価方法を用いて遺産分割を行うことに合意がある場合に使うことを想定したものであるが，不動産鑑定士協会からも一定の合理性があるとの評価を得ている。
（注2）負担付所有権の価値は，建物の耐用年数，築年数，法定利率等を考慮し配偶者居住権の負担が消滅した時点の建物敷地の価値を算定した上，これを現在価値に引き直して求めることができる（負担消滅時までは所有者は利用できないので，その分の収益可能性を割り引く必要がある。）。

　（出典）　法務省のパンフレット「配偶者の居住権を長期的に保護するための方策（配偶者居住権）より抜粋」

この簡易な評価方法の基本的な考え方は、税務上の評価と同じです。すなわち、

①　存続期間満了時に所有者に復帰する居住建物の完全な所有権の価額を算定し、

②　その算定額を割り戻して現在価値を出し、

③　この価額を現時点での居住建物所有権の評価額から控除する

方法により配偶者居住権の対象となる建物の評価額を算出し、同様な方法で敷地利用権の評価額も算出して、両者の価額を合算した額をもって配偶者居住権の価額とします。

　一方で、相続税における評価方法とは、次の点が異なっています。まず、建物の耐用年数に1.5を乗じません。また、残存年数について上限が無く、理論上は、平均余命を上回る存続年数の設定も可能です（実際には、存続期間を終身とする例が多くを占めるでしょうが。）。

　続いて、上記の計算式を具体的事例に当てはめてみましょう。

――〔事例〕――――――――――――――――――――――――

　一戸建て（建物：築12年、鉄筋コンクリート造（耐用年数47年）、固定資産税評価額1,200万円、敷地：固定資産税評価額3,000万円）を対象として、存続期間を終身とする配偶者居住権を設定した場合について考えてみます。配偶者（女性）の年齢は60歳とします。

■建物と敷地の現在価額の合計

1,200万円＋3,000万円＝4,200万円

■負担付建物所有権の価額

1,200万円×［47－（12＋29）］÷（47－12）×0.424≒87万円

* 60歳女性の令和3年簡易生命表上の平均余命→29.28≒29
* 法定利率3％の場合の29年のライプニッツ係数＝0.424
* 仮に鉄筋コンクリート造でなく木造であったとした場合、法定耐用年数が22年であり、計算式の結果がマイナスとなりますが、そのような場合は負担付建物所有権の価額は0円とします。

■負担付土地所有権の価額

3,000万円×0.424＝1,272万円

■配偶者居住権の価額

4,200万円－（87万円＋1,272万円）＝2,841万円

　なお、法制審議会の部会における審議の過程で、土地の評価額について固定資産税評価額が用いられていたため、ここでも固定資産税評価額を用いました。相続人が配偶者と、所有権を取得する相続人の2人しかいない場合にはそれでも問題は少ないかもしれませんが、その他の相続人がいる場合には、配偶者の敷地利用権と負担付き土地所有権の合計額が、配偶者居住権を設定しない場合の一般的な土地の評価額より低くなってしまいますので、到底納得しないでしょう。そのような場合、土地の評価額については、その他の評価額のうち、相続人らの合意が得られた価格を用いることになるでしょう。

（参考）　配偶者居住権の税務上の評価（相続税法23条の２）

配偶者居住権の評価 （相法23の２①）	居住建物の時価−居住建物の時価×（耐用年数−経過年数−存続年数）÷（耐用年数−経過年数）×存続年数に応じた法定利率による複利現価率
建物所有権の評価 （相法23の２②）	居住建物の時価−配偶者居住権の評価額
配偶者居住権に基づく 敷地利用権の評価 （相法23の２③）	土地等の時価−土地等の時価×存続年数に応じた法定利率による複利現価率
敷地所有権の評価 （相法23の２④）	土地等の時価−配偶者居住権に基づく敷地利用権の評価額

＊　配偶者居住権に基づく敷地利用権にも**小規模宅地等の特例**（措置法69の４）の適用があります（「相続税及び贈与税等に関する質疑応答事例（民法（相続法）改正関係について（情報））」）。

6　配偶者居住権の消滅

　配偶者居住権が消滅するのは以下の場合です。

①　存続期間が満了した場合（民法1036、597①）※存続期間を定めた場合

②　配偶者が死亡した場合（民法1036、597③）

③　居住建物が全部滅失等した場合（民法1036、616の２）

④　居住建物が配偶者の財産になった場合（混同）

　　ただし、配偶者が共有持分を取得しただけの場合は消滅しません（民法1028②）。

⑤　配偶者が配偶者居住権を放棄した場合（債権放棄）

⑥　居住建物の所有者による消滅請求がなされた場合（民法1032④）

　配偶者居住権の消滅との関係で特に注意したいのが、配偶者居住権が途中で不要になった場合です。配偶者居住権を取得する配偶者の立

場から見て、最大のリスクとなるのが、身体が衰える等して施設に入ることになり、建物に住む必要がなくなった場合です。配偶者居住権を第三者に譲渡してその対価を取得することができませんし（民法1032②）、建物を第三者に賃貸するのにも所有者の承諾が必要です（同条③）。さらに言えば、そもそも、存続期間が終身となっている場合、配偶者居住権がいつまで続くか分かりませんので、そのような物件について借り手がつくかも分かりません。そのため、現実的な方法は、配偶者居住権を放棄する代わりに、所有者から対価をもらうことになるでしょう。ただ、実際にそのような事態になったときに、本当に所有者が対価を支払ってくれる保証はありませんから、筆者が関わる紛争案件で配偶者居住権を設定する場合にも、以下のような条項を入れておくことを検討します。

「相手方は、申立人に対し、遺産目録記載の建物から退去し、かつ、相手方に対して配偶者居住権を放棄する旨の意思表示をしたときは、相手方は、申立人に対し、その時点における配偶者居住権の残存期間に基づいて別紙「簡易な評価方法」（省略）により算出した同期間分の配偶者居住権の価値相当額を支払うこととする。」

また、制限付き所有権を有する相続人の側から見ても、税務上のリスクがあります。配偶者居住権の存続期間が満了した場合には課税がありませんが、その途中で配偶者が放棄した場合には、その時点の時価（相続税評価額）により贈与税が課されますので、注意が必要です。

特別受益の持戻し免除の意思表示の推定

1　概要

　相続法改正により、配偶者への居住用不動産の贈与・遺贈について持戻し免除の意思表示を推定する規定が新設されました。

　この持戻し免除の意思表示の推定規定に関して、改正法が成立した当時の新聞等では、「婚姻期間20年以上の夫婦で、住居を生前贈与するか遺言で贈与の意思を示せば、住居を遺産分割の対象から外せる優遇措置」等と報じられました。しかし、このような表現では、配偶者が確実に自宅を取得できるとの誤解を与えかねず、筆者が接した相談者の中にもそのような誤解をされている方がいました。実際には、そこまで強い効果を与えた規定ではなく、詳細については後述します。

　なお、持戻し免除の意思表示の推定に関する規定は、令和元年7月1日から施行されていますが、施行日前にされた遺贈又は贈与については適用されません。そのような場合に同様の効果を及ぼすためには、贈与者が持戻し免除の意思表示をしておく必要があります。

2　特別受益の持戻しの免除とは

　　Aが令和元年7月に亡くなった。亡くなった時点におけるAの
遺産は金融資産3,000万円だけだったが、Aは生前に自宅土地建
物（相続開始時の評価額2,000万円）を配偶者Bに贈与していた。
相続人は、配偶者BとAの姉C。

設例1	Aは平成10年7月にBと結婚した。そして、AがBに自宅土地建物を贈与したのは平成29年6月のことだった。
設例2	AとBは自宅建物の一部でパン屋を営んでいた。
設例3	Aは、自宅土地建物を贈与した後、Bとともにマンションに転居した。その後、BはそのマンションもBに贈与した。

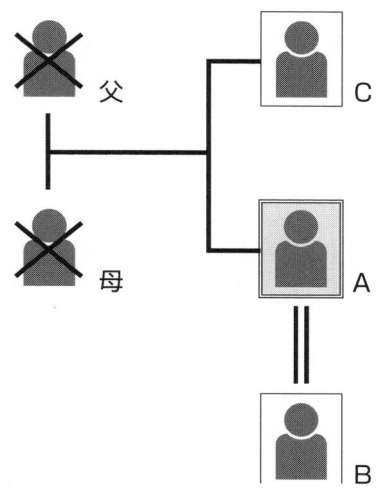

(1)　特別受益の持戻し

　まず、特別受益の持戻しについて確認します。

その前提となるB及びCの具体的相続分を計算すると、以下のとおりになります（計算方法については、**第4章Ⅶ**を参照してください。）。

① みなし相続財産

　　3,000万円＋特別受益2,000万円＝5,000万円

② 具体的相続分

　　B　5,000万円×法定相続分1／2－特別受益2,000万円＝500万円

　　C　5,000万円×法定相続分1／2＝2,500万円

　この場合、Bは遺産である金融資産3,000万円の中から500万円しか取得できないことになります。

(2) 持戻し免除の意思表示

　しかし、被相続人は、特別受益の持戻しの免除をすることができ（民法903③）、そのような意思表示がなされていた場合には、上記の例で自宅土地建物2,000万円が相続財産に加算されることがなくなります。そのため、Bは相続財産3,000万円に法定相続分1／2を乗じた1,500万円を取得できることになります。

　この持戻し免除の意思表示は、明示ではなく黙示でも足りると解されており（ただし、遺贈については遺言によらなければならないとする説もあります。）、黙示の意思表示があったかどうかについて苛烈な争いが生じることもあります。

(3) 新設された推定規定

　以上は、今回の民法改正前から変わらないルールですが、相続法改正でこの持戻し免除の意思表示に関して新しい規定ができました。

民法903条（特別受益者の相続分）

4　婚姻期間が20年以上の夫婦の一方である被相続人が、他の一方に対し、その居住の用に供する建物又はその敷地について遺贈又は贈与をしたときは、当該被相続人は、その遺贈又は贈与について第1項の規定を適用しない旨の意思を表示したものと推定する。

　新設された民法903条4項は、以下のいずれの要件をも充たす場合に、特別受益の持戻しを免除する意思表示があったものと推定するもので、一般的な被相続人の意思を尊重して配偶者の生活保障を厚くすることを企図して設けられました。

《民法903条4項の要件》
①　婚姻期間が20年以上の夫婦であること。
②　居住用不動産の贈与又は遺贈がされたこと。

　これらの要件については、以下の設例についての解説の中で述べます。

設例1

　Bさんは、Aさんが亡くなった時点では婚姻期間が20年を超えています。しかし、贈与を受けた時点では20年未満です。20年という要件はいつの時点で満たしている必要があるでしょうか。

　税理士であれば「当然、贈与の時点で判断するはず。」と考えるかもしれませんが、それが正解です。新しくできた推定規定は、贈与税の配偶者控除の規定（相法21の6）を参考に設けられたものです。贈与税の配偶者控除と同様、婚姻期間20年以上という要件は、贈与の時点で満たしている必要があります。

したがって、設例１のＢは、婚姻期間が19年しかないため、民法903条４項の適用を受けることができません。

　ただ、だからと言って、直ちにＢへの贈与につき持戻し免除が認められないということにもなりません。Ａが持戻し免除の明示の意思表示をしていなくても（実際、明示の意思表示がなされることは稀です。）、諸般の事情を考慮して黙示の意思表示があったものと裁判上認められる場合があるからです。実務上、配偶者への居住用不動産の贈与は持戻し免除の黙示の意思表示が認められやすい類型と従前から言われており、居住用不動産の持分を配偶者に生前贈与した事案で持戻しの免除の意思表示があったと認められた裁判例もあります（東京高決平成８年８月26日家月49巻４号52ページ）。

　この点、設例１では婚姻期間が20年に近い期間となっていますので、持戻し免除の意思表示の推定規定ができたことにより、従前以上に持戻し免除の意思表示を認める方向の判断が出やすくなるのではないかと推測します。なお、贈与税の配偶者控除と同様、結婚と離婚を繰り返したようなケースについても、婚姻期間が通算して20年以上となっていれば推定規定の適用を受けられると解されています（堂薗幹一郎ほか編著「概説 改正相続法【第２版】―平成30年民法等改正、遺言書保管法制定―」42ページ）。

設例２

　設例２では、店舗兼住宅が贈与されています。この場合に民法903条４項の適用を受けられるかどうかについては、以下のように説明されています（堂薗幹一郎ほか前掲書45ページ）。

①　構造上一体となっている建物の一部を店舗として利用しているケース（③の場合を除く）→建物全部について適用あり

② 構造上居住用部分と店舗部分が分離さているケース→居住用部分
　に限り適用あり
③ 構造上一体となっているがその大部分を店舗が占めているケース
　→適用なし（ただし、設例1の場合と同様、黙示の意思表示が認め
　られる場合あり。）

　では、どの程度の面積を占めているときに「大部分」と判定されて
しまうのかというと、残念ながら民法では具体的な基準は示されてい
ません。ただ、あくまで私見ですが、贈与税の配偶者控除で建物全部
につき控除が認められる際の基準の「居住の用に供している部分の面
積が……おおむね10分の9以上であるとき」（相基通21の6−1）よ
り緩やかに判断されることになるのではないかと推測しています。
　設例2の事例でも、前掲の文献で立案担当者が例として挙げている
「構造上一体となっている3階建ての建物の1階部分の一部でパン屋
を営んでいる」ようなケースであれば、建物全体について民法903条
4項の適用が受けられるはずです。

設例3

　贈与税の配偶者控除は一回しか適用を受けることができませんが、
持戻し免除の意思表示の推定規定には、回数の制限がありません。ま
た、居住要件は贈与時点で判断されるため（堂薗幹一郎ほか前掲書45
ページ）、相続開始時に居住していなくても適用は受けられると思わ
れます。
　したがって、理論上は、持戻し免除の意思表示の推定規定は、複数
回適用を受ける余地があることになりそうです（実際には、贈与税の
課税の問題があり、複数回贈与するケースは稀でしょうが。）。

しかし、裁判官による解説（「東京家庭裁判所家事第5部（遺産分割部）における相続法改正を踏まえた新たな実務運用（家庭の法と裁判号外）」88ページ）の中では、上記のようなケースでは「先の贈与については相手方配偶者の老後の生活保障のために与えたという趣旨は撤回されたものと考えられ、明示又は黙示に持戻し免除をしないという意思が認められる場合が多い」との見解が示されています。

したがって、実務上、推定規定が複数回の贈与について適用されることは原則として無いと思われ、設例3のBも後に贈与されたマンションに関してのみ推定規定の適用を受けられることになると思われます。

3　贈与税の配偶者控除との違い

前述のとおり、配偶者居住権は、贈与税の配偶者控除（相続税法21の6）を参考に作られた制度ですが、以下のような点で、贈与税の配偶者控除とは異なると言われています。

①　居住用財産の取得資金は対象にならない

②　遺贈の場合も適用あり

③　上限額がない

ただ、このうちの①に関しては、取得資金の贈与があった場合でも、相続税法21条の6が適用される場合には、「実質としては、居住用不動産の贈与がされたと評価することができ、同項の規定を適用することができる場合も多い」（堂薗幹一郎ほか前掲書47ページ）と解説されています。

4　推定規定の限界と代替策

以上、特別受益の持戻し免除の意思表示の推定規定に関して述べて

きましたが、当該規定はあくまで「推定」規定に過ぎません。反証が
あれば覆る可能性があり（実際には法の趣旨を尊重してなかなか覆る
判断は出ないでしょうが。）、当該規定の適用の有無に係る紛争を完全
に防ぐことはできません。ですので、冒頭に述べたとおり、「遺産分
割の対象から外せる優遇措置」という表現では、何の問題もなく確実
に取得できるものとの誤解を一般の方々に与えてしまうのではないか
と危惧するのです。実は、そもそもこの規定の適用について論じるま
でもなく、確実に贈与財産以外の財産を配偶者が取得できるようにで
きる場合があります。

　一つは、自宅の贈与について、被相続人が明示で持戻し免除の意思
表示をしていた場合です。明示の意思表示があれば、意思表示を推定
するかにつき議論をする必要などなくなります。

　そして、さらに強力なのは、遺産分割の余地が無い場合、すなわち
全財産に関して遺言を残していたケースです。遺産分割が必要となる
局面があるから、特別受益の問題が生じます。全ての遺産について遺
言が残されていて遺産分割が必要なければ、特別受益の持戻しという
問題も生じません。ですので、今回のテーマである推定規定の適用を
受けられる努力をするのであれば、全財産について遺言を残しておく
ことを強く勧めます。

　特に設例では、配偶者以外の相続人が被相続人の姉のみでした。被
相続人の兄弟姉妹には遺留分がありませんので、遺言を残すことで、
相続に関する紛争を関する紛争をほぼ無くすことが可能となります
（遺言の無効を争う等の余地はありますが、そう多くはありません。）。

　なお、特別受益の持戻しの免除は遺留分との関係では無力です。推
定規定の要件を充たしていても、遺留分の請求を受けてしまうと、贈
与財産の価額は遺留分の価額の算定のもととなる財産の価額に加算さ

れてしまいますので注意してください（贈与が相続開始より10年超前に行われた場合は別です。これについては**第10章Ⅰ3(2)**で触れたとおりです。）。

Ⅳ　特別寄与料

1　特別の寄与

　特別寄与の制度（民法1050）は、相続人以外の親族が、被相続人の療養看護等を行った場合、一定の要件のもとで、相続人に対する金銭の支払を認めるものです。

　以下、具体例に基づいて、この特別寄与の制度の趣旨を説明していきます。

　　Aが亡くなった。Aの相続人は次男Cと三男D。長男Bは、Aが亡くなる前年に亡くなっており、子供もいなかった。CとDは遠方におり、生前のBも多忙であったため、専らのBの妻EがAの介護を引き受けてきた。

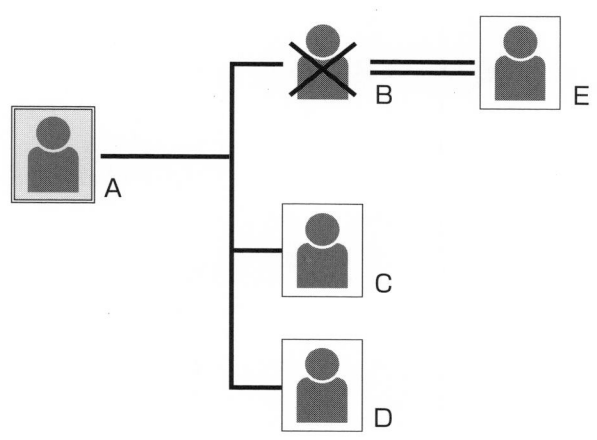

　従前、長男の妻Ｅが介護を行ったような場合、Ｅを長男の履行補助者と解して、Ｅの貢献を長男の寄与分として相続の中で反映させる実務上の運用が行われていました。

　つまり、上記の事例でも、Ｂが相続人であれば、Ｂの寄与分があったと認定してＥの貢献を反映させるという解決策があり得たということです。しかし、Ｂが亡くなっているのでこのような策は採り得ません（なお、ＢとＥに子があれば、Ｂの代襲相続人としての相続分を決めるにあたり、Ｅの貢献を繁栄させる余地があります。ただ、その場合でも、ＥをＢの履行補助者と解することはできても、子から見て母であるＥを当然に子の履行補助者と見ることは一般に難しいため、Ｂの死亡後にＥが行った療養看護については、子の相続分に反映できない可能性があります。）。そうなると、Ａの介護を全く行わなかったＣやＤが財産を取得することができる一方、Ｅはどんなにａの介護に尽くしていたとしても、Ａの相続に際して何らの分配を受けられないことになってしまい、実質的な公平に反します。

　このような問題意識から、介護等の貢献に報いて実質的な公平を図

るため、相続開始後、相続人でない親族に、相続人らに対して金銭（特別寄与料）の請求をすることができる権利を与えることとしたのです。

ただ、せっかくこのような制度ができても、実際に認められるケースが限定されたり、認められたとしても請求する親族の期待を裏切る程度の金額となったりするようなケースも出てくるのではないかと懸念しています。というのも、特別寄与料の制度は、相続人の寄与分と共通する部分が多いのですが、**第4章Ⅴ**でも触れたとおり、寄与分については現状の実務におけるハードルは高いものとなっており、その寄与分に係る解釈・運用が特別寄与料についても相当程度援用されると思われるからです（なお、申立の期間制限が短いこともあってか、実務上、特別寄与料の調停が申し立てられる例は極めて少ないようです。）。

2　特別の寄与の要件

特別寄与料の請求が認められるための要件は以下のとおりです（片岡武・菅野眞一「改正相続法と家庭裁判所の実務」163ページ以下参照）。

① 被相続人の親族であり、相続人でないこと。

② 無償で療養看護、その他の労務を提供したこと。

③ 被相続人の財産の維持又は増加

④ ②と③の因果関係

⑤ 特別の寄与

まず①についてですが、請求権者は相続人以外の被相続人の親族です。内縁の配偶者、友人や近隣住民がどんなに介護に尽くしたとしても、特別寄与料をもらうことはできません（相続人が全くいないケースであれば、特別縁故者（民法958の2）として若干の給付を受けら

れる可能性はあります。)。また、相続放棄、相続欠格や廃除によって
相続権を失った者は、「相続人以外の親族」に当たりそうですが、特
別寄与料の請求権者からは除かれます。すなわち、相続放棄をした相
続人が特別寄与料だけもらうということはできないのです。

　そして、上記のような「被相続人の親族」に当たるかの判断の基準
時は相続開始時です。この点については、以下の具体例に基づいて確
認していきます。

> 　Fの次男Gの妻Hは、自宅で暮らすことを希望するFの意向を
> 受け、自宅でのFの介護を一手に引き受け、Fに献身的に尽くし
> た。Fも、そんなHに対する感謝の言葉を口にしていた。
> |設例1| Gの浮気が発覚し、HはGと離婚することとなった。そ
> の後にFが亡くなった。
> |設例2| Fの介護のため、GとHは元いた社宅を出て、F所有の
> アパートの一室に住むことにした。家賃は支払っていな
> かった。

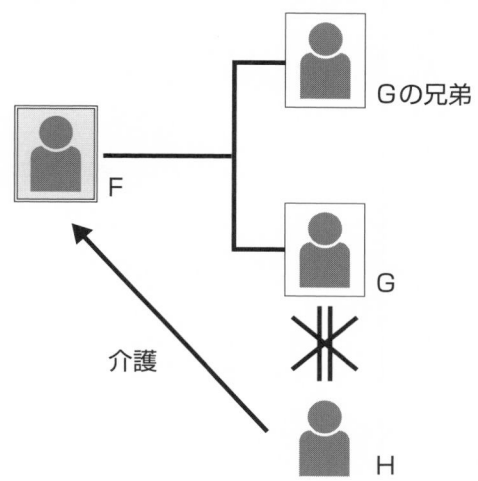

設例 1

　この事例で、Hは、Fの相続開始時においては、Fの親族ではなくなっています。したがって、特別寄与料の請求はできません。

　Hに何らかの財産を取得させるためには、Fの生前に、遺言や死因贈与をしておくか、あるいは、生前贈与でHに財産を渡しておくほかありません。あるいは、FとHとの間に準委任契約（民法656）等があったとして、Hに一定の給付を認める権利が認められる場合もあるかもしれませんが、そのハードルは低くありません（仮に認められたとしても金額は大きくないことが見込まれ、法的手段をとることを断念する場合も多いでしょう。）。

　次に、②の要件を確認します。特別寄与料の制度は、寄与分の制度に通じるところが多いですが、寄与分と異なり、対象となる行為は、療養看護その他の労務の提供に限定されています。したがって、寄与分に関して一般に言われる、療養看護型、家業従事型のほか、労務の提供と評価し得れば、財産管理型の寄与行為についても特別寄与料が認められる可能性がありますが、一方で、金銭等出資型（被相続人に財産を給付していた）や扶養型（被相続人を扶養していた）は特別寄与料の対象には含まれません（ただ、相続人との間に貸借関係があったと認定し得るような事実関係があれば、金銭等の返還請求が認められる余地はあります。）。

　さらに、療養看護等の寄与行為は、無償又はそれに近い状態でなされることが必要です。被相続人から遺贈を受けた場合や、被相続人の資産・収入で生活していた場合にはこの無償性が否定されることがあります。

設例2

　この事例でHは、Fの資産を無償で利用することで利益を受けています。そのため、Hの特別寄与料の請求が認められないことになりそうに思えます。

　しかし、何らかの利益を得ていれば一律無償性が否定されるわけでもないのが実務です。転居した経緯や介護の負担の大きさ等の事情を考慮し、無償性はあったとして特別寄与料の請求自体は認め、ただ、後述する裁量割合により減額するという裁判官の判断がなされる場合もあります。

　この辺りは、あらゆる場面を想定した通達が存在する税務の世界に慣れている税理士からすると、不可解な部分がかもしれません。ただ、後述のとおり、特別寄与料について当事者間で話がまとまらない場合に最終的な判断を下すのは裁判所であり、各案件の結論はそれぞれの裁判官の裁量により決定されるため、どのような場合に認められるのかを類型化することは困難なのです。

　要件の③と④については、寄与分と同様、単に寄与行為をしたというだけでなく、その結果被相続人の財産を維持又は増加させていることが要求されています。

　財産を渡したという金銭等出資型の寄与分ならともかく、療養看護型の場合、この要件の解釈が難しい場合があります。

　例えば、献身的な療養看護がなされた場合に、被相続人が精神的に支えられたであろうことは容易に想像されます。しかし、残念ながら、それだけでは特別寄与料の請求は認められません。寄与行為が、財産の増加あるいは財産の減少の阻止につながっていないからです。

　療養看護型でこの要件が認められるためには、被相続人がヘルパー

等に頼んで費用を支払うべきところ、相続人以外の親族が代わりに療養看護することで、その支払を免れたというような事実関係が必要になります。精神的な貢献では足りないのです。

　なお、この点について、立案担当者は、精神的な疾患を抱えた高齢者に長期間付き添いながら精神的な援助をしたという場合でも、本来負担すべきであった看護委託費用の出費を免れたと評価することができる場合には、被相続人の財産の維持又は増加に貢献したと評価できると言っています（堂薗幹一郎ほか前掲書165ページ）。しかしながら、精神的な疾患について介護保険のような制度はなく、上記のような認定ができるのは限定的な場合であろうと思われます。

　最後に、⑤の要件について解説します。この「特別の寄与」に関しては、寄与分の要件としての「特別の寄与」とは求められる寄与の程度が異なると言われます。寄与分の「特別の寄与」は、寄与の程度が被相続人と相続人の身分関係に基づいて通常期待される程度の貢献を超えるものであることを意味すると解されるのに対し、特別寄与料の「特別の寄与」は、特別の寄与者の貢献に報いるのが相当と認められる程度の顕著な貢献とされています（寄与分と異なり、寄与行為者と被相続人との関係が近いか遠いかといったことは問題にされません。）。

　ただ、前述のとおり、元々寄与分が認められるハードルが高く、特別寄与料についても同じ枠組みで運用されるものと思われるため、寄与分と同様、請求する当事者の期待と実務の運用との間に相当のギャップが生じるのではないかと懸念しています。

　具体的には、療養看護型の場合に特別の寄与と認められるためには、
・　療養看護の必要性（単に高齢というだけでは足りません。また、病院や施設に入所している期間は原則として特別の寄与が認められ

ません。）

・　継続性（少なくとも１年以上の継続が必要。）

・　専従性（仕事のかたわら通って介護した場合はダメ。）

といった要素を満たすことが必要とされるものと思われます。もちろん、これらを満たすような事実を主張することに加え、その裏付けとなる証拠資料の提出も求められます。

3　特別寄与料の額

　特別寄与料の額については、法律上一義的に定まるわけではなく、当事者間の話し合いにより決められることになります。上限について、被相続人が相続開始時に有していた財産の価額から遺贈の価額を控除した残額を超えることができないとの縛りがありますが（民法1050④）、その範囲であれば自由に決められます（ただ、税務上は、あまりに高額にすると過大であるとして、贈与の認定をされてしまう可能性があるかもしれません。）。

　当事者間で協議が成立せず、また協議ができない場合には、特別寄与者が家庭裁判所に対して協議に代わる処分を請求できることになっています（民法1050②）。家庭裁判所が決定する場合には、特別の寄与料の額を決めるにあたり、寄与の時期、方法や程度、相続財産の額その他一切の事情を考慮するとされています（民法1050③）。ここでいう一切の事情には、相続債務の額、被相続人による遺言の内容、各相続人の遺留分、特別寄与者が生前に受けた利益等が含まれると考えられています（片岡ほか前掲書167ページ）。

　このように多くの事情を考慮するとされてはいますが、実務上寄与分の額の算定方法は比較的定型化されており、特別寄与料についても同様の算定方式が用いられることになりそうです。具体的には、療養

看護型の寄与分の場合、

介護報酬相当額 × 療養看護の日数 × 裁量割合 （0.5〜0.8）

という算定式により求められます。

　すなわち、介護や看護の事業者が行った場合にどの程度の費用がかかるかをまず算出し、ただ寄与行為者は専門家でない等の事情を考慮し裁量割合として一定の減額をするのです。

　このような積み上げ方式で計算するため、これと同じ算定方式が用いられるとすると、療養看護型の特別寄与料についても、どれだけ高く見積っても数百万円にもならないでしょう。被相続人の財産が数十億円もあったりすると、寄与行為者は高額の特別寄与料をもらえると期待するでしょうが、そうはならないと考えられるのです。

4　特別寄与料を定める手続

　既に述べたとおり、当事者間で特別寄与料について協議が成立しない場合、寄与行為者は家庭裁判所に調停・審判を求めることができます。ところが、この権利行使が可能な期間（除斥期間）が、特別寄与者が相続の開始及び相続人を知った時から6か月以内又は相続開始の時から1年以内と、非常に短く設定されています（民法1050②）。最長で1年しかありませんから、多くの寄与行為者が期限を徒過してしまうことが考えられます。

　ただ、裁判所に請求できる期間を過ぎていても、当事者間で協議して決める限り問題はありません。当事者間であれば、特別寄与料の要件や額の算定方法に関する裁判所の考え方に縛られずより柔軟な決定ができますので、本来はそのような解決が望ましいところです。

　なお、特別寄与料は各相続人が自らの相続分に応じて負担すること
になりますが（民法1050⑤）、請求する場合に、全員を相手方とする
必要はありません。例えば、自分の配偶者や義理の親は除いて、配偶
者の兄弟にのみ請求するということも可能です。

5　特別寄与料に係る税務

　特別寄与者が支払いを受けるべき特別寄与料の額が確定した場合に
は、特別寄与者が遺贈により当該金額を取得したものとみなして相続
税が課税されることになります。

　一方、相続人の方では、支払うべき特別寄与料の額を、相続税の課
税価格から控除することができ、更正の請求により差額分の還付を受
けることができます。

　特別寄与料として支払う場合の課税は上記のとおりですが、元々特
別寄与料は高額が認められるようなものではなく、金額によっては、
特別寄与料ではなく、相続人から特別寄与者への贈与としてしまった
方が簡便かもしれません。

【著者紹介】

弁護士　間瀬　まゆ子（ませ　まゆこ）

◆経歴　慶應義塾大学法学部法律学科卒
　　　　2000年　弁護士登録
　　　　2001年～2004年　鳥飼総合法律事務所（多数の税務訴訟案件を扱う）
　　　　2005年～2023年　間瀬法律事務所（事業承継を扱う税理士らと協働）
　　　　2010年～　東京税理士会支部研修会講師
　　　　2016年～　東京家庭裁判所　家事調停委員（専ら相続に係る調停を
　　　　　　　　　担当）
　　　　2021年～　野村資産承継研究所　客員研究員
　　　　2023年～　三浦法律事務所パートナー
◆関与した主な訴訟
　　　・東京地裁平成17年10月12日判決（税資255号順号10156）
　　　　株式の譲受けが相続税法7条の低額譲受けに当たるが争われた事
　　　　案
　　　・東京地裁平成20年10月24日判決（金商1307号55頁）
　　　　相続開始前の株式譲渡契約の効力を否定した課税処分が取り消さ
　　　　れた事案
　　　・東京高裁平成25年2月28日判決（税資263号順号12157）
　　　　財産評価基本通達の定める株式保有特定会社の判定基準の合理性
　　　　が争われた事案
◆主要な著書
　　　《共編》
　　　・高齢者の財産管理　モデル契約書式集（新日本法規出版）
　　　《共著》
　　　・事業承継の法律実務と税務Q＆A（青林書院）
　　　・ケーススタディ企業税務訴訟・審査請求（新日本法規出版）

税理士が知っておきたい民法相続編 実務詳解

令和5年11月20日 初版印刷
令和5年12月8日 初版発行

不 許
複 製

著 者 間 瀬 まゆ子

(一財)大蔵財務協会 理事長
発行者 木 村 幸 俊

発行所 一般財団法人 大 蔵 財 務 協 会
〔郵便番号 130-8585〕
東京都墨田区東駒形1丁目14番1号
(販 売 部)TEL03(3829)4141・FAX03(3829)4001
(出版編集部)TEL03(3829)4142・FAX03(3829)4005
http://www.zaikyo.or.jp

乱丁・落丁はお取替えいたします。
ISBN978-4-7547-3158-8

印刷 恵友社